高职高专工学结合课程改革规划教材

交通职业教育教学指导委员会
交通运输管理专业指导委员会   组织编写

Tongguan Fuwu
通 关 服 务

（第二版）

（物流管理专业用）

向吉英　主　编
刘丽萍　副主编
刘　念　主　审

人民交通出版社

内 容 提 要

本书是高职高专工学结合课程改革规划教材，是在各高等职业院校积极践行和创新先进职业教育思想和理念，深入推进"校企合作、工学结合"人才培养模式的大背景下，由交通职业教育教学指导委员会交通运输管理专业指导委员会根据新的教学标准和课程标准组织编写而成。

本书内容包括报关和报检两部分，由报关和报检基础知识、报关专业技能和技能专项训练组成。本书比较详细地介绍了海关与报关管理、报检管理、我国外贸管制、商品归类、关税及其他税费的计算、报关单及相应单证的填制、各种贸易方式和特殊进出口货物报关、进出境检疫检验、报检单填制等内容。

本书可作为高职高专院校交通物流、外贸和报关等相关专业教材，也可以作为报关员和报检员资格考试的参考书和相关行业从业人员的培训教材使用。

图书在版编目（CIP）数据

通关服务/向吉英主编.—2版.--北京：人民交通出版社，2012.7
ISBN 978-7-114-09912-0

Ⅰ.①通… Ⅱ.①向… Ⅲ.①进出口贸易-海关手续-中国 Ⅳ.①F752.5

中国版本图书馆 CIP 数据核字（2012）第 145895 号

高职高专工学结合课程改革规划教材

书　　名：	通关服务（第二版）
著 作 者：	向吉英
责任编辑：	任雪莲
出版发行：	人民交通出版社
地　　址：	(100011) 北京市朝阳区安定门外外馆斜街 3 号
网　　址：	http://www.ccpress.com.cn
销售电话：	(010) 59757969，59757973
总 经 销：	人民交通出版社发行部
经　　销：	各地新华书店
印　　刷：	北京鑫正大印刷有限公司
开　　本：	787×1092　1/16
印　　张：	16.5
字　　数：	400 千
版　　次：	2007 年 7 月　第 1 版
	2012 年 7 月　第 2 版
印　　次：	2012 年 7 月　第 2 版　第 1 次印刷　总第 3 次印刷
书　　号：	ISBN 978-7-114-09912-0
印　　数：	3501-6500 册
定　　价：	45.00 元

（有印刷、装订质量问题的图书由本社负责调换）

高职高专工学结合课程改革规划教材

编审委员会

主　任：鲍贤俊（上海交通职业技术学院）
副主任：施建年（北京交通运输职业学院）
专　家：（按姓氏笔画排序）
　　孔祥法（上海世纪出版社股份有限公司物流中心）　　刘　念（深圳职业技术学院）
　　严南南（上海海事大学高等技术学院）　　杨志刚（上海海事大学交通运输学院）
　　逄诗铭（招商物流集团易通公司）　　贾春雷（内蒙古大学交通职业技术学院）
　　顾丽亚（上海海事大学交通运输学院）　　黄君麟（云南交通职业技术学院）
　　薛　威（天津交通职业学院）
委　员：（按姓氏笔画排序）
　　毛晓辉（山西交通职业技术学院）　　石小平（湖北交通职业技术学院）
　　刘德武（四川交通职业技术学院）　　向吉英（深圳职业技术学院）
　　孙守成（武汉交通职业学院）　　曲学军（吉林交通职业技术学院）
　　朱亚琪（青海交通职业技术学院）　　祁洪祥（南京交通职业技术学院）
　　许小宁（云南交通职业技术学院）　　严石林（湖北交通职业技术学院）
　　吴吉明（福建船政交通职业学院）　　吴毅洲（广东交通职业技术学院）
　　李建丽（河南交通职业技术学院）　　李艳琴（浙江交通职业技术学院）
　　肖坤斌（湖南交通职业技术学院）　　武　钧（内蒙古大学交通职业技术学院）
　　范爱理（安徽交通职业技术学院）　　赵继新（广西交通职业技术学院）
　　郝晓东（上海交通职业技术学院）　　袁炎清（广州航海高等专科学校）
　　阎叶琛（陕西交通职业技术学院）　　黄　浩（江西交通职业技术学院）
　　黄碧蓉（云南交通职业技术学院）　　程一飞（上海交通职业技术学院）
　　楼伯良（上海交通职业技术学院）　　谭任绩（湖南交通职业技术学院）
秘　书：任雪莲（人民交通出版社）

序

  为了适应我国高职高专教育发展及其对教育改革和教材建设的需要,在全国交通职业教育教学指导委员会的指导下,根据2011年颁布的交通运输类主干专业《物流管理专业教学标准与课程标准》(适应于高等职业教育),组织高职高专教学第一线的优秀教师和企业专家合作编写了物流管理专业系列教材(第二版),其中部分教师来自国家级示范性职业院校。

  为了做好此项工作,2011年8月5日至8日在青海省西宁市召开全国交通教育交通运输管理专业指导委员会工作扩大会议,启动了新一轮规划教材的建设工作,邀请物流企业的专家共同参与教材建设(原则上副主编由企业专家担任),采取主编负责制。为了保证本套教材的出版质量,在全国范围内选聘成立"高职高专工学结合课程改革规划教材编审委员会",确定了5门核心课程和12门专门化方向课程的教材主编。同年9月23～25日在北京召开由全国交通教育交通运输管理专业指导委员会主办、人民交通出版社承办的高职物流管理专业教材编写大纲审定会议,编审委员会审议通过了17种教材的编写大纲。2012年3月23日、5月4日、5月5日在上海分三批对17种教材进行了审稿工作。本套教材按照"任务引领、项目驱动、能力为本"的原则编写,突出应用性、针对性和实践性的特点,并重组系列教材结构,力求反映高职高专课程和教学内容体系改革方向,反映当前物流企业的新理念、新技术、新工艺和新方法,注重理论知识的应用和实践技能的培养,在兼顾理论和实践内容的同时,避免片面强调理论知识的系统性,理论知识以应用为目的,以必需、够用为尺度,尽量体现科学性、先进性和广泛性,以利于学生综合素质的形成和科学思维方式与创新能力的培养。

  本套教材包括:《物流信息技术应用》、《运输管理实务》、《仓储管理实务》、《物流市场营销技术》、《供应链管理实务》5门专业核心课程,以及《集装箱运输实务》、《货物配送实务》、《国际货运代理》、《物料采购与供应管理》等12门专门化方向课程。突出以就业为导向,以企业工作需求为出发点的职业教育特色。在内容上注重与岗位实际要求紧密结合,与职业资格标准紧密结合。在形式上配套提供多媒体课件,作为教材的配套资料挂到人民交通出版社网站供读者下载。本书既满足物流管理专业人才培养的需要,也可供物流企业管理和技术人员阅读,还可作为在职人员的培训教材。

交通职业教育教学指导委员会
交通运输管理专业指导委员会
2012年5月

前言 PREFACE

本书是高职高专工学结合课程改革规划教材,是在各高等职业院校积极践行和创新先进职业教育思想和理念,深入推进"校企合作、工学结合"人才培养模式的大背景下,由交通职业教育教学指导委员会交通运输管理专业指导委员会根据新的教学标准和课程标准组织编写而成。

本书内容包括海关与报关管理、报检管理、对外贸易管制、进出口商品归类、进出口税费计算、一般进出口货物报关、保税加工货物报关、保税物流货物报关、运输工具报关、报关单填制、货物及交通工具和人员的报检、出入境检验检疫通关、报检单填制等。全书按照14个任务进行编写。

本书是各相关院校合作劳动的结果。本书由深圳职业技术学院向吉英担任主编,云南交通职业技术学院刘丽萍担任副主编。全书由向吉英进行总体设计和大纲拟定,并编写了任务二、十二、十四,刘丽萍编写了任务一、三、六,云南交通职业技术学院熊正平编写任务四、九,广东交通职业技术学院曾立雄编写了任务十、十一,四川交通职业技术学院陈泽云编写了任务七、十三,南通航运职业技术学院夏存霞编写了任务五、八。全书由向吉英进行总纂定稿。深圳市富维报关有限公司总经理顾俊懋参与了书稿的讨论并提供了部分案例。全书由深圳职业技术学院刘念担任主审。

在本书的编写过程中,参阅了有关教材、研究成果和文献,书中未一一列出,在此一并向有关作者表示衷心的感谢! 由于时间紧迫,编者水平有限,许多探索还只是初步的,书中若有不妥之处,请读者指正,并提出宝贵意见。

编 者
2012 年 5 月

目 录 CONTENTS

任务一　海关与报关管理认知 ·· 1
　项目一　海关 ··· 1
　项目二　报关 ··· 6
　项目三　报关单位及其管理 ·· 10
　项目四　报关员及其管理 ··· 18

任务二　报检与报检管理认知 ·· 24
　项目一　进出境检验检疫 ··· 24
　项目二　报检单位与报检员 ·· 28

任务三　我国对外贸易管制制度认知 ·· 35
　项目一　对外贸易管制 ·· 35
　项目二　我国对外贸易管制的主要内容 ··· 39
　项目三　我国对外贸易管制主要管理措施及报关规范 ······················· 45

任务四　进出口商品归类 ··· 54
　项目一　商品名称及编码协调制度 ·· 55
　项目二　协调制度（HS）编码特点与查阅 ······································ 57
　项目三　我国海关进出口商品分类目录 ··· 59
　项目四　《协调制度》的归类总规则 ··· 62

任务五　进出口税费计算 ··· 68
　项目一　进出口税费 ··· 68
　项目二　进出口货物完税价格的审定 ·· 71
　项目三　进口货物原产地的确定与税率适用 ···································· 76
　项目四　进出口税费的减免 ·· 81
　项目五　进出口税费的缴纳与退补 ·· 83

任务六　一般进出口货物报关 ·· 87
　项目一　一般进出口货物 ··· 87
　项目二　电子报关和电子口岸 ·· 89
　项目三　一般进出口货物的报关程序 ·· 92

任务七　保税加工货物报关 ··· 98
　项目一　保税加工货物 ·· 98
　项目二　纸质手册管理下的保税加工货物及其报关程序 ··················· 102
　项目三　电子账册管理下的保税加工货物及其报关程序 ··················· 109
　项目四　电子化手册管理下的保税加工货物及其报关程序 ··············· 113

项目五　出口加工区及其货物的报关程序 …………………………… 114

任务八　保税物流货物的报关 …………………………………………… 119
　　项目一　保税物流货物 ……………………………………………… 119
　　项目二　保税仓库及其货物的报关程序 …………………………… 120
　　项目三　出口监管仓库及其货物的报关程序 ……………………… 122
　　项目四　保税物流中心及其货物的报关程序 ……………………… 124
　　项目五　保税物流园区及其货物的报关程序 ……………………… 128
　　项目六　保税区及其货物的报关程序 ……………………………… 132

任务九　其他进出境货物的报关 ………………………………………… 136
　　项目一　特定减免税货物的报关程序 ……………………………… 136
　　项目二　暂准进出口货物的报关 …………………………………… 140
　　项目三　其他进出口货物的报关 …………………………………… 145
　　项目四　办理转关运输货物的报关 ………………………………… 151

任务十　运输工具报关 …………………………………………………… 156
　　项目一　进出境运输工具 …………………………………………… 157
　　项目二　进出境运输工具报关基本规则 …………………………… 158
　　项目三　进出境运输工具报关程序 ………………………………… 161
　　项目四　监管运输操作流程 ………………………………………… 163

任务十一　报关单填制 …………………………………………………… 166
　　项目一　进出口货物报关单 ………………………………………… 167
　　项目二　进出口货物报关单填制内容及规范 ……………………… 172
　　项目三　附属报关单证填制规范 …………………………………… 196

任务十二　货物、交通工具和人员的报检 ……………………………… 214
　　项目一　出入境货物的报检 ………………………………………… 214
　　项目二　交通运输工具的报检 ……………………………………… 217
　　项目三　出入境人员卫生检疫及流程 ……………………………… 222

任务十三　出入境检验检疫签证、通关与放行 ………………………… 226
　　项目一　签证 ………………………………………………………… 226
　　项目二　通关与放行 ………………………………………………… 230
　　项目三　电子报检、转单与通关 …………………………………… 232

任务十四　报检单的填制 ………………………………………………… 236
　　项目一　出境货物报检单基本要求 ………………………………… 236
　　项目二　入境货物报检单填制 ……………………………………… 244

参考文献 ………………………………………………………………… 252

任务一　海关与报关管理认知

内容简介

本任务主要介绍海关的基本任务、职能、管理体制和权力,然后介绍报关单位和报关员的基本概念,以及海关对其的管理方式等内容。

教学目标

1. 知识目标
(1) 我国海关的起源及我国海关的发展历程;
(2) 我国海关监管范围和对象;
(3) 海关的性质、任务、权力;
(4) 报关单位和报关员注册登记、记分考核管理规定的机构和主要内容;
(5) 报关企业注册登记许可撤销和许可注销。
2. 技能目标
(1) 掌握报关员的权力;
(2) 理解海关的报关管理制度的相关定义;
(3) 使学生具备相应的报关知识和基本素养,为其从事进出口业务的报关操作打好基础。

案例导入

满洲里关区进口的固体废物可分为三种,分别为钢铁废碎料、废碎纸及纸板、塑料废料,其中钢铁废碎料进口量最大。截至 2009 年 5 月底,满洲里海关成功查获、退运出境进口废电瓶百余吨、旧服装上万件、带有引信的旧炮弹 6 枚,成功将"洋垃圾"拒于国门之外。

引导思路

1. 请分析该事件中海关部门行使了哪些权力?
2. 讨论:应如何处罚"洋垃圾"进口的进口收发货人。

项目一　海　　关

教学要点

海关的性质、任务、权力和管理体制与机构。

教学方法

可采用讲授、情境教学、案例教学和分组讨论等方法。

一、海关的性质与任务

1. 海关的性质

（1）海关是国家的行政机关。

国务院是我国最高行政机关，海关总署是国务院内设的直属机构，对内、对外代表国家依法独立行使行政管理权。

（2）海关是国家进出境的监督管理机关。

①海关实施监督管理的范围是：进出关境及与之有关的活动。

我国的国境大于关境；欧盟则相反，其国境小于关境。

②海关实施监督管理的对象是：所有进出关境的运输工具、货物、物品。

（3）海关的监督管理是国家行政执法活动。

2. 海关的任务

（1）监管。海关监管是指海关运用国家赋予的权力，通过一系列管理制度与管理程序，依法对进出境运输工具、货物、物品的进出境活动所实施的一种行政管理。

注意：监管不是海关监督管理的简称。海关监督管理是海关全部行政执法活动的统称。

（2）征税。征税工作包括征收关税和进口环节海关代征税（代征税包括增值税和消费税）。

（3）缉私。缉私即查缉走私，是海关为保证顺利完成监管和征税等任务而采取的保障措施。查缉走私是指海关依照法律赋予的权力，在海关监管场所和海关附近的沿海沿边规定地区，为发现、制止、打击、综合治理走私活动而进行的一种调查和惩处活动。

走私是指进出境活动的当事人或相关人违反《中华人民共和国海关法》（以下简称《海关法》）及其有关法律、行政法规，逃避海关监管，偷逃应纳税款、逃避国家有关进出境的禁止性或者限制性管理，非法运输、携带、邮寄国家禁止、限制进出境或者依法应当缴纳税款的货物、物品进出境，或者未经海关许可并且未缴应纳税款、交验有关许可证件，擅自将保税货物、特定减免税货物以及其他海关监管货物、物品、进境的境外运输工具在境内销售的行为。

我国实行联合缉私、统一处理、综合治理的缉私体制。海关是打击走私的主管机关。

我国在海关总署设立专司打击走私犯罪的海关缉私警察队伍，缉私警察被赋予"侦查、拘留、执行逮捕、预审"4项刑事侦查的权力。

除海关以外，公安、工商、税务、烟草专卖等部门也有查缉走私的权力，但这些部门查获的走私案件，必须按法律规定，统一处理。

（4）统计。海关统计是以实际进出口货物作为统计和分析的对象。

海关统计的内容包括：

①实际进出境并引起境内物质存量增加或者减少的货物，列入海关统计；

②进出境物品超过自用合理数量的，列入海关统计；

③其余的部分采用单项统计。

二、我国海关的法律体系

海关法律体系根据制订的主体和效力的不同分为法律、行政法规、部门规章和规范性文件4个基本的组成部分。

1.《海关法》

《海关法》由人大常委会通过,是管理海关事务的基本法律规范。

2. 行政法规

行政法规以国务院令的形式颁布实施。包括《中华人民共和国进出口关税条例》、《中华人民共和国海关稽查条例》、《中华人民共和国知识产权海关保护条例》、《中华人民共和国海关行政处罚实施条例》、《中华人民共和国海关统计条例》、《中华人民共和国进出口货物原产地条例》等。

3. 海关规章

海关规章是海关总署根据海关行使职权、履行职责的需要,依据《中华人民共和国立法法》的规定,单独或会同有关部门制订的,是海关日常工作中引用数量最多、内容最广、操作性最强的法律依据。其效力等级低于法律和行政法规。

海关行政规章以海关总署令的形式对外公布,如《中华人民共和国报关员资格考试及资格证书管理办法》等。

4. 规范性文件

规范性文件是指海关总署及各直属海关按照规定程序制定的对行政管理相对人权利、义务具有普遍约束力的文件。海关总署制订的规范性文件要求行政管理相对人遵守或执行的,应当以海关总署公告形式对外发布,如《海关总署关于发布〈报关员资格全国统一考试违规行为处理规则〉的公告》等。规范性文件不得设定对行政管理相对人的行政处罚。

直属海关在限定的范围内制定的关于本关区某一方面行政管理关系的涉及行政管理相对人权力义务的规范,应当以公告形式对外发布。

5. 我国签订或缔结的海关国际公约或海关行政互助协议

海关国际公约是指世界海关组织(WCO)成员方缔结的多边协议,如《京都公约》、《伊斯坦布尔公约》,以及世界贸易组织(WTO)的有关公约,如《估价协议》等。

海关行政互助协议是两国之间订立的双边协议,我国已与俄罗斯等几十个国家缔结了海关行政互助协议。

三、海关的权力

海关权力,是指国家为保证海关依法履行职责,通过《海关法》和其他法律,由国家法律、行政法规赋予海关的对进出境运输工具、货物、物品的监督管理权能,属于公共行政职权,其行使受一定范围和条件的限制,并应当接受执法监督,见表1-1。

海关各项权力行使范围 表1-1

类 别	对 象 范 围	条 件
检查权	见表1-2	
查阅、复制权	进出境人员证件、文件、资料等	
查问权	违法嫌疑人	调查违法行为
查验权	进出境货物、物品	必要时,可径行提取货样
查询权	涉嫌单位、人员在金融机构、邮政企业的存、汇款	调查走私案件时,须经直属海关关长或者授权的隶属海关关长批准

续上表

类　别	对象范围	条　件
稽查权	与进出口货物直接相关的账务、记账凭证、单证资料	进出口货物放行之后3年；海关监管期限内及其后3年
扣留权	见表1-3	
连续追缉权	进出境运输工具或者个人违抗海关监管逃逸的	海关可以连续追至"两区"以外，将其带回处理
行政处罚权	违法当事人	形式包括：没收、罚款、从业禁止等
佩戴和使用武器权	走私分子和走私嫌疑人	执行缉私任务时
强制执行权	有关当事人不依法履行义务的	按照法定的程序，采取法定的强制手段，迫使当事人履行法定义务，包括强制扣税、强制履行海关处罚决定等

1. 海关权力的内容

（1）检查权。海关有权检查进出境运输工具，检查有走私嫌疑的运输工具和藏匿走私货物、物品嫌疑的场所，检查走私嫌疑人的身体（表1-2）。

检查权的行使　　　　表1-2

类　别	区　域	授权限制
进出境运输工具	"两区"内	可直接检查
	"两区"外	可直接检查
有走私嫌疑的运输工具	"两区"内	可直接检查
	"两区"外	须经直属海关关长或者授权的隶属海关关长批准方可由海关有关部门行使
有藏匿走私嫌疑货物、物品的场所	"两区"内	不能对公民住所实施检查
	"两区"外	须经直属海关关长或者授权的隶属海关关长批准方可由海关有关部门行使
走私嫌疑人	"两区"内	可直接检查
	"两区"外	不能行使

（2）查阅、复制权。查阅、复制进出境人员的证件，查阅与进出境运输工具、货物、物品有关的合同、发票、账册、单据、记录、文件、业务函电、录音录像制品和其他的有关资料。

（3）查问权。海关有权对违反《海关法》或其他有关法律、行政法规的嫌疑人进行查问，调查其违法行为。

（4）查验权。海关有权查验进出境货物、个人携带的进出境行李物品、邮寄进出境的物品。若有必要进行货物查验，可以径行提取货物。

（5）查询权。海关在调查走私案件时，经直属海关关长或其授权的隶属海关关长批准，可以查询案件涉嫌单位和涉嫌人员在金融机构、邮政企业的存款、汇款。

（6）稽查权。海关在海关规定的年限内，对企业进出境活动及与进出口货物有关的账务、记账凭证、单证资料等有权进行稽查。

（7）扣留权。对违反《海关法》或者其他有关法律、行政法规的进出境运输工具、货物和物品以及与之有关的合同、发票、账册、单据、记录、文件、业务函电、录音录像制品和其他的有关资料，有进行扣留的权力（表1-3）。

扣 留 权 的 行 使　　　　　　　　表1-3

类　别	区　域	条　件	授　权
合同、发票等资料	"两区"内	与违反《海关法》或者其他有关法律、行政法规的进出境运输工具、货物、物品有牵连的	海关有关部门可直接行使
	"两区"外		
有走私嫌疑的进出境运输工具、货物、物品	"两区"内	有走私嫌疑的	经直属海关关长或者授权的隶属海关关长批准行使
	"两区"外	在经直属海关关长或者授权的隶属海关关长批准实施检查时，其中有证据证明有走私嫌疑的	可以扣留
走私犯罪嫌疑人	"两区"内	有走私罪嫌疑；扣留时间不超过24h，在特殊情况下可延长至48h	经直属海关关长或者授权的隶属海关关长批准行使
	"两区"外		不能行使

（8）连续追缉权。进出境运输工具或者个人违抗海关监管逃逸的，海关可以连续追至海关监管区和海关附近沿海沿边规定地区以外，将其带回处理。海关追缉时，需保持连续状态。

（9）行政处罚权。海关有权对违法当事人予以行政处罚，包括对走私货物、物品及违法所得处以没收，对有走私行为和违反海关监管规定行为的当事人处以罚款，对有违法情事的报关企业和报关员处以暂停或取消报关资格的处罚等。

（10）佩戴和使用武器权。履行职责的海关工作人员在履行职责时可以佩戴和使用武器。

（11）强制执行权。海关的强制执行权包括强制扣税、强制履行海关处罚决定权等。

2. 海关权力行使的基本原则

（1）合法原则。行政权力的合法原则是指权力的行使要合法，这是行政法的基本原则，也是依法行政原则的基本要求。

（2）适当原则。行政权力的适当原则是指权力的行使应该以公平性、合理性为基础，以正义性为目标。

（3）依法独立行使原则。海关实行高度统一的管理体制和垂直领导方式，地方海关只对海关总署负责。无论海关级别高低，都是代表国家行使管理权的国家机关，海关依法独立行使权力，各地方、各部门应当支持海关依法行使职权，不得干预海关的执法活动。

（4）依法受到保障原则。海关的权力是国家权力的一种，应当受到保障，才能实现国家权能的作用。《海关法》规定：海关依法执行职务，有关单位和个人应当如实回答询问并予以配合，任何单位和个人不得阻挠；海关执行职务受到暴力抗拒时，执行有关任务的公安机关和人民武装警察部队应当予以协助。

3. 海关权力的监督（海关执法监督）

海关权力的监督即海关执法监督，是指特定的监督主体依法对海关行政机关及其执法人员的执法活动实施的监察、检查、督促等，以此确保海关的权力在法定的范围内进行。

四、海关的管理体制与机构

1. 海关的管理体制

（1）海关的领导体制：高度集中统一的垂直领导体制。

（2）海关的设关原则：在对外开放的口岸和海关监管业务集中的地点设立海关。

2. 海关的组织机构

海关机构设置(设立不受行政区划限制,分为三级):海关总署→直属海关→隶属海关。

(1)海关总署。海关总署是中华人民共和国国务院下属的正部级直属机构,统一领导全国海关机构、人员编制、经费物质和各项海关业务,是海关系统的最高领导部门。

由于广东省内海关监管业务比较集中,业务量比较大,海关总署专门在广东设立了广东分属作为其派出机构,负责广东省内海关工作的协调。此外,海关总署还在上海市和天津市设立了特派员办事处,作为总署的派出机构,其主要任务是分别负责所辖区域内直属海关的执法检查和执法监督等工作。

海关总署的任务是在国务院的领导下,领导和组织全国海关正确贯彻实施《海关法》和国家有关的政策、法规,积极发挥依法行政、为国把关的职能,服务、促进和保护社会主义现代化建设。

(2)直属海关。直属海关是指直接由海关总署领导,负责管理一定区域范围内海关业务的海关。目前直属海关共有41个,除香港、澳门、台湾地区外,分布在全国31个省、自治区、直辖市。直属海关承担着在关区内组织开展海关各项业务和关区集中审单作用,全面有效地贯彻执行海关各项政策、法律、法规、管理体制和作业规范的重要职能,在海关三级业务职能管理中发挥着承上启下的作用。

(3)隶属海关。隶属海关是指由直属海关领导,负责办理具体海关业务的海关,是海关进出境监督管理职能的基本执行单位,一般都设在口岸和海关业务集中的地点。

(4)海关缉私警察机构。海关缉私警察是专司打击走私犯罪活动的警察队伍。由海关总署、公安部联合组建缉私局,设在海关总署。实行海关总署和公安部双重领导,以海关领导为主的体制。

项目二 报　　关

教学要点

深入了解报关的含义、分类及基本内容。

教学方法

可采用讲授、情境教学、案例教学和分组讨论等方法。

一、报关的概念

报关是指进出口货物的收发货人、进出境运输工具负责人、进出境物品的所有人或者他们的代理人向海关办理货物、物品、运输工具进出境手续及相关海关事务的全过程。

报关的范围:按照法律规定,所有的进出境运输工具、货物、物品都需要办理报关手续。

(1)进出境运输工具:用以载运人员、货物、物品进出境,并在国际间运营的各种境内或境外船舶、车辆、航空器和驮畜等。

(2)进出境货物。

①一般进出口货物;

②保税加工和保税物流货物；
③暂准进出境货物；
④减免税货物；
⑤过境、转运和通运货物；
⑥其他进出境货物。
（3）进出境物品。
①行李物品：以进出境人员携带、托运等方式进出境的物品；
②邮递物品：以邮递方式进出境的物品；
③其他物品：包括暂时免税进出境物品以及享有外交特权和豁免权的外国机构或者人员进出境物品。

二、报关的分类

（1）按报关对象分为：运输工具报关、货物报关、物品报关。

进出境运输工具作为货物、人员及其携带物品的进出境载体，其报关主要是向海关直接交验随附的、符合国际商业运输惯例、能反映运输工具进出境合法性及其所承运货物、物品情况的合法证件、清单和其他运输单证，其报关手续较为简单。

进出境物品因其具有非贸易性质，且一般限于自用及数量合理，故其报关手续也很简单。

进出境货物的报关相对比较复杂，海关专门对进出境运输货物的监管要求，制定了一系列报关管理规范，并要求必须由具备一定的专业知识和技能且经海关审核的专业人员代表报关单位专门办理。

（2）按报关的目的分为：进境报关、出境报关。

由于海关对运输工具、货物、物品的进境和出境有不同的管理要求，运输工具、货物、物品根据进境或出境的目的分别形成了一套进境报关和出境报关手续。

另外，由于运输工具或其他方面的需要，有些海关监管货物需要办理从一设关地点至另一个设关地点的海关手续，在实践中产生了"转关"的需要，转关货物也需办理相关的报关手续。

（3）按报关的行为性质不同分为：自理报关、代理报关。

自理报关是指进出口货物收发货人自行办理报关业务。

代理报关是指接受进出口货物收发货人的委托，代理其办理报关业务的行为。

直接代理是指以委托人的名义进行报关。间接代理是指代理报关企业在进行报关时以自己的名义进行报关。间接代理只适用于经营快件业务的国际货物运输代理业务。见表1-4。

代理报关的属性与法律责任 表1-4

报关性质	代理方式	行为属性	法律责任
代理报关	直接代理	委托代理行为	法律后果直接作用于被代理人（委托人）；报关企业亦应承担相应的法律责任
	间接代理	视同报关企业自己报关	法律后果直接作用于代理人（报关企业）；由报关企业承担委托人自己报关时所应承担的连带法律责任

三、报关的基本内容

报关的基本内容包括进出境运输工具、货物、物品三个方面的基本内容。

1. 进出境运输工具报关的基本内容

根据海关要求,进出境运输工具负责人或其代理人在运输工具进入或驶离我国关境时均应如实向海关申报运输工具所载旅客人数、进出口货物数量、装卸时间等基本情况。

1) 运输工具申报的基本内容

进出境运输工具负责人或其代理人就以上情况向海关申报后,有时还需应海关的要求配合海关检查,经海关审核确认符合海关监管要求的,可以上下旅客、装卸货物。

2) 运输工具舱单申报

进出境运输工具舱单(简称舱单)是反映进出境运输工具所载货物、物品及旅客信息的载体,包括原始舱单、预配舱单、装(乘)载舱单。

(1) 进境。

①进境运输工具载有货物、物品的,舱单传输人应当在规定时限向海关传输原始舱单主要数据,舱单传输人应当在进境货物、物品运抵目的港以前向海关传输原始舱单其他数据。

海关接受原始舱单主要数据传输后,收货人、受委托的报关企业方可向海关办理货物、物品的申报手续。

②进境运输工具载有旅客的,舱单传输人应当在规定时限向海关传输原始舱单电子数据。

(2) 出境。

①出境运输工具预计载有货物、物品的,舱单传输人应当在办理货物、物品申报手续以前向海关传输预配舱单主要数据。海关接受预配舱单主要数据后,舱单传输人应在规定时限向海关传输预配舱单其他数据。

②以集装箱运输的货物、物品,出口货物发货人应当在货物、物品装箱以前向海关传输装箱清单电子数据。海关接受预配舱单主要数据后,舱单传输人应在规定时限向海关传输预配舱单其他数据。

③出境货物、物品运抵海关监管场所时,海关监管场所经营人应当以电子数据方式向海关提交运抵报告。运抵报告提交后,海关即可办理货物、物品的查验、放行手续。

舱单传输人应在运输工具开始装载货物、物品前向海关传输装载舱单电子数据。

④出境运输工具预计载有旅客的,舱单传输人应当在出境旅客开始办理登机(船、车)手续前,向海关传输预配舱单电子数据。舱单传输人应当在旅客办理登机(船、车)手续后,运输工具上客以前,向海关传输乘载舱单电子数据。

(3) 变更。

已经传输的舱单电子数据需要变更的,舱单传输人可以在原始舱单和预配舱单规定的传输时限内直接予以变更,但是货物、物品所有人已经向海关办理货物、物品申报手续的除外。

2. 进出境货物报关的基本内容

根据海关规定,进出境货物的报关应由依法取得报关从业资格并在海关注册的报关员办理,进出境货物报关的基本内容包括:按照规定填制报关单、如实申报进出口货物的商品编码、实际成交价格、原产地及相应的优惠贸易协定代码,并办理提交报关单证的申报相关事宜;申请办理缴纳税费和退税、补税事宜;申请办理加工贸易合同备案、变更和核销及保税监管等事宜;申请办理进出口货物减税、免税等事宜;办理进出口货物的查验、结关等事宜;办理应当由报关单位办理的其他事宜。

海关对不同性质的进出境货物规定了不同的报关程序和要求。一般来说,进出境货物报关时,报关人员应当在海关规定的报关地点和报关时限内以书面和电子数据方式向海关如实进行申报,经海关对电子数据和书面报关单证进行审核后,当海关认为必须时,报关人员要配合海关进行货物的查验;属于应纳税、应缴费范围的进出口货物,报关单位应在海关规定的期限内缴纳进出口税费;海关作出放行决定后,该进出境货物报关完成,报关单位可以安排提取或装运货物。

3. 进出境物品报关的基本内容

海关对进出境物品监管的基本原则是:自用合理数量原则。

对于通过随身携带或邮政渠道进出境的货物,要按货物办理进出境报关手续。

1) 进出境行李物品的报关

世界上大多数国家都规定旅客进出境采用"红绿通道制度",我国也采用该制度。

(1) "绿色通道"(无申报通道)是指带有绿色标志的通道,适用于携运物品在数量上和价值上均不超过免税限额,且无国家限制或禁止进出境物品的旅客。

(2) "红色通道"(申报通道)适用于携运有应向海关申报物品的旅客。对于选择红色通道的旅客,必须填写申报单或海关规定的其他申报单证。

(3) 海关在对外开放口岸实行新的进出境旅客申报制度:

①进出境旅客没有携带应向海关申报物品的,无需填写"申报单",选择"无申报通道"通关。

②除海关免于监管的人员以及随同成人旅行的16周岁以下的旅客外,进出境旅客携带有应向海关申报物品的,须填写"申报单"。

2) 进出境邮递物品的报关

寄件人填写"报税单"(小包邮件填写"绿色标签"),"报税单"和"绿色标签"随同物品通过邮政企业或快递公司呈递给海关。

3) 进出境其他物品的报关

(1) 暂时免税进出境物品。个人携带进出境的暂时免税进出境物品,须由携带者向海关作出书面申报,经海关批准登记,方可免税携带进出境,且应由本人复带出境或者复带进境。

(2) 享有外交特权和豁免权的外国机构或者人员进出境物品。包括:

①外国驻中国使馆和使馆人员、外国驻中国领事馆、联合国及其专门机构和其他国际组织驻中国代表机构及其人员进出境的公务用品和自用物品。

②外国驻中国使馆和使馆人员进出境公用、自用物品应当以海关核准的直接需用数量为限。

公务用品是指使馆执行职务直接需用的进出境物品。

自用物品是指使馆人员和与其共同生活的配偶及未成年子女在中国居留期间的生活必需用品。

③使馆和使馆人员因特殊需要携运中国政府禁止或者限制进出境物品进出境的,应事先获得中国政府有关主管部门的批准。

有下列情形之一的,使馆和使馆人员的有关物品不准进出境:

　　a. 携运进境的物品超出海关核准的直接需用数量范围的;

　　b. 未依照规定向海关办理有关备案、申报手续的;

　　c. 未经海关批准,擅自将已免税进境的物品进行转让、出售等处置后,再次申请进境同类物品的;

　　d. 携运中国政府禁止或者限制进出境物品进出境,应当提交有关证件而不能提供的;

　　e. 违反海关关于使馆和使馆人员进出境物品管理规定的其他情形。

　　④使馆和使馆人员首次进出境公用、自用物品前,应向主管海关办理备案手续,按规定以书面或者口头方式申报。填写"中华人民共和国海关外交公/自用物品进出境申报单",向主管海关申请,并提交有关材料。

项目三　报关单位及其管理

教学要点

　　报关单位的概念、类型、注册登记、报关行为规则,以及海关对报关单位的分类管理和报关单位的法律责任。

教学方法

　　可采用讲授、情境教学、案例教学和分组讨论等方法。

一、报关单位的概念

　　报关单位是指依法在海关注册登记的进出口货物收发货人和报关企业。《海关法》明确规定了对向海关办理进出口货物报关手续的进出口货物收发货人、报关企业实行注册登记管理制度。

　　依法向海关注册登记是法人、其他组织或者个人成为报关单位的法定要求。

二、报关单位的类型

　　1. 进出口货物收发货人

　　进出口货物收发货人是指依法直接进口或出口货物的中华人民共和国境内法人、其他组织或者个人。进出口货物收发货人经向海关注册登记后,只能为本单位进出口货物办理报关业务,并对其报关行为所产生的一切后果承担法律责任。

　　2. 报关企业

　　报关企业是指按照规定经海关准予注册登记,接受进出口货物收发货人的委托,以出口货物收发货人的名义或者以自己的名义,向海关办理代理报关业务,从事报关服务的境内企业法人。

　　报关单位的类型具体如图1-1所示。

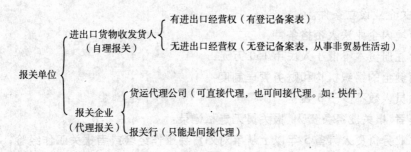

图 1-1 报关单位的类型

三、报关单位的注册登记

1. 报关注册登记制度的概念

（1）概念。报关注册登记制度是指进出口货物收发货人、报关企业向海关提供规定的注册登记申请材料，经注册地海关依法对申请注册登记材料进行审核，准予其办理报关业务的管理制度。

（2）报关单位分为两种类型：一类是进出口货物收发货人；另一类是报关企业。

（3）进出口货物收发货人与报关企业的报关注册登记条件有所不同：

①进出口货物收发货人：备案制，即只需向对外贸易主管部门备案登记，直接向海关办理报关单位注册登记手续。

②报关企业：必须具备有规定的设立条件，并取得海关报关注册登记许可。

（4）两种报关单位不同的报关注册程序。

①报关企业注册登记程序：向海关申请办理"报关企业注册登记许可"→到工商行政管理部门办理许可经营项目登记→到所在地海关办理注册登记手续

②对进出口货物收发货人，实行"备案制"。不需要经过"申请办理注册登记许可手续"程序，直接向海关申请办理报关单位注册登记手续。

2. 进出口货物收发货人注册登记

（1）提交材料：

①企业法人营业执照副本复印件；

②对外贸易经营者登记备案表复印件；

③企业章程复印件；

④税务登记证书副本复印件；

⑤银行开户证明复印件；

⑥组织机构代码证书副本复印件；

⑦报关单位情况登记表、报关单位管理人员情况登记表；

⑧其他与注册登记有关的文件材料。

（2）提交材料后，海关审核，符合条件的核发"中华人民共和国进出口货物收发货人报关注册登记证书"（简称"收发货人登记证书"）。

3. 报关企业注册登记

1）报关企业注册登记许可

（1）报关企业设立条件。
①具有境内企业法人资格条件；
②企业注册资本不低于人民币150万元；
③具有健全的组织机构和财务管理制度；
④报关员人数不少于5名；
⑤投资者、报关业务负责人、报关员无走私记录；
⑥报关业务负责人具备5年以上从事对外贸易工作经验或者报关工作经验；
⑦无因走私违法行为被海关撤销注册登记许可的记录；
⑧有符合从事报关服务所必需的固定经营场所和设施；
⑨海关监管所需的其他条件。
（2）报关企业注册登记许可程序：
提出申请→海关处理→海关审查→作出行政许可。
①第一步：向所在地直属海关公布的受理申请的场所提出申请。
②第二步：海关对申请进行处理。
③第三步：海关受理申请后，进行审查，于受理注册登记许可申请之日起20日内审查完毕，并将材料报送直属海关，直属海关自收到接受审定的海关报送的审查意见之日起20日内作出决定。
④最后一步：直属海关作出准予或不准予注册登记许可的书面决定。
（3）报关企业跨关区分支机构注册登记许可。
在别的直属海关办理跨关区分支机构注册登记许可的前提条件：
①报关企业取得"报关注册登记证书"之日起满2年；
②报关企业从申请之日起最近2年没有因走私受过处罚；
③每申请一项跨关区分支机构注册登记许可，应当要增加注册资本人民币50万元。
申请办理跨关区分支机构注册登记许可与报关企业本部申请注册登记许可，主要的区别在于报关员的人数，报关企业本部报关员人数不少于5人，跨关区分支机构报关员人数不少于3人。
（4）报关企业及其跨关区分支机构注册登记许可期限。
报关企业及其跨关区分支机构注册登记许可期限都是2年。如果需要延续注册的登记许可有效期，应当办理注册登记许可延续手续。
（5）报关企业注册登记许可的变更和延续。
①变更。变更企业名称及其分支机构名称、企业注册资本、法定代表人（负责人），应以书面形式到注册地海关申请变更注册登记许可，注册地海关进行初审，并上报直属海关，由直属海关依法审查后作出是否予以变更的决定。
②延续。注册登记许可的有效期为2年，如需延续，应当在有效期届满40日前向海关提出延续申请并递交海关规定的材料。准予延续的，延续的有效期为2年。
（6）报关企业注册登记许可的撤销。
（7）报关企业注册登记许可的注销。
2）报关企业注册登记手续
报关企业凭直属海关签发的报关注册登记许可文件到工商行政管理部门办理许可经营项目登记，登记之后，在90天内须到所在地海关办理注册登记手续。提交有关的材料，符合要求的,注册地海关核发报关企业登记证书。

4. 报关单位注册登记时效及换证管理

1)报关单位注册登记证书时效

(1)报关企业登记证书:有效期为 2 年。

(2)进出口货物收发货人登记证书:有效期为 3 年。

2)换证手续。

(1)报关企业应当在办理"注册登记许可"延期的同时办理换领"报关企业登记证书"手续,注册登记许可换证时间是在注册登记许可有效期届满 40 日前。

(2)进出口货物收发货人:在"收发货人登记证书"有效期届满前 30 日办理换证手续。

5. 报关单位的变更登记及注销登记

(1)变更的期限:自批准变更之日起 30 日内办理变更手续。

(2)有以下情形的,须注销登记:

①破产、解散、自行放弃报关权或者分立成两个以上新企业的;

②被工商行政管理部门注销登记或吊销营业执照的;

③丧失独立承担责任能力的;

④报关企业丧失注册登记许可的;

⑤进出口货物收发货人的对外贸易经营者备案登记表或者外商投资企业批准证书失效的;

⑥其他依法应当注销注册登记的情形。

四、报关单位的报关行为规则

1. 进出口货物收发货人的报关行为规则

(1)地域范围:中华人民共和国关境内的各个口岸或者海关监管业务集中的地点。

(2)只能办理本单位的报关业务,不能代理其他单位报关。

(3)可以委托海关准予注册登记的报关企业,由报关企业所属的报关员代为办理报关业务。

(4)办理报关业务时,向海关递交的纸质进出口货物的报关单必须加盖本单位在海关备案的报关专用章。

(5)对其所属报关员的报关行为承担相应的法律责任。

2. 报关企业的报关行为规则

1)报关企业报关服务的地域范围

在依法取得注册登记许可的直属海关关区内各口岸或者海关监管业务集中的地点从事报关服务。

(1)在同一直属海关关区,从一个隶属海关到另一个隶属海关办理业务,应在拟从事报关服务的口岸或者海关监管业务集中的地点依法设立分支机构,并且在开展报关服务前按规定向直属海关备案。

(2)跨关区(在不同直属海关关区办理业务)的,应当依法设立分支机构,并且向拟注册登记地海关申请报关企业分支机构注册登记许可。获得注册登记许可,才能办理注册登记,及设立分支机构。

2)报关企业从事报关服务应当履行的义务
(1)不得违法滥用报关权。
(2)依法建立账簿和营业记录。
(3)应当与委托人签订书面的委托协议。
(4)应当承担对委托人所提供情况的真实性、完整性进行合理审查的义务。
(5)不得以任何形式出让其名义,供他人办理报关业务。
(6)对于代理报关的货物涉及走私违规情节的,应当接受或者协助海关进行调查。
3)其他规则
其他规则主要为加盖报关专用章和对报关员的报关行为承担相应的法律责任。

五、海关对报关单位的分类管理

对在海关注册登记的进出口货物收发货人、报关企业,按照AA、A、B、C、D共5个管理类别进行管理。海关按照守法便利原则,对适用不同管理类别的企业,制订相应的差别管理措施。

AA类——经海关验证的信用突出企业,适用相应的通关便利措施;
A类——信用良好企业,适用相应的通关便利措施;
B类——信用一般企业,适用常规管理措施;
C类——信用较差企业,适用严密监管措施;
D类——信用很差企业,适用严密监管措施。

1. 进出口货物收发货人管理类别的设定
(1)AA类进出口货物收发货人,应当同时符合下列条件:
①符合A类管理条件,已适用A类管理1年以上;
②上一年度进出口报关差错率在3%以下;
③通过海关稽查验证,符合海关管理、企业经营管理和贸易安全的要求;
④每年报送"企业经营管理状况评估报告"和会计师事务所出具的上一年度审计报告;每半年报送"进出口业务情况表"。
(2)A类进出口货物收发货人,应当同时符合下列条件:
①已适用B类管理1年以上;
②连续1年无走私罪、走私行为、违反海关监管规定的行为;
③连续1年未因进出口侵犯知识产权货物而被海关行政处罚;
④连续1年无拖欠应纳税款、应缴罚没款项情形;
⑤上一年度进出口总值50万美元以上;
⑥上一年度进出口报关差错率在5%以下;
⑦会计制度完善,业务记录真实、完整;
⑧主动配合海关管理,及时办理各项海关手续,向海关提供的单据、证件真实、齐全、有效;
⑨每年报送"企业经营管理状况评估报告";
⑩按照规定办理"中华人民共和国海关进出口货物收发货人报关注册登记证书"的换证手续和相关变更手续;

⑪连续1年在商务、人民银行、工商、税务、质检、外汇、监察等行政管理部门和机构无不良记录。

(3)进出口货物收发货人有下列情形之一的,适用C类管理:

①有走私行为的;

②1年内有3次以上违反海关监管规定行为,且违规次数超过上一年度报关单及进出境备案清单总票数1‰的,或者1年内因违反海关监管规定被处罚款累计总额达人民币100万元以上的;

③1年内有2次因进出口侵犯知识产权货物而被海关行政处罚的;

④拖欠应纳税款、应缴罚没款项在人民币50万元以下的。

(4)进出口货物收发货人有下列情形之一的,适用D类管理:

①有走私罪的;

②1年内有2次以上走私行为的;

③1年内有3次以上因进出口侵犯知识产权货物而被海关行政处罚的;

④拖欠应纳税款、应缴罚没款项在人民币50万元以上的。

(5)进出口货物收发货人未发生C类管理和D类管理所列情形并符合下列条件之一的,适用B类管理:

①首次注册登记的;

②首次注册登记后,管理类别未发生调整的;

③不符合AA类企业原管理类别适用条件,并且不符合A类管理类别适用条件的;

④不符合A类企业原管理类别适用条件的。

(6)在海关登记的加工企业,按照进出口货物收发货人实施分类管理。

2. 报关企业管理类别的设定

(1)AA类报关企业,应当同时符合下列条件:

①符合A类管理条件,已适用A类管理1年以上;

②上一年度代理申报进出口报关单及进出境备案清单总量在2万票(中西部5000票)以上;

③上一年度进出口报关差错率在3%以下;

④通过海关稽查验证,符合海关管理、企业经营管理和贸易安全的要求;

⑤每年报送"企业经营管理状况评估报告"和会计事务所出具的上一年度审计报告;每半年报送"报关代理业务情况表"。

(2)A类报关企业,应当同时符合下列条件:

①已适用B类管理1年以上;

②企业以及所属执业报关员连续1年无走私罪、走私行为、违反海关监管规定的行为;

③连续1年代理报关的货物未因侵犯知识产权而被海关没收,或者虽被没收但对该货物的知识产权状况履行了合理审查义务;

④连续1年无拖欠应纳税款、应缴罚没款项情形;

⑤上一年度代理申报的进出口报关单及进出境备案清单等总量在3000票以上;

⑥上一年度代理申报的进出口报关单差错率在5%以下;

⑦依法建立账簿和营业记录,真实、正确、完整地记录受委托办理报关业务的所有活动;

⑧每年报送"企业经营管理状况评估报告";

⑨按照规定办理注册登记许可延续及"中华人民共和国海关报关企业报关注册登记证书"的换证手续和相关变更手续；

⑩连续1年在商务、人民银行、工商、税务、质检、外汇、监察等行政管理部门和机构无不良记录。

（3）报关企业有下列情形之一的，适用C类管理：

①有走私行为的；

②1年内有3次以上违反海关监管规定的行为，或者1年内因违反海关监管规定被处罚款累计总额人民币50万元以上的；

③1年内代理报关的货物因侵犯知识产权而被海关没收达2次且未尽合理审查义务的；

④上一年度代理申报的进出口报关差错率在10%以上的；

⑤拖欠应纳税款、应缴罚没款项在人民币50万元以下的；

⑥代理报关的货物涉嫌走私、违反海关监管规定拒不接受或者拒不协助海关进行调查的；

⑦被海关暂停从事报关业务的。

（4）报关企业有下列情形之一的，适用D类管理：

①有走私罪的；

②1年内有2次以上走私行为的；

③1年内代理报关的货物因侵犯知识产权而被海关没收达3次以上且未尽合理审查义务的；

④拖欠应纳税款、应缴罚没款项在人民币50万元以上的。

（5）报关企业未发生C类管理和D类管理所列情形，并符合下列条件之一的，适用B类管理：

①首次注册登记的；

②首次注册登记后，管理类别未发生调整的；

③不符合AA类企业原管理类别适用条件，并且不符合A类管理类别适用条件的；

④不符合A类企业原管理类别适用条件的。

3. 报关单位分类管理措施的实施

（1）AA类或者A类企业涉嫌走私案件被立案侦查或者调查的，海关暂停其与管理类别相应的管理措施。暂停期内，按照B类企业的管理措施实施管理。

（2）企业仅名称或者海关注册编码发生变化的，其管理类别可以继续适用，但是有下列情形之一的，按照相应方式进行调整：

①企业发生存续分立，分立后的存续企业继承分立前企业的主要权利义务或者债权债务关系的，其管理类别适用分立前企业的管理类别，其余的分立企业视为首次注册企业；

②企业发生解散分立，分立企业视为首次注册企业；

③企业发生吸收合并，合并企业管理类别适用合并后存续企业的管理类别；

④企业发生新设合并，合并企业视为首次注册企业。

（3）报关企业代理进出口货物收发货人开展报关业务，海关按照报关企业和进出口货物收发货人各自适用的管理类别分别实施相应的管理措施。

因企业的管理类别不同导致与应当实施的管理措施相抵触的，海关按照下列方式实施：

①报关企业或者进出口货物收发货人为C类或者D类的，按照较低的管理类别实施相

应的管理措施；

②报关企业和进出口货物收发人均为 B 类及以上管理类别的,按照报关企业的管理类别实施相应的管理措施。

(4)加工贸易经营企业与承接委托加工的生产企业管理类别不一致的,海关对该加工贸易业务按照较低的管理类别实施相应的管理措施。

六、报关单位的海关法律责任

1. 报关单位海关法律责任的原则性规定

(1)报关单位违反《海关法》及有关法律、行政法规,逃避海关监管,偷逃应纳税款,逃避国家有关进出境的禁止性或限制性管理,非法运输、携带、邮寄国家禁止、限制进出口或者应当缴纳税款的货物、物品进出境,或者未经海关许可并且未缴纳相应税款、交验有关许可证件,擅自将保税货物、特定减免税货物以及其他海关监管货物、物品、进境的境外运输工具在境内销售,构成犯罪的,将被依法追究刑事责任。

(2)报关单位违反《海关法》及有关法律、行政法规,逃避海关监管,偷逃应纳税款,逃避国家有关进出境的禁止性或限制性管理,非法运输、携带、邮寄国家禁止、限制进出口或者应当缴纳税款的货物、物品进出境,或者未经海关许可并且未缴纳相应税款、交验有关许可证件,擅自将保税货物、特定减免税货物以及其他海关监管货物、物品、进境的境外运输工具在境内销售,尚不构成犯罪的,由海关没收走私货物、物品及违法所得,可以并处罚款;对专门或多次用于掩护走私的货物、物品,专门或多次用于走私的运输工具,海关将予以没收;对藏匿走私货物、物品的特制设备,海关将责令拆毁或没收。

(3)报关单位违反《海关法》及有关法律、行政法规、海关规章或海关规定程序、手续,尚未构成走私的行为,海关按《海关行政处罚实施条例》的有关规定处理。

2. 报关单位违反海关监管规定的行为及其处罚

(1)进出口国家禁止进出口的货物的,责令退运,处 100 万元以下罚款。

(2)进出口国家限制进出口的货物的,不能提交许可证件,海关不予放行,处货物价值 30% 以下罚款。

(3)进出口属于自动进出口许可管理的货物的,不能提交自动许可证明的,海关不予放行。

(4)未报、漏报、申报不实,给予罚款,并没收违法所得的情形:

①影响统计的,警告或处 1000～10000 元罚款;

②影响监管秩序的,警告或处 1000～30000 元罚款;

③影响许可证管理的,处货物价值 5%～30% 罚款;

④影响征税的,处漏缴税款 30%～2 倍罚款;

⑤影响外汇与退税管理的,处申报价格 10%～50% 罚款;

⑥若是报关企业未审查或工作疏忽造成的,处货物价值 10% 以下罚款,并暂停 6 个月报关。

(5)处货物价值 5%～30% 罚款,并没收违法所得的情形。

(6)予以警告,可以处 3 万元罚款的情形。

(7)伪造、变造、买卖海关单证的,处 5 万～50 万元罚款,没收违法所得;构成犯罪的,追究刑责。

（8）进出口侵犯知识产权的货物的,没收侵权货物,并处货物价值30%以下罚款;构成犯罪的,追究刑责。

（9）责令改正,给予警告,并可以暂停其6个月报关权的情形。

（10）海关可以撤销报关企业注册登记的情形。

（11）报关企业非法代理报关或超范围报关,责令改正,并处以5万元以下罚款,6个月内暂停执业;情节严重的,撤销注册登记。

（12）行贿的,撤销注册登记,并处10万元以下罚款。构成犯罪的,依法追究刑事责任,并不得重新注册登记为报关企业。

（13）骗取注册登记的,撤销注册,并处30万元以下罚款。

（14）未经注册登记擅自报关的,取缔,没收非法所得,并处10万元以下罚款。

（15）海关予以警告,责令其改正,并可处以1000~5000元罚款的情形:

①报关企业取得变更注册登记许可后或者进出口货物收发货人单位名称、企业性质、企业住所、法定代表人等海关注册登记的内容发生变更,未按照规定向海关办理变更手续的;

②未向海关备案,擅自变更或者启用报关专用章的;

③所属报关员离职,未按照规定向海关报关并办理相关手续的。

项目四　报关员及其管理

教学要点

报关员的概念、资格、注册、执业及其海关法律责任。

教学方法

可采用讲授、情境教学、案例教学和分组讨论等方法。

一、报关员的概念

报关员是指依法取得报关员从业资格,并在海关注册,向海关办理进出口货物报关业务的人员。

根据我国《海关法》规定,报关员不是自由职业者,必须受雇于一个依法向海关注册登记的进出口货物收发货人或者报关企业,并代表该单位向海关办理报关业务。我国相关海关法律规定禁止报关员非法接受他人委托从事报关业务。

二、报关员资格

1. 报关员资格考试

（1）报关员资格考试的报名条件:

①具有中华人民共和国国籍;

②年满18周岁,具有完全民事行为能力;
③具有大专及以上学历。
(2)有下列情形之一的,不得报名参加考试,已经办理报名手续的,报名无效:
①因故意犯罪,受到刑事处罚的;
②因在报关活动中发生走私或严重违反海关规定的行为,被海关依法取消报关从业资格的;
③在考试中发生作弊行为,被海关取消考试成绩,或有其他违规行为,被海关以作弊论处,不满3年的。

2. 报关员资格的取得

海关总署核定并公布报关员资格考试合格分数线。直属海关及受委托的隶属海关根据合格分数线,公布成绩合格、可以申请报关员资格的考生名单。

三、报关员注册

1. 注册条件
(1)申请报关员注册,须同时具备以下3个基本条件:
①必须具有中华人民共和国国籍;
②必须通过报关员资格全国统一考试,取得报关员资格证书;
③必须与所在报关单位建立劳动合同关系或者聘用合同关系。
注意:
首次申报:应经过在一个报关单位连续3个月的报关业务实习。
再次申报:注册有效期届满后连续2年未注册,应经过海关报关业务岗位考核合格。
(2)申请人有下列情形之一的,海关不予报关员注册:
①不具有完全民事行为能力的;
②因故意犯罪受刑事处罚的;
③被海关取消报关从业资格的。
(3)申请人有下列情形之一的,海关暂缓报关员注册:
①被海关暂停执业期间注销报关员注册的;
②被海关暂停执业期间有效期届满的;
③记分达到规定分值的(规定分值为30分),未参加海关组织的报关业务岗位考核或者考核不合格,注销报关员注册的;
④记分达到规定分值的,未参加海关组织的报关业务岗位考核或者考核不合格,注册有效期届满的。

2. 注册程序

申请报关员注册,由申请人本人提出。如果委托本单位代为提出申请的,应当出具授权委托书。
(1)注册受理单位:所在地直属海关。
(2)注册申请应提交的材料:
①报关员注册申请书;
②申请人所在报关单位的报关企业登记证书或者收发货人登记证书复印件;

③报关员资格证书复印件;

④与所在报关单位签订的合法有效的劳动合同复印件(非企业性质为聘用合同复印件或人事证明);

⑤身份证件复印件;

⑥所在报关单位为其交纳社会保险证明复印件。

注意:首次申报注册的,还应提交报关单位出具的报关业务实习证明材料。海关对首次申请报关员注册人员的实习实行备案制度,实习单位与首次申请注册的单位应为同一报关单位。

(3)注册决定的作出及报关员证的颁发:

符合法定条件的,作出准予报关员注册的决定,并在作出决定之日起10日内向申请人颁发报关员证。

(4)注册的有效期:报关员注册的有效期为2年。

3. 注册的变更、延续

(1)注册变更。

变更的内容:报关员姓名、身份证件号码等身份资料,所在报关单位名称、海关编码。

期限:变更事实发生之日起20日内(向注册地海关书面申请)。

注意:报关员注册变更不包括报关员更换报关单位的情形。

(2)注册延期。

①报关员证的有效期为2年,应在有效期届满前30日向海关提出延期申请。准予延期的,延期的期限是2年。

②报关员在被海关暂停执业期间有效期届满,需要延续有效期的,应当在有效期届满前30日到海关申请暂缓办理报关员注册延续手续,并在暂停执业期满后30日内提出延期报关员注册的申请。

4. 注册的注销

下列4种情形,报关员应到注册地海关办理注销手续:

(1)报关员不再从事报关业务;

(2)报关员辞职;

(3)报关单位解除与报关员的劳动合同关系的;

(4)报关单位申请注销海关注册登记的情形。

5. 其他规定

(1)变更报关单位,应注销原报关员注册,重新申请报关员注册。

(2)报关员证遗失的,向注册地海关书面说明情况并登报声明作废,海关应当自收到情况声明之日起20日内予以补发。

(3)海关对申请人提出的申请,按有关的规定程序办理。

四、报关员执业

1. 报关员执业范围

(1)报关员应当在一个报关单位执业。

(2)执业范围。

①报关企业及其跨关区分支机构的报关员:应当在所在报关企业或者跨关区分支机构

的报关服务的口岸或者海关监管业务集中的地点。

②进出口货物收发货人的报关员:中华人民共和国关境内的各口岸地或者海关监管业务集中的地点。

③报关员依法办理的业务:报关员应当在所在报关单位授权范围内执业。

2. 报关员的权利和义务

1)权利

(1)以所在地报关单位名义执业,办理报关业务;

(2)向海关查询其办理的报关业务情况;

(3)拒绝海关工作人员的不合法要求;

(4)对海关对其作出的决定享有陈述、申辩、申诉的权利;

(5)依法申请行政复议或者提起行政诉讼;

(6)合法权益因海关违法行为受到损害的,依法要求赔偿;

(7)参加执业培训。

2)义务

(1)熟悉所申报货物的基本情况,对申报内容和有关材料的真实性、完整性进行合理审查;

(2)提供齐全、正确、有效的单证,准确、清楚、完整地填制海关单证,并按照规定办理报关业务及相应手续;

(3)海关查验进出口货物时,配合海关查验;

(4)配合海关稽查和对涉嫌走私违规案件的查处;

(5)按照规定参加直属海关或者直属海关授权组织举办的报关业务岗位考核;

(6)持报关员证办理报关业务,海关核对时,应当出示;

(7)妥善报关海关核发报关员证和相关文件;

(8)协助落实海关对报关单位管理的具体措施。

3. 报关执业禁止

报关员不得有以下行为:

(1)故意制造海关与报关单位、委托人之间的矛盾和纠纷;

(2)假借海关名义,以明示或者暗示的方式向委托人索要委托合同约定以外的酬金或者其他财物,虚假报销;

(3)同时在2个或者2个以上报关单位执业;

(4)私自接受委托办理报关业务,或者私自收取委托人酬金及其他财物;

(5)将报关员证转借或者转让他人,允许他人持本人报关员证执业;

(6)涂改报关员证;

(7)其他利用执业之便牟取不正当利益的行为。

4. 报关员的记分考核管理

(1)对象:在职报关员。

(2)性质:一种教育和管理措施,不是行政处罚。报关员因为向海关工作人员行贿或有违反海关监管规定、走私行为等其他违法行为,由海关处以暂停执业、取消报关从业资格处罚的,不适用《记分考核管理办法》,而是按照《海关行政处罚实施条例》等规定处理。

(3)记分管理部门:海关企业管理部门。

(4)记分管理量化标准,计分周期:每年1月1日至12月31日。

①记1分(4种情形):填制不规范;放行前修改;未按规定盖章;未按规定签字。

②记2分(2种情形):放行前撤销;拒不解释、拒不提供样品。

③记5分(3种情形):放行后修改、撤销(因出口更换仓单的除外);未在规定期限现场交单;报关相差金额100万元以下、数量相差4位数以下。

④记10分(2种情形):报关相差金额100万元以上、数量相差4位数以上;出借、借证、涂证。

⑤记20分(1种情形):违规行为。

⑥记30分(1种情形):走私行为。

(5)记分考核管理的救济途径。自收到电子或纸质告知单之日起7日内向作出该记分行政行为的海关提出书面申辩,海关应当在接到申辩申请7日内作出答复。

(6)岗位考核:记分达30分的报关员,海关中止其报关员证效力,不再接受其报关。报关员应当参加注册登记地海关的报关业务岗位考核,经岗位考核合格之后,方可重新上岗。

五、报关员的法律责任

报关员在报关活动中,违反《海关法》和相关法律、行政法规的,由海关或其他部门给予相应的处理和行政处罚,构成犯罪的,依法移送司法机关追究刑事责任。

报关员构成走私罪,或者1年内有2次以上走私行为的,海关可以取消其报关从业资格。

(1)报关员因工作疏忽造成应当申报的项目未申报或者申报不实的,海关可以暂停其6个月以内报关执业,情节严重的,取消从业资格。

(2)被海关暂停报关执业,恢复从事有关业务后1年内再次被暂停报关执业的,海关可以取消其报关从业资格。

(3)非法代理他人进行报关或者超出海关准予的从业范围的,处5万元以下罚款,暂停其6个月以内报关执业,情节严重的,取消从业资格。

(4)向海关工作人员行贿的,取消其从业资格,并处10万元以下罚款。构成行贿罪的,不得重新取得报关从业资格。

(5)海关对于未取得报关从业资格从事报关业务的(无证从业),予以取缔,没收违法所得,可以并处10万元以下罚款。

(6)提供虚假资料骗取海关注册登记、报关从业资格的,取消其报关从业资格,并处30万元以下罚款。

(7)海关予以警告,并处人民币2000元以下罚款的情形:

①有报关员执业禁止行为的;

②报关员海关注册内容发生变更,未按规定向海关办理变更手续的。

思考练习

一、简 答 题

1. 我国海关的基本任务是什么?

2. 海关的主要性质是什么?
3. 什么是报关?报关的分类有哪些?
4. 简述报关企业设立的条件。
5. 报关员的法律责任有哪些?

二、案例分析

2004年3月20日,顺发公司获得进出口经营权,注册成为一家外贸公司。3月22日即对外签订了一份出口合同。为提高办事效率,3月23日公司就派其职员李华去海关办理货物出口报关手续,结果遭海关拒绝。

问题:
海关的拒绝是否合理?为什么?

任务二 报检与报检管理认知

内容简介

报检是通关服务两个主要任务之一。报检包括商品质量检验、动植物检疫、交通工具检验检疫和卫生检查等内容。本任务主要介绍报检和报检管理相关的基本概念和相关规定。

教学目标

1. 知识目标

报检、出入境检验检疫、报检单位和报检员的基本概念和相关管理规定；自理报关单位、代理报关单位和报检员的相关权利、义务和责任。

2. 技能目标

识别自理报检单位、代理报检单位和报检员的相关权利、义务和责任；清楚对报检员的报检行为进行计分管理规定。

案例导入

国家质检总局公布的2011年11月进境不合格食品、化妆品名单显示，共有176批次产品不合格，A牌香水、B牌巧克力味糖浆均上黑榜。在此次被检出的不合格产品中，M公司从法国进口的12批次A牌香水，由于超过保质期被拒入境。N公司进口的C牌绿茶被检出稀土超标。P公司进口的某特级初榨橄榄油，检出"塑化剂"邻苯二甲酸酯类物质超标。此外，两大外资零售企业进口的产品也因出现问题被挡在国门外。W公司进口的B牌巧克力味糖浆存在标签不合格问题；Q公司进口的某蒸粗麦粉、小麦粒则发生腐败霉变问题。国家质检总局强调，所列批次食品、化妆品的问题是入境口岸检验检疫机构实施检验检疫时发现的，都已依法作退货、销毁或改作他用处理。这些不合格批次的食品、化妆品未在国内市场销售。

引导思路

1. 为何要对进出境商品进行检验检疫？
2. 由谁进行检验检疫？
3. 检验检疫的目的和任务有哪些？

项目一 进出境检验检疫

教学要点

深入了解报检的机构和报检的基本内容。

教学方法

可采用讲授、情境教学、案例教学和分组讨论等方法。

一、国家检验检疫机构

中华人民共和国国家质量监督检验检疫总局(简称国家质检总局)是中华人民共和国国务院主管全国质量、计量、出入境商品检验、出入境卫生检疫、出入境动植物检疫、进出口食品安全和认证认可、标准化等工作,并行使行政执法职能的直属机构。

为履行出入境检验检疫职能,国家质检总局在31省(自治区、直辖市)共设有35个直属出入境检验检疫局,海陆空口岸和货物集散地设有近300个分支局和200多个办事处,共有检验检疫人员3万余人。质检总局对出入境检验检疫机构实施垂直管理。

国家质检总局参加国家对外开放口岸的规划和验收等有关工作,依法制定《出入境检验检疫机构实施检验检疫的进出境商品目录》,对涉及环境、卫生、动植物健康、人身安全的出入境货物、交通工具和人员实施检验检疫通关管理,在口岸对出入境货物实行"先报检,后报关"的检验检疫货物通关管理模式。

出入境检验检疫机构负责实施进出口货物法定检验检疫,并签发"入境货物通关单"和"出境货物通关单",海关凭此放行;签发出境检验检疫证书至100多个国家和地区;依法对出入境检验检疫标志和封识进行管理;负责签发普惠制原产地证、一般原产地证、区域性优惠原产地证、专用原产地证及注册等相关业务。

2001年开始实行"大通关"制度,提高了通关效率。国家质检总局通过"三电"工程建设,即出入境货物电子申报、电子监管、电子放行,大大提高了口岸通关速度,并实现了报检、检验检疫、签证通关、统计汇总的网络化管理,作为"金质工程"的重要组成部分,已在建设中的"中国电子检验检疫",将形成整套电子执法系统,实现检验检疫执法管理的科学化、规范化和制度化。

根据《国境卫生检疫法》及其实施条例,国家质检总局负责在我国口岸对出入境人员、交通工具、集装箱、货物、行李、邮包、尸体骸骨、特殊物品等实施卫生检疫查验、传染病监测、卫生监督和卫生处理,促进国家对外开放政策的实施,防止传染病的传入和传出,保证出入境人员的健康卫生。

根据《中华人民共和国进出境动植物检疫法》(以下简称《进出境动植物检疫法》)及其实施条例,国家质检总局对进出境和旅客携带、邮寄的动植物及其产品和其他检疫物,装载动植物及其产品和其他检疫物的装载容器、包装物、铺垫材料,来自疫区的运输工具,以及法律、法规、国际条约、多双边协议规定或贸易合同约定应当实施检疫的其他货物和物品实施检疫和监管,以防止动物传染病,寄生虫病,植物危险性病、虫、杂草以及其他有害生物传入传出,保护农、林、牧、渔业生产和人体健康,促进对外贸易的发展。

检疫的措施主要包括:风险分析与管理措施、检疫审批、国外预检、口岸查验、隔离检疫、实验室检测、检疫除害处理、预警和快速反应、检疫监管等。

根据《中华人民共和国进出口商品检验法》(以下简称《进出口商品检验法》)及其实施条例,国家质检总局对进出口商品及其包装和运载工具进行检验和监管。对列入《出入境检验检疫机构实施检验检疫的进出境商品目录》(以下简称《目录》)中的商品实施法定检验和监督管理;对《目录》外商品实施抽查;对涉及安全、卫生、健康、环保的重要进出口商品实施注册、登记或备案制度;对进口许可制度民用商品实施入境验证管理;对法定检验商品的免验进行审批;对一般包装、危险品包装实施检验;对运载工具和集装箱实施检验检疫;对进出口商品鉴定和外商投资财产价值鉴定进行监督管理;依法审批并监督管理从事进出口商品检验鉴定业务的机构。

二、检验检疫的内容

进出境检验检疫业务包括进出口商品检验、进出境动植物检疫和国境卫生检疫三个方面。

1. 进出口商品检验

进出口商品检验分为法定检验和非法定检验两部分。法律法规规定有强制性标准或者其他必须执行的检验标准的进出口商品,依照法律法规有关的检验标准实施法定检验;法律法规未规定有强制性标准或者其他必须执行的检验标准的进出口商品,依照对外贸易合同约定的检验标准进行公证鉴定。

1) 进出口商品的法定检验

法定检验是指国家以立法形式,通过强制手段,对重要的进出口商品指定由商检机构统一执行强制性检验。属于法定检验的出口商品,未经检验合格者不得出口;属于法定检验的进口商品,未向商检机构报验或检验不合格的不能获海关验放,即使进口也不准销售与使用。法定检验商品主要包括:

(1) 列入《目录》的进出口商品。

(2)《中华人民共和国食品卫生法》规定的出口食品的卫生检验。

(3) 出口危险货物包装容器的性能鉴定和使用鉴定。

(4) 装运出口易腐烂变质食品、冷冻品的船舱、集装箱等运输工具的适载检验。

(5) 有关国际条约规定须经商检机构检验的进出口商品。

(6) 其他法律法规规定须经商检机构检验的进出口商品。

对进出口商品实施检验检疫的内容包括:商品的质量、规格、数量、重量、包装以及是否符合安全、卫生要求;商品的装载容器、包装物,以及来自疫区的运输工具。

2) 进出口商品的非法定检验

非法定检验是指商检机构根据对外贸易关系人的申请,对进出口商品实施公证、鉴定的业务。非法定检验的商品主要指法定检验以外的进出口商品。商检机构在对进出口商品进行检验鉴定后,作出公证结论,并签发有关证书。

在国际贸易中,若合同的检验条款规定凭中国商检机构的检验结果和出具的商检证书作为双方交接结算和计价结汇的依据,则卖方在出运前必须申请商检机构检验出证,才能报运出口。

2. 进出境动植物检疫

进出境的动植物检疫的依据是《进出境动植物检疫法》。检疫的目的是为了防止动物传染病、寄生虫和植物危险性病、虫、杂草及其他有害生物传入、传出国境,保护农、林、牧、渔业生产和人体健康,促进对外经济贸易的发展。

1982年,国务院正式批准成立国家动植物检疫总所,代表国家行使对外动植物检疫行政管理职权,负责管理全国口岸动植物检疫工作。国家动植物检疫总所的成立,使进出境动植物检疫工作形成了由中央和地方双重领导、以中央领导为主的垂直领导体制。1982年,国务院颁布了《中华人民共和国进出口动植物检疫条例》,以国家行政法规的形式明确规定了进出境动植物检疫的宗旨、意义、范围、程序、方法、检疫处理和相应的法律责任。1991年10月30日,七届全国人大常委会第二十二次会议通过了《中华人民共和国进出境动植物检疫法》,取代了《中华人民共和国动植物检疫条例》,这是国家正式以法律的形式确认了进出境动植物检疫工作的合法性和执法程序。《进出境动植物检疫法》于1992年4月1日起施行。1995年,国家动植物检疫总所更名为国家动植物检疫局。1996年12月2日,国务院批准发布了《中华人民共和国进出境动植物检疫法实施条例》(以下简称《进出境动植物检疫法实施条例》),并于1997年1月1日起正式施行。

应实施动植物检疫的范围包括进出境的动植物、动植物产品和其他检疫物,装载动植物、动植物产品和其他检疫物的装载容器、包装物,以及来自动植物疫区的运输工具。

具体商品如下:

动物:指饲养、野生的活动物,如畜、禽、兽、蛇、龟、鱼、虾、蟹、贝、蚕、蜂等。

动物产品:指来源于动物未经加工或者虽经加工但仍有可能传播疫病的产品,如生皮张、毛类、肉类、脏器、油脂、动物水产品,如制品、蛋类、血液、精液、胚胎、骨、蹄、角等。

植物:指栽培植物、野生植物及其种子、种苗及其他繁殖材料等。

植物产品:指来源于植物未经加工或者虽经加工但仍有可能传播病虫害的产品,如粮食、豆、棉花、油、麻、烟草、籽仁、干果、鲜果、蔬菜、生药材、木材、饲料等。

其他检疫物:指动物疫苗、血清、诊断液、动植物性废弃物等(装载动植物、动植物产品和其他检疫物质装载容器、包装物,以及来自动植物疫区的运输工具也包括在此范围)。

进出境动植物检疫的范围包括:

进境、出境、过境的动植物、动植物产品和其他检疫物;装载动植物、动植物产品和其他检疫物的装载容器、包装物和铺垫材料;来自动植物疫区的运输工具;进境拆解的废旧船舶;法律、行政法规、国际条约规定或者贸易合同约定应当实施进出境动植物检疫的其他货物、物品。

3. 国境卫生检疫

一个国家为了防止传染病从国外传入和在国际间蔓延而在本国边境采取的国境卫生防护措施叫做国境卫生检疫。

检疫工作的主要内容是:对出入境人员、交通工具、行李、货物、货物容器、食品、微生物、生物制品、与人类健康有关的动物以及其他废旧物品实施检疫查验、传染病监测、卫生监督和卫生处理,对旅行者提供健康检查、预防接种以及其他卫生保健服务。

卫生检疫机关在国境口岸工作的范围,是指为国境口岸服务的涉外宾馆、饭店、俱乐部,为出入境交通工具提供饮食、服务的单位和对入境、出境人员、交通工具、集装箱和货物实施检疫、监测、卫生监督的场所。

出入境的人员、交通工具和集装箱,以及可能传播检疫传染病的行李、货物、邮包等,均应当按照规定接受检疫,经卫生检疫机关许可,方准入境或者出境。

出入境的集装箱、货物、废旧物等物品在到达口岸的时候,承运人、代理人或者货主,必须向卫生检疫机关申报并接受卫生检疫。对来自疫区的、被传染病污染的以及可能传播检疫传染病或者发现与人类健康有关的啮齿动物和病媒昆虫的集装箱、货物、废旧物等物品,应当实施消毒、除鼠、除虫或者其他必要的卫生处理。

集装箱、货物、废旧物等物品的货主要求在其他地方实施卫生检疫、卫生处理的,卫生检疫机关可以给予方便,并按规定办理。

海关凭卫生检疫机关签发的卫生处理证明放行。

出入境的旅客、员工个人携带或者托运可能传播传染病的行李和物品的,应当接受卫生检查。卫生检疫机关对来自疫区或者被传染病污染的各种食品、饮料、水产品等应当实施卫生处理或者销毁,并签发卫生处理证明。

海关凭卫生检疫机关签发的卫生处理证明放行。

出入境的微生物、人体组织、生物制品、血液及其制品等特殊物品的携带人、托运人或者邮递人,必须向卫生检疫机关申报并接受卫生检疫,未经卫生检疫机关许可,不准入境、出境。

海关凭卫生检疫机关签发的特殊物品审批单放行。

卫生检疫机关对应当实施卫生检疫的邮包进行卫生检查和必要的卫生处理时,邮政部门应予配合。未经卫生检疫机关许可,邮政部门不得运递。

项目二 报检单位与报检员

一、报 检 单 位

报检是指有关当事人根据有关法律、行政法规的规定、对外贸易合同的约定或证明履约的需要,向检验检疫机构申请检验检疫、鉴定以获得出入境或取得销售使用的合法凭证及某种公证证明所必须履行的法定程序和手续。报检人办理报检时,应按规定真实地提供报检单,并按规定提供有关单据、证明文件。

报检工作由报检单位的报检员负责。报检单位是发生报检行为的主体,按其登记性质划分,可以分为自理报检单位和代理报检单位。

1. 自理报检单位概念

自理报检单位是指按照法律法规规定办理出入境检验检疫报检手续的进出口货物的收/发货人以及进出口货物的生产、加工和经营单位等。主要包括:

(1)有进出口经营权的国内企业;

(2)进口货物的收货人或其代理人;

(3)出口货物的生产企业;

(4)出口货物运输包装及出口危险货物运输包装生产企业;

(5)中外合资、中外合作、外商独资企业;

(6)国外(境外)企业、商社常驻中国代表机构;

(7)进出境动物隔离饲养和植物繁殖生产单位;

(8)进出境动植物产品的生产、加工、存储、运输单位;

(9)对进出境动植物、动植物产品进行药剂熏蒸和消毒服务的单位;

(10)从事集装箱的储存场地和中转场(库)清洗、卫生除害处理、报检的单位;

(11)有进出境交换业务的科研单位;

（12）其他报检单位。

2. 自理报检单位的登记、信息更改与监管

1）备案登记

各地检验检疫机构负责受理自理报检单位备案登记的申请，并对申请单位提交的以下材料进行审核：《自理报检单位备案登记申请表》；加盖企业公章的《企业法人营业执照》复印件（同时交验原件）；加盖企业公章的组织机构代码证复印件（同时交验原件）；有进出口经营权的企业须提供有关证明材料；检验检疫机构要求的其他相关资料。

申请单位提交的材料齐备真实的，检验检疫机构应当及时予以备案登记。申请材料不齐备或不符合要求的，应当当场一次性告知申请单位需要补正的全部内容。申请单位提交的材料存在文字上的问题等，可以当场更正错误的，应当允许当场更正。对予以备案登记的，应当告知申请单位备案登记号，并颁发《出入境检验检疫自理报检单位备案登记证明书》。自理报检单位依照检验检疫法律法规规定需到异地报检的，检验检疫机构应予以办理。自理报检单位需要终止备案登记的，检验检疫机构应当受理，经审核后予以注销。自理报检单位备案登记编号为 10 位数字：前四位为自理报检单位备案地检验检疫局代码（以 CIQ2000 检验检疫综合业务计算机管理系统为准）；后六位为流水号，但第五位不得为"9"（"9"为代理报检单位标识）。

2）信息更改

各地检验检疫机构对自理报检单位备案信息变动的，应及时予以更改，以确保其准确性。对自理报检单位的名称、注册地址、企业性质、法定代表人、报检员、营业场所、注册资金、电话号码、传真号码、电子信箱、联系人、邮政编码等内容更改的，各地检验检疫机构应根据自理报检单位提出的更改申请及时办理信息变更手续。自理报检单位名称、地址、法定代表人更改的，应重新颁发《出入境检验检疫自理报检单位备案登记证明书》。各地检验检疫机构可以根据实际情况对自理报检单位的备案信息定期进行核实。

3）监督管理

各地检验检疫机构应当依照法律法规的要求，加强对自理报检单位的监督管理工作。自理报检单位提供虚假材料申请并取得备案登记的，由检验检疫机构撤销其备案登记。自理报检单位提供的材料失实，或不按规定办理更改手续，造成无法落实检验检疫等严重后果的，按相关法律法规规定处理。

3. 自理单位的权利与义务

1）自理报检单位的权利

（1）根据检验检疫法律、法规规定，有权依法办理出入境货物、人员、运输工具、动植物及其产品等，以及与其相关的报检/申报手续。

（2）在按有关规定办理报检，并提供抽样、检验检疫的各种条件后，有权要求检验检疫机构在国家质检部门统一规定的检验检疫期限内完成检验检疫工作并出具证明文件。如因检验检疫工作人员玩忽职守，造成入境货物超过索赔期而丧失索赔权的，或出境货物耽误装船结汇的，有权追究当事人责任。

（3）对检验检疫机构的检验检疫结果有异议的，有权在规定的期限内向原检验检疫机构或其上级检验检疫机构以至国家质检总局申请复验。

（4）对所提供的带有保密性的商业、运输等单据，有权要求检验检疫机构及其工作人员予以保密。

2)自理报检单位的义务

(1)遵守国家有关法律、法规和检验检疫规章,对所报检货物的质量负责。

(2)应当按检验检疫机构要求选用若干名报检员,由报检员凭检验检疫机构核发的《报检员证》办理报检手续。应加强对本单位报检员的管理,并对报检员的报检行为承担法律责任。

(3)提供正确、齐全、合法、有效的证单,完整、准确、清楚地填制报检单,并在规定的时间和地点向检验检疫机构办理报检手续。

(4)在办理报检手续后,应当按要求及时与检验检疫机构联系验货,协助检验检疫工作人员进行现场检验检疫、抽(采)样及检验检疫处理等事宜,并提供进行抽(采)样和检验检疫、鉴定等必要的工作条件。应当落实检验检疫机构提出的检验检疫监管及有关要求。

(5)对已经检验检疫合格放行的出口货物应加强批次管理,不得错发、错运、漏发,致使货证不符。对入境的法检货物,未经检验检疫或未经检验检疫机构的许可,不得销售、使用或拆卸、运递。

(6)申请检验检疫、鉴定工作时,应按规定缴纳检验检疫费。

4. 代理报检单位概念

代理报检单位是指经国家工商行政部门注册的境内企业法人再经国家质检总局注册登记,取得代理报检资质,并依法接受进出口货物收货人、发货人、货主等相关对外贸易法人的委托,为其向出入境检验检疫机构代理办理出入境检验检疫报检手续的单位。

1)代理报检单位资格条件

申请代理报检单位注册登记的申请单位应当符合《出入境检验检疫代理报检管理规定》和国家质检总局规定的有关要求,向工商注册所在地直属检验检疫局提出申请,并提交相关材料:

(1)申请单位应取得工商行政管理部门颁发的《企业法人营业执照》或《营业执照》;

(2)注册资金在人民币150万元以上;

(3)具备固定经营场所以及符合代理报检业务所需的条件和设置;

(4)建立健全行之有效的代理报检管理制度;

(5)持有《报检员证》的人员10名以上,并与每个报检员签有合法的《劳动合同》;

(6)申请单位要实事求是提交声明,符合《出入境检验检疫代理报检管理规定》;

(7)其他应符合国家质检总局的条件。

2)代理报检单位注册登记

申请单位提交的书面材料应包括:

(1)《代理报检单位备案登记申请表》;

(2)企业声明;

(3)《企业法人营业执照》或《营业执照》正本复印件,同时交验原件;

(4)《组织机构代码》复印件,同时交验正本;

(5)拟任报检员有《报检员资格证》复印件,同时交验正本;

(6)申请单位的印章模;

(7)加盖有申请单位公章的《公司章程》复印件和最近一次《验资报告》复印件,同时交验原件;

(8)申请单位与其拟任报检员签订的《劳动合同》复印件,同时交验原件;

(9)《社会保障登记证》复印件,同时交验原件,以及由劳动和社会保障部门出具或确认的申请单位为每个报检员缴纳社会保险的证明文件;

(10)申请单位有关代理报检的管理制度的复印件;

(11)国家质检总局要求的其他资料。

经各地直属检验检疫局审查,申请材料不齐全或不符合法定形式,检验检疫机构应当当场或在5个工作日内一次报告申请单位需要补正的全部内容,逾期不告知的,自收到申请材料之日起即为受理。准予许可的,于10个工作日内颁发《代理报检单位注册登记证书》,不予许可的,书面说明理由,出具不予行政许可决定书。

3)代理报检单位的信息更改

代理报检单位信息发生变更的,应当在变更之日起15日内办理信息更改手续,向所在地检验检疫机构提交《代理报检单位注册登记更改申请表》。

代理报检单位名称、注册地址、企业性质、法定代表人、报检员、营业场所、注册资金、电话号码、传真号码、电子信箱、联系人、邮政编码涉及注册登记证书内容的,所在地直属检验检疫局收回原注册登记证书并颁发新证。

4)代理报检单位年度审核

代理报检单位应在每年3月31日前向所在地检验检疫机构申请年度审核,并提交《代理报检年度报告书》、《出入境检验检疫代理报检单位注册登记证书》复印件(同时交验正本)、《工商营业执照》复印件(同时交验正本),以及检验检疫机构要求提供的其他资料。

获得注册登记不满一年的代理报检单位,本年度可不参加年审。未参加年审也未经直属检验检疫局同意延迟参加年审的单位,暂停其代理报检资格。

5)代理报检单位的权利、义务和责任

(1)代理报检单位的权利:

①代理报检单位被许可注册登记后,有权在批准的报检区域向检验检疫机构办理报检业务,但不得出借名义供他人办理代理报检业务;

②除另有规定外,代理报检单位有权代理委托人委托的出入境检验检疫报检业务;

③进口货物的收货人在报关地或收货地委托代理报检单位报检,出口货物的发货人可以在产地或报关地委托代理报检单位报检;

④按有关规定代理报检,并提供抽样、检验检疫的各种条件后,有权要求检验检疫机构在国家质检总局统一规定的检验检疫期限内完成检验检疫工作,并出具证明文件;

⑤代理报检单位对检验检疫机构的检验检疫结果有异议的,有权在规定的期限内向原检验检疫机构或向上一级检验检疫机构以至国家质检总局申请复验;

⑥代理报检单位在保密情况下提供有关商业及运输单据时,有权要求检验检疫机构及其工作人员予以保密;

⑦代理报检单位有权对检验检疫机构及其工作人员的违法、违纪行为进行控告、检举。

(2)代理报检单位的义务:

①对代理报检的各项内容和提交的有关文件的真实性、合法性负责,承担相应的法律责任;

②代理报检单位从事代理报检业务时,必须提交委托人的《报检委托书》;

③代理报检单位应在检验检疫机构规定期限、地点办理报检手续,办理报检时应按规定填制报检申请单,加盖代理报检单位的合法印章,并提供检验检疫机构要求的必要单证;

④负责与委托人联系,协助检验检疫机构落实检验检疫时间、地点,配合检验检疫机构实施检验检疫,并提供必要的工作条件;

⑤配合检验检疫机构对其所代理报检业务有关事宜的调查和处理;

⑥代理报检单位对报检员的报检行为承担法律责任。

(3) 代理报检单位的责任:

①代理报检单位对实施代理报检过程中所知悉的商业秘密负有保密责任;

②代理报检单位应按规定代委托人缴纳检验检疫费,并向委托人出具收费票据,不得借检验检疫机构名义向委托人收取额外费用;

③代理报检单位与被代理人之间的法律关系适用《中华人民共和国民法通则》的有关规定,并共同遵守出入境检验检疫法律、法规;不免除被代理人根据合同或法律所应承担的产品质量责任和其他责任;

④有伪造、变造、买卖或者盗窃出入境检验检疫证单、印章、标志、封识和质量认证标志行为的,除取消其代理报检注册登记及代理报检资格外,还应按检验检疫相关法律法规的规定予以行政处罚;情节严重的,涉嫌构成犯罪的,移交司法部门对直接责任人依法追究刑事责任;

⑤代理报检单位因违反规定被检验检疫机构暂停或取消其代理报检资格所发生的与委托人等关系人之间的财经纠纷,由代理报检单位自行解决或通过法律途径解决;

⑥代理报检单位及其报检员在从事报检业务中有违反代理报检规定的,由检验检疫机构根据规定给予通报批评、警告、暂停或取消代理报检资格处理;违反有关法律法规的,按有关法律法规的规定处理;涉嫌触犯刑事犯罪的,移交司法部门按照《中华人民共和国刑法》的有关规定追究其刑事责任。

二、报 检 员

报检员是指获得国家质检总局规定的资格,在国家质检总局设在各地的出入境检验检疫机构注册,办理出入境检验检疫报检业务的人员。

1. 报检员资格

报检员资格实行全国统一考试制度,参加报检员资格考试的人员应当符合下列条件:

(1) 年满 18 周岁,具有完全民事行为能力;

(2) 具有良好的品行;

(3) 具有高中或者中专以上学历;

(4) 国家质检总局规定的其他条件。

考试合格人员取得《报检员资格证》,2 年内未从事报检业务的,《报检员资格证》自动失效。

2. 报检员注册

获得《报检员资格证》的人员,方可注册为报检员。

报检员注册应当由在检验检疫机构登记并取得报检单位代码的企业向登记所在地检验检疫机构提出申请,并提交下列材料:

(1) 《报检员注册申请书》;

(2) 拟任报检员所属企业在检验检疫机构的登记证书;

(3)拟任报检员的《报检员资格证》;
(4)检验检疫机构要求的其他资料。

对于《报检员资格证》失效的、被吊销《报检员证》不满3年的、已在检验检疫机构注册为报检员且未办理手续的,检验检疫机构不予以注册。

3. 报检员管理

报检员在取得《报检员证》后即可从事出入境检验检疫机构报检工作,并接受检验检疫机构的监督和管理。

(1)《报检员证》是报检员办理报检业务的身份凭证,不得转借、涂改。

(2)报检员不得同时兼任两个或两个以上报检单位的报检工作。

(3)检验检疫机构对报检员的管理实施差错登记制度。

(4)《报检员证》的有效期为2年,有效期届满前30日,报检员应当向发证检验检疫机构提出延期申请,同时提交延期申请;延期审核合格的,其《报检员证》有效期延长2年。

(5)报检员遗失《报检员证》的,应在7日内向发证检验检疫机构递交情况说明,并登报声明作废;在有效期内,予以补发,补发前不得办理报检业务。

(6)自理报检单位的报检员可以在注册地以外的检验检疫机构办理本单位的报检业务,并接受当地检验检疫机构的管理。

(7)报检员在从事出入境检验检疫报检活动中有不如实报检,造成严重后果的,提供虚假合同、发票、提单等单据的,伪造、变造、变卖、买卖或者盗窃、涂改检验检疫通关证明、检验检疫证单、印章、标志、封识和质量认证标志的,或其他违反检验检疫有关法律法规规定,情节严重的,将取消其报检资格,吊销《报检员证》。被取消报检员资格的,3年内不允许参加报检员资格考试。

4. 报检员权利、义务

1)报检员的权利

(1)对于入境货物,有权要求检验检疫机构在规定期限或对外贸易合同约定的索赔期限内检验检疫完毕,并出具证明。如因检验检疫工作人员玩忽职守造成损失或使货物超过索赔期而丧失索赔权,报检员有权追究有关当事人责任。

(2)对于出境货物,有权要求检验检疫机构在不延误装运的期限内检验检疫完毕,并出具证明。如因检验检疫工作人员玩忽职守而耽误装船结汇,报检员有权追究有关当事人责任。

(3)报检员对检验检疫机构的检验检疫结果有异议,有权根据有关法律规定,向原机构或其上级申请复验。

(4)报检员如有正当理由需撤销报检时,有权按规定办理撤检手续。

(5)报检员在保密情况下提供有关商业单据和运输单据时,有权要求检验检疫机构及其工作人员给予保密。

(6)报检员有权对检验检疫机构工作人员的违法、违纪行为进行控告、检举或依法追究当事人的法律责任。

2)报检员的义务

(1)报检员办理报检业务须出示《报检员证》,检验检疫机构不受理无证报检业务。

(2)报检员有义务向本单位传达并解释出入境检验检疫有关法律法规、通告及管理办法。

(3) 在规定的时间和地点进行报检,并向检验检疫机构提供真实的数据和完整、有效的单证,准确、详细、清晰地填制报检单,随附单证应齐全、真实;协助所属企业完整保存报检资料等业务档案。

(4) 提供、配合检验检疫机构进行抽样、检验、检疫和鉴定等工作。

(5) 报检员有义务对合格放行的货物加强批次管理,不得错发、漏发,致使货证不符。未经检验检疫合格或未经许可,不得销售、使用或拆卸、运递。

(6) 按照规定缴纳检验检疫费。

(7) 不得擅自涂改、伪造或变造检验检疫证(单)。

(8) 对于需要办理检疫审批的进境检疫物,报检前应办妥检验检疫手续,或准备提供隔离场所。

(9) 对于出境检疫物,配合检验检疫机构,提醒或组织企业有关部门进行必要的自检,并提供产地检验检疫资料给检验检疫机构。

对于入境检验检疫不合格的货物,应及时向检验检疫机构通报情况,以便有效处理、加强防范、重点控制,或整理材料、证据及时对外索赔。

思考练习

一、简 答 题

1. 出入境检验检疫报检规定的报检范围是什么?
2. 报检员有哪些权利和义务?
3. 动植物检疫的依据是什么?检疫的目的是什么?
4. 进出境的货物在哪里接受动植物检疫?
5. 如何对报检单位进行管理?

二、案 例 分 析

1. 张明于2010年11月参加了全国自理报检员资格考试,2011年3月获取了检验检疫机构颁发的报检员资格证。2011年8月,他拟应聘专门从事服装出口的深圳某进出口公司从事报检工作,请问该公司有无资格报检?公司首次报检应办理哪些手续?张明应如何取得报检资格?

2. 某进出口企业出口货物10t,由检验检疫机构对货物进行了检验,检验合格,取得了证书。这时接到买方来函声称市场上对该货物的需求很大,所以市场价格上涨,要求卖方追加2t货物一同运出。卖方考虑到所要追加的货物和原来的货物品质以及各项指标完全一致,无须报商检部门重新进行检查,遂自行对其证书进行了局部的修改。

问题:

其做法是否符合规范?为什么?

任务三　我国对外贸易管制制度认知

内容简介

本任务主要介绍我国对外贸易管制的目的、内容和措施。

教学目标

1. 知识目标
(1) 了解对外贸易管制的目的以及管制目标的实现途径；
(2) 掌握我国对外贸易管制的主要内容；
(3) 掌握我国对外贸易管制的主要管理措施及报关规范。
2. 技能目标
(1) 具备领取有关进出口许可证件的实际应用能力；
(2) 能按照我国对外贸易管制相关要求正确办理有关货物进出口通关手续。

案例导入

2007年7月16日，广西变废为宝有限公司—CIF防城港以每吨1200美元的价格从日本海运进口一批废旧五金产品，共计500t，用两个集装箱装运进口。广西变废为宝有限公司在与日本出口商签订对外贸易合同前没有经过我国有关部门的批准。7月17日，广西变废为宝有限公司委托广西通天报关行为其办理该批货物的进口报关手续。

引导思路

1. 作为广西通天报关行的报关员，你认为广西变废为宝有限公司的做法，从业务程序上看，符合外贸管制的有关规定吗？
2. 想要顺利进口该批废旧五金产品，广西变废为宝有限公司应该先后到哪些单位办理哪些手续？
3. 报关员应该准备哪些单据向海关办理进口废旧五金产品的报关手续？

项目一　对外贸易管制

教学要点

1. 了解对外贸易管制；
2. 了解对外贸易管制的目的及特点。

教学方法

可采用讲授、案例教学和分组讨论等方法。

对外贸易管制本是政府的一种强制性行政管理行为,其制度涉及工业、农业、商业、军事、技术、卫生、环保、税务、资源保护、质量监督、外汇管理以及金融、保险、信息服务等诸多领域,可谓范围广大,而贸易管制需要通过海关监管才能实现,同时海关监管又会体现在进出口货物的报关环节中,使报关、对外贸易管制与海关监管三者之间的关系得到进一步体现。随着国家西部大开发进程的加快,政府为了国家的宏观经济利益、国内外政策需要以及履行所缔结或加入国际条约的义务,确立实行各种管制制度、设立相应管制机构和规范对外贸易活动,为贸易管制调研方案确定调查的具体内容。

一、对外贸易管制的含义及分类

对外贸易管制的含义:第一,以实现我国对内对外政策目标为基本出发点;第二,它是国家管制;第三,这是政府的一种强制性的行政管理行为;第四,涉及的法律制度属于强制性法律范围。

对外贸易管制通常有三种分类形式:按管理目的,可分为进口贸易管制和出口贸易管制;按管制手段,可分为关税措施和非关税措施;按管制对象,可分为货物进出口贸易管制、技术进出口贸易管制和国际服务贸易管制。

二、对外贸易管制的目标及其实现

1. 对外贸易管制的目标
(1)保护本国经济利益,发展本国经济。

各国的对外贸易管制措施都是与其经济利益相联系的。发展中国家实行对外贸易管制主要是为了保护本国的民族工业,建立与巩固本国的经济体系;通过对外贸易管制的各项措施,防止外国产品对本国市场造成冲击,维护本国国际收支平衡。发达国家实行对外贸易管制主要是为了确保本国某些产品或技术的国际垄断地位,保证本国各项经济发展目标的实现。所以,各国对外贸易管制措施是各国经济政策的重要体现。

(2)推行本国的外交政策,实现国家政治目的或军事目标。

不论是发达国家还是发展中国家,往往出于政治或军事上的考虑,甚至不惜牺牲本国经济利益,在不同时期,对不同国家或不同商品实行不同的对外贸易管制措施,以达到其政治上的目的或军事上的目标。因此,贸易管制往往成为一国推行其外交政策的有效手段。

(3)行使国家职能。

一个主权国家,对其自然资源和经济行为享有排他的永久主权,国家对外贸易管制制度和措施的强制性是为保护本国环境和自然资源、保障国民人身安全、调控本国经济而行使国家管理职能的一个重要保证。

从对外贸易管制的目的看,贸易管制政策是一国对外政策的体现,这是对外贸易管制的一个显著特点。正是为了实现上述目的,各国都要根据其不同时期的不同经济利益或安全和政治形势需要,随时调整对外贸易管制政策,因此,不同国家或同一国家的不同时期的贸易管制政策是各不相同的。这种因时间、形势而变化的特性是贸易管制的又一大特点。各国对外贸易管制的另一特点是以对进口的管制为重点,虽然贸易管制有效地保护了本国国内市场和本国的经济利益,但在一定程度上也阻碍了世界经济交流,抑制了国际贸易的发展。因此，如何充分发挥贸易管制的有利因素，尽量减少其带来的不利因素，变被动为主动、积极地保护，是衡量一个国家管理对外贸易水平的标志。

2. 对外贸易管制的实现

(1) 海关监管是实现贸易管制的重要手段。

海关作为进出关境监督管理机关，依据《海关法》所赋予的权利，代表国家在口岸行使进出境监督管理职能，这种特殊的管理职能决定了海关监管是实现贸易管制目标的有效行政管理手段。海关主要通过监督进出境货物是否合法以及管理进出境秩序来实现对对外贸易的管制。这种监管具体表现为：

①对"物"的管理，包括进出境运输工具、货物、物品，即物流监控。对物流的监控管理是海关确保货物合法进出的基础和前提条件。

②对"单证"的管理，包括与进出境运输工具、货物、物品相关的提单、合同、发票、装箱单、登记手册、减免税证明、许可证件等，即单证管理。对单证审核的管理是海关确定货物进出结果的依据。

海关确认货物合法进出口的必要条件是"单"（包括报关单在内的各类报关单据及其电子数据）、"证"（各类许可证件、相关文件及其电子数据）、"货"（实际进出口货物）互为相符，即"单单相符"、"单证相符"、"单货相符"、"货证相符"。所谓"单单相符"，即报关单所显示的内容与所提供的提单、合同、发票、装箱单、登记手册等相符；"单证相符"，即报关单所显示的内容与所提供的减免税证明、许可证件等相符；"单货相符"，即报关单所显示的内容与实际进出境的运输工具、货物、物品相符；"货证相符"，即所提供的《减免税证明》、许可证件等内容与进出境的运输工具、货物、物品相符。只有在确认达到"单单相符"、"单证相符"、"单货相符"、"货证相符"的情况下，海关才可放行。

(2) 执行贸易管制政策的海关监管方式。

海关监管是全方位、多角度、立体式的，包括合法运用各种监管手段和程序对商品属性、数量、外观、内容等实物式管理和依法审核与进出口货物相关的发票、箱单、合同、手册、批件等单证式管理。前者是对物的管理，是物流监控的范围，后者是对单证的管理，也就是对海关管理相对人进出口行为合法性的管理。海关管理是两者的有机结合，是互为因果、互为制约、互为联系、缺一不可的。如何准确、有效地执行贸易管制政策及国家其他法律、行政法规，是这两种海关管理所要达到的共同目标，也是实现二者有机结合最基本的出发点。因此，对物流的监控管理是海关确保货物合法进出的基础和前提条件，对单证审核的管理是海关确定货物合法进出结果的依据，二者共同构成了海关对进出口货物合法进出的管理。

通俗地讲，由于国家进出口贸易管制政策是通过外经贸部门及国家其他行业主管部门依据国家贸易管制政策发放各类许可证件，最终由海关依据许可证件及其他单证（提单、发票、合同等）对实际进出口货物合法性的监督管理来实现的，因此，执行贸易管制海关管理也就离不开"单"（即包括报关单在内各类报关单据）、"证"（即各类许可证件）、"货"（即实际进出口货物）这三大要素。"单"、"证"、"货"互为相符，是海关确认货物合法进出口的必要条件，也就是说对进出口受国家贸易管制的货类，只有确认达到"单单相符"、"单货相符"、"单证相符"、"证货相符"的情况下，海关才可放行相关货物。

(3) 报关是海关确认进出口货物合法性的先决条件。

报关实际上是指进出口货物收发货人或其代理人依法向海关进行进出口申报并办理有关海关手续的过程，是履行海关手续的必要环节之一。《海关法》第二十四条规定："进口货物的收货人、出口货物的发货人应当向海关如实申报,校验进出口许可证件和有关单证。国家限制进出口的货物,没有进出口许可证件的,不予放行。"海关正是通过报关环节审核"单"、"证"、"货"来确认货物进出口的合法性。从法律意义上来讲,申报意味着向海关报告进出口货物的情况,申请按其申报的内容放行进出口货物。因此,报关不仅是进出口货物收发货人或其代理人必须履行的手续,也是海关确认进出口货物合法性的先决条件。

三、我国对外贸易管制的法律体系

由于我国对外贸易管制是一种国家管制,因此其所涉及的法律渊源只限于宪法、法律、行政法规、部门规章以及相关的国际条约,不包括地方性法规、规章及自治区的地方条例和单行条例。

1. 法律

法律是指由国家最高权力机关全国人民代表大会或它的常务委员会制定,由国家主席颁布的规范性文件的总称。我国现行的与对外贸易管制有关的法律主要有《中华人民共和国对外贸易法》、《中华人民共和国海关法》、《中华人民共和国进出口商品检验法》、《中华人民共和国进出境动植物检疫法》、《中华人民共和国固体废物污染环境防治法》、《中华人民共和国国境卫生检疫法》、《中华人民共和国野生动物保护法》、《中华人民共和国药品管理法》、《中华人民共和国文物保护法》、《中华人民共和国食品卫生法》等。

2. 行政法规

行政法规是指国务院为了实施宪法和其他相关法律,在职权范围内,制定的基本行政管理规范性文件的总和。我国现行的与对外贸易管制有关的行政法规主要有《中华人民共和国货物进出口管理条例》、《中华人民共和国技术进出口管理条例》、《中华人民共和国进出口关税条例》、《中华人民共和国知识产权海关保护条例》、《中华人民共和国野生植物保护条例》、《中华人民共和国外汇管理条例》、《中华人民共和国反补贴条例》(以下简称《反补贴条例》)、《中华人民共和国反倾销条例》、《中华人民共和国保障措施条例》等。

3. 部门规章

部门规章是国务院各部门根据法律和国务院的行政法规、决定和命令,在本部门权限范围内发布的规范性文件的总和。我国现行的与对外贸易管制有关的部门规章很多,例如《货物进口许可证管理办法》、《货物出口许可证管理办法》、《货物自动进口许可证管理办法》、《出口收汇核销管理办法》、《进口药品管理办法》、《中华人民共和国精神药品管理办法》、《中华人民共和国放射性药品管理办法》、《两用物项和技术进出口许可证管理》等。

4. 国际条约

国际条约是指国家及其他国际法主体间所缔结的以国际法为准则,并确定其相互关系中权利和义务的一种国际书面协议,也是国际法体间相互交往的一种最普遍的法律形式。

由于各国在通过国内立法实施本国进出口贸易管理和管制的各项措施的同时,必然要与其他国家协调立场,确定相互之间在国际贸易活动中的权利与义务关系,以实现其外交政策和对外贸易政策所确立的目标,因此国际贸易条约与协定成为各国之间确立国际贸易关系立场的重要的法律形式。

我国目前所签订生效的各类国际条约,虽然不属于我国国内法的范畴,但就其效力而言,可将其视为我国的法律渊源之一。目前我国所加入或缔结的涉及贸易管制的国际条约主要有:我国加入世界贸易组织(WTO)所签订的有关双边或多边的各类贸易协定;《京都公约》——关于简化和协调海关业务制度的国际公约;《濒危野生动植物种国际贸易公约》;《蒙特利尔议定书》——关于消耗臭氧层物质的国际公约;《精神药物公约》;《伦敦准则》——关于化学品国际贸易资料交换的国际公约;《鹿特丹公约》——关于在国际贸易中对某些危险化学品和农药采用事先知情同意程序的国际公约;《巴塞尔公约》——关于控制危险废物越境转移及其处置的国际公约;《国际纺织品贸易协定》;《建立世界知识产权组织公约》等。

项目二 我国对外贸易管制的主要内容

教学要点

1. 了解出入境检验检疫、外汇管理等制度;
2. 了解进出口禁止、限制、自动许可、反倾销、反补贴、进出口收付汇核销等措施;
3. 结合实际案例,熟练掌握及运用对外贸易管制。

教学方法

可采用讲授、案例教学和分组讨论等方法。

一、对外贸易管制的内容

我国对外贸易管制制度的主要内容由"证"、"备"、"检"、"核"、"救"五大部分组成。"证",是指货物和技术进出口许可证件和许可证明;"备"是指对外贸易经营资格的备案登记,不备案登记者海关不予验放;"检"是指我国对出入境的货物、交通运输工具、人员等实施的出入境检验检疫管理,包括进出口商品质量的检验、动植物检疫和国境卫生检疫,简称"三检";"核"是指进出口收付汇核销制度;"救"是指对外贸易救济措施,包括反倾销措施、反补贴措施和保障措施。

二、进出口许可制度

进出口许可制度是根据国家的法律、政策、对外贸易计划和国内市场的需要,对进出口经营权、经营范围、贸易国别、进出口商品品种和数量等实行全面管制的制度。从广义上讲,进出口许可制度是以进出口许可证件管理为主的国家对外贸易一系列审批制度的总和。

进出口许可制度作为一项非关税措施,是世界各国管理进出口贸易的一种常见手段。货物、技术进出口许可管理制度是我国进出口管理制度的主体,是国家对外贸易管制中极其重要的管理制度。其管理范围包括:禁止进出口货物及技术、限制进出口货物及技术、自由进出口的技术与自由进出口中部分实行自动登记许可管理的货物。

1. 禁止进出口管理

对列入国家公布的禁止进出口目录以及其他法律、法规明令禁止或停止进出口的货物、技术,任何对外贸易经营者不得经营进出口。

1) 禁止进口货物管理规定

(1) 列入《禁止进口货物目录》的商品,禁止进口。目前我国公布的《禁止进口货物目录》共六批。其中:

①第一、第六批是为了保护我国的自然生态环境和生态资源以及履行我国所参加或缔结的与保护世界生态环境相关的国际条约和协定而发布的。如:四氯化碳、犀牛角和虎骨等都禁止进口。

②第二批是国家对涉及生产安全、人身安全和环境保护的旧机电产品所实施的。如:废电脑、废复印机等。

③第三、第四、第五批所涉及的是对环境有污染的固体废物。如:城市垃圾、医疗废物等。

(2) 国家有关法律、法规明令禁止进口的商品。如:依据《进出境动植物检疫法》,禁止进口来自疫区或不符合我国卫生标准的动物和动物产品。

(3) 其他。比如右置转向盘的汽车、旧服装、黑人牙膏("DARKLE"、"DARLIE")、氯酸钾、硝酸铵、Ⅷ因子制剂等血液制品、以 CFC - 12 为制冷工质的汽车及以 CFC - 12 为制冷工质的汽车空调压缩机(含汽车空调器)、带有违反"一个中国"原则内容的货物及其包装等都不得进口。

2) 禁止进口技术管理范围

列入《中国禁止进口限制进口技术目录》的技术禁止进口,主要是高污染、高耗能、低技术类的技术。

3) 禁止出口货物管理规定

(1) 列入《禁止出口货物目录》的商品禁止出口。目前我国公布的《禁止出口货物目录》共四批。其中:

①第一、第三批是为了保护我国的自然生态环境和生态资源以及履行我国所参加或缔结的与保护世界生态环境相关的国际条约和协定而发布的。如:四氯化碳、麝香、犀牛角和虎骨、发菜和麻黄草等都禁止出口。

②第二批主要是为了保护我国匮乏的森林资源,防止乱砍滥伐而发布的。如:禁止出口木炭。

③第四批主要包括硅砂、石英砂及其他天然砂。

(2) 国家有关法律、法规明令禁止出口的商品。如:依据《中华人民共和国野生植物保护条例》,禁止出口未定名的或新发现并有重要价值的野生植物。

(3) 其他。如:禁止出口劳改产品、原料血浆以及商业性出口的野生红豆杉及其部分产品。

4) 禁止出口技术管理范围

列入《中国禁止出口限制出口技术目录》的技术禁止出口,主要是涉及国家安全、技术保密方面的技术,如:航空遥测遥感技术,针刺麻醉技术,药品生产、测绘、农业、地质和工业等领域的技术。

2. 限制进出口管理

为维护国家安全和社会公共利益,保护人民的生命健康,履行我国所参加或缔结的国际条约和协定,国家在一定时期内对一定商品加以限制进出口。由国务院商务主管部门会同国务院其他有关部门,依据《对外贸易》的规定,制定、调整并公布各类限制进出口货物、技术目录。海关依据国家有关法律和法规对目录货物和技术实施监督管理。属限制进出口管理的货物和技术未经许可,不得进出口。

1)限制进口货物管理规定

目前,我国限制进口货物管理按照其限制方式划分为许可证件管理和关税配额管理。

(1)许可证件管理。许可证件管理主要包括进口许可证、濒危物种进口、可利用废物进口、进口药品、进口音像制品、黄金及其制品进口等管理。国务院商务部主管部门或国务院有关部门在各自的职责范围内,根据国家有关法律、行政法规的有关规定颁发上述各类许可证件,海关凭相关许可证检验放货物。

(2)关税配额管理。关税配额是指一定时期内(一般为1年),国家对部分商品的进口制定关税配额税率并规定该商品进口数量总额,在限额内,经国家批准后允许按照关税配额税率征税进口,如超出限额则按照配额外税率征税进口的措施。一般情况下,关税配额税率优惠幅度很大,如小麦关税配额税率与最惠国税率相差达65倍。国家通过这种行政管理手段对一些重要商品,以关税这个成本杠杆来实现限制进口的目的,因此关税配额管理是一种首先对数量的限制。

2)限制进口技术管理规定

限制进口技术实行目录管理。属于目录范围内的限制进口的技术,实行许可证管理,未经国家许可,不得进口。进口审批程序如下:

进口属于限制进口的技术,应先获得商务部主管部门签发的技术进口许可意向书,再对外签订技术进口合同,然后向商务部主管部门申请技术进口许可证,最后向海关凭技术进口许可证验放:

向国务院对外贸易管理部门申请→获得中华人民共和国技术进口许可意向书→对外签订技术进口合同→申请并获得技术进口许可证→凭技术进口许可证通关。

3)限制出口货物管理规定

我国对于限制出口货物的管理,可分为两种,分别是实行出口配额限制和出口非配额限制。

(1)出口配额限制:包括出口配额分配管理、出口配额招标管理两种方式。

首先在国家各配额主管部门申领配额证明,然后凭配额证明申领出口许可证。

①出口配额分配管理:按需直接分配的原则。

②出口配额招标管理:按招标分配的原则,招标的方式有两种,即公开招标和协议招标。

公开招标:将所有合格投标企业的投标价格由高到低进行排列,按照排序先后累计投标企业的投标数量,当累计投标数量与招标总量相等时,计入累计投标总量(即招标总量)的企业,即为中标企业。

协议招标:投标价格不低于招标委员会规定的最低投标价格水平的企业均为中标企业。

(2)出口非配额限制。出口非配额限制是指在一定时期内根据国内政治、军事、技术、卫生、环保、资源保护等领域的需要,以及为履行我国所加入或缔结的有关国际条约的规定,以经国家各主管部门签发许可证件的方式来实现的各类限制出口措施。

目前,我国非配额限制管理主要包括出口许可证、濒危物种、两用物项出口以及军品出口等许可管理。

4)限制出口技术管理规定

根据《对外贸易法》、《技术进出口管理条例》、《中华人民共和国生物两用品及相关设备和技术出口管制条例》、《中华人民共和国核两用品及相关技术出口管制条例》、《中华人民共和国导弹及相关物项和技术出口管制条例》、《中华人民共和国核出口管制条例》以及《禁止出口限制出口技术管理办法》等有关规定,限制出口技术实行目录管理,国家有关部门规定、调整并公布限制出口的技术目录。对属于目录范围内的限制出口的技术,实行许可证管理,未经国家许可,不得出口。

我国目前限制出口的技术目录主要有《两用物项和技术进出口许可证管理目录》和《禁止出口限制出口技术目录》等。

出口属于上述限制出口的技术,应当向国务院商务主管部门提出技术出口申请,经国务院商务主管部门审核批准后取得技术出口许可证件,凭此向海关办理出口通关手续。

经营限制出口技术的经营者在向海关申报出口手续时必须主动递交相关技术出口许可证件。

3. 自由进出口管理

除国家禁止、限制进出口货物和技术外的其他货物和技术,都属于自由进出口范围。自由进出口的货物和技术不受进出口数量的限制。国家基于监测进出口情况的需要,对部分属于自由进口的货物实行自动进口许可管理,对所有自由进出口的技术实行技术进出口合同登记管理。

进口属于自动进口许可管理的货物经营者,应当在向海关申报前向国务院商务主管部门申请取得自动进口许可证,海关凭自动进口许可证验放。

进出口属于自由进出口的技术经营者,应当向国务院对外贸易管理部门申请,其收到文件之日起 3 个工作日内对技术进出口合同进行登记并颁发技术进出口合同登记证,申请人凭证报关。

三、备案登记制度

对外贸易经营者管理制度是我国对外贸易管理制度之一。从 2004 年 7 月起,我国对对外贸易经营者的管理,实行备案登记制度。即法人、其他组织或者个人在从事对外贸易经营活动前,必须按照国家的有关规定,依法定程序在国务院商务主管部门备案登记,取得对外贸易经营资格后,方可在国家允许的范围内从事对外贸易活动。对外贸易经营者管理制度由进出口经营权管理制度和进出口经营范围管理制度组成。

1. 进出口经营权管理制度

进出口经营权是指在我国境内的法人、其他组织或者个人,依法所取得的对外签订进出口贸易合同的资格,又称对外贸易经营权。只有向国务院对外贸易主管部门或者其委托的机构依法办理了备案登记后享有对外贸易经营权的法人、其他组织或者个人,才能有权对外签订贸易合同。

目前我国对外贸易经营者主要包括:隶属于商务部和各省、市、自治区的专业外贸公司;有权自营进出口的生产企业,包括外商投资及各类内资生产型企业;对外经营科技产品的科研院所和大专院校;从事国际承包工程和劳务合作的国际合作公司等。

2. 进出口经营范围管理制度

对外贸易经营者取得对外贸易经营资格后,必须在国家所规定的经营范围内开展进出口经营活动。国务院商务主管部门可以对部分进出口商品实施国营贸易管理。实行国营贸易管理的企业名录、货物目录由国务院商务主管部门会同国务院其他有关部门制定、调整并公布。未列入国营贸易的企业,不得经营国营贸易货物目录的货物进出口。

四、出入境检验检疫制度

出入境检验检疫制度是指国家出入境检验检疫部门依照有关法律、行政法规和国际惯例等要求,对出入境的货物及其包装物、物品及其包装物、交通运输工具、运输设备和人员实施检验、检疫监督管理的法律依据和行政手段的总和。其目的是保护国家经济的顺利发展,保护人民的生命和生活环境的安全。出入境检验检疫制度是我国贸易管制制度重要的组成部分,是国家主权的具体体现。国家质检总局负责管理全国的出入境检验检疫工作。

我国出入境检验检疫制度包括进出口商品检验制度、进出境动植物检疫制度和国境卫生监督制度,简称"三检",实行目录管理。

(1)进出口商品检验制度。

中华人民共和国国家质量监督检验检疫总局主管全国出口商品检验工作。国家质检总局设在省、自治区、直辖市以及进出口商品的口岸、集散地的出入境检验检疫及其分支机构(以下简称出入境检验检疫机构),管理所负责地区的进出口商品检验工作。

(2)进出境动植物检疫制度。

对进出境的动植物、动植物产品和其他检疫物,装载动植物、动植物产品和其他检疫物的装载容器、包装物,以及来自动植物疫区的运输工具,依法实施检疫。(国务院设立动植物检疫机关、植物检疫机关)统一管理全国进出境动植物检疫工作。国家动植物检疫机关在对外开放的口岸和进出境动植物检疫业务集中的地点设立的口岸动植物检疫机关,依法实施进出境动植物检疫。贸易性动物产品出境的检疫机关,由国务院根据实际情况规定。国务院农业行政主管部门主管全国进出境动植物检疫工作。

(3)国境卫生监督制度。

国境卫生检疫是调整防止传染病从国外传入或者由国内传出,实施国境检验、传染病监测和卫生监督等活动中产生的各种社会关系的法律规范的总称。因此,也有人将《中华人民共和国国境卫生检疫法》称之为在国境口岸、关口实施的传染病防治法。国境卫生检疫可以分为海港检疫、航空检疫和陆地边境检疫,具有以下特征:①对内是行政执法活动,对外是维护卫生主权的国家行为;②主体是法律授权的国境卫生检疫机关暨进口食品卫生监督检验机构;③是以国境口岸为依托进行的行政执法行为;④是以医学等自然科学为主要手段的执法行为;⑤是以防止传染病传入传出,保证食品和化妆品的卫生,保护人体健康为目的的执法活动。

我国出入境检验检疫工作的目的及主要内容:

(1)对进出口商品进行检验、鉴定和监督管理,保证进出口商品符合质量(标准)要求、维护对外贸易有关各方的合法权益,促进对外经济贸易的顺利发展。

(2)对出入境动植物及其产品,包括其运输工具、包装材料的检疫和监督管理,防止危害动植物的病菌、害虫、杂草种子及其他有害生物由国外传入或由国内传出,保护本国农、林、渔、牧业生产和国际生态环境以及人类的健康。

(3)对出入境人员、交通工具、运输设备以及可能传播检疫传染病的行李、货物、邮包等物品实施国境卫生检疫和口岸卫生监督,防止传染病由国外传入或者由国内传出,保护人类健康。出入境检验检疫工作的主管机关是国家质检总局。

五、进出口货物收付汇管理制度

对外贸易经营者在对外贸易经营活动中,应当依照国家有关规定结汇、用汇。进出口货物收付汇管理制度是指国家外汇管理机构根据国家制定的法律、法规、条例对对外贸易经营者与参与者的对外贸易活动所实行的外汇结售汇的收付汇核销制度。进出口货物收付汇管理制度是我国实施外汇管理的主要手段,也是我国外汇管理制度的重要组成部分。

1. 出口收汇管理

(1)为了制止出口企业外汇截留境外,提高收汇率,我国对出口收汇管理采取的是外汇核销形式。

(2)企业出口收汇,应当先进入银行直接以该企业名义开设的出口收汇待核查账户,对需要结汇或划出的外汇应该如实填写"出口收汇说明",连同中国电子口岸操作员IC卡,一并交银行。经过核查后,在企业相应出口可收汇额内办理结汇或划出资金手续。

2. 进口付汇管理

(1)为了防止汇出外汇而实际不进口商品的逃汇行为的发生,国家通过海关对进口货物的实际监管来监督进口付汇情况。

(2)进口企业在进口付汇前需向填写付汇银行申请国家外汇管理部门制发的《贸易进口付汇核销单》,凭此办理付汇。货物进口后,进口单位或代理人凭海关签发的进口货物报关单付汇证明联及相关电子数据向外汇局指定的银行办理核销付汇。

六、贸易管制的救济措施

贸易管制的救济措施包括反倾销措施、反补贴措施、保障措施。其中,反倾销措施、反补贴措施是在非公平竞争环境下采取,而保障措施是在公平竞争环境下采取。

反补贴、反倾销措施是针对价格歧视行为而采取的措施;保障措施是针对进口产品激增的情况采取的措施。

1. 反倾销措施

反倾销措施是进口国政府为了保护国内产业而对实行倾销的进口产品所采取的措施,目的是提高进口产品价格,降低其竞争力,从而有效保护国内市场。反倾销措施包括临时反倾销措施和最终反倾销措施。

(1)临时反倾销措施。

形式:①征收临时反倾销税;②要求提供保证金、保函或其他形式的担保。

实施的期限:自临时反倾销措施决定公告规定实施之日起,不超过4个月,特殊情况可以延长至9个月。

(2)最终反倾销措施。

最终反倾销措施指在正常海关税款之外征收反倾销税,是一种进口附加税。征收反倾销税由商务部主张,国务院税则委员会决定,商务部予以公告,海关自公告规定实施之日起执行。

2. 反补贴措施

反补贴措施是进口国政府为了保护国内产业而对接受补贴的进口产品所采取的措施,目的是提高进口产品价格,降低其竞争力,从而有效保护国内市场。反补贴措施包括临时反补贴措施和最终反补贴措施。

(1)临时反补贴措施:初裁决定确定补贴成立并由此对国内产业造成损害的,可以采取临时反补贴措施。

措施:以保证金或者保函作为担保的征收临时反补贴税的形式。

期限:自临时反补贴措施决定公告规定实施之日起不超过4个月。

(2)最终反补贴措施。

最终反补贴措施指在正常海关税款之外征收反补贴税,是一种进口附加税。征反补贴税由商务部主张,国务院税则委员会决定,商务部予以公告,海关自公告规定实施之日起执行。

3. 保障措施

保障措施是一个国家加入WTO以后因履行自由贸易与开放市场的义务,在特殊情况下造成某种产品的大量进入,给国内同类产品的生产和销售造成严重损害或威胁,进口国政府在适当的程度和时间内对这种进口产品实施进口限制,包括临时提高关税、纯粹的数量限制和实行关税配额。

保障措施所实施的对象是在价格平等、公平贸易条件下进口激增的行为,实施的依据是《对外贸易法》和《保障措施协议》。保障措施包括临时保障措施和最终保障措施。

(1)临时保障措施。

临时保障措施是指在有明确证据表明进口产品数量增加,将对国内产业造成难以补救的损害的紧急情况下,进口国与成员国之间可不经磋商而作出初裁决定,并采取临时性保障措施。

实施期限:自临时保障措施决定公告规定实施之日起,不得超过200天,并且此期限记入保障措施总期限。

(2)最终保障措施。

最终保障措施可以采取提高关税、数量限制和关税配额等形式,其实施期限一般不超过4年,可延长至10年(包括临时保障措施实施期限的200天)。

项目三　我国对外贸易管制主要管理措施及报关规范

教学要点

1. 了解不同管理的报关规范;
2. 了解其他贸易管制制度。

教学方法

可采用讲授、情境教学、案例教学和分组讨论等方法。

对外贸易管制作为一项综合制度,所涉及的管理规定繁多。目前我国外贸管制主要管理措施有进出口许可证管理、自动进口许可证管理、纺织品出口临时管理、进口废物管理、濒危物种进出口管理、进出口药品管理、黄金及其制品进出口管理、两用物项和技术进出口许可证管理、出入境检验检疫管理、音像制品进口管理、化学品首次进口及有毒化学品管理、进出口农药登记证明管理12项措施。

一、进出口许可证管理

进出口许可证管理是指由商务部或者由商务部会同国务院其他有关部门，依法制定并调整进出口许可证管理目录，以签发进出口许可证的方式对进出口许可证管理目录中的商品实行的行政许可管理。

1. 进口许可证管理

1）适用范围

进口实行进口许可证管理的商品，除下列情况外，在办理进口报关手续时须向海关提交《进口许可证》：

（1）来料加工和进料加工合同项下，进口直接用于生产出口产品的料件（易制毒化工品、监控化学品、消耗臭氧层物质除外）；

（2）暂准进境货物（易制毒化工品、监控化学品、消耗臭氧层物质除外）；

（3）无代价抵偿货物；

（4）外商独资企业进口的投资设备；

（5）保税区、出口加工区与境外之间进口的货物（易制毒化工品、监控化学品、消耗臭氧层物质以及旧机电产品除外）；

（6）文件、法规规定的其他情况。

2）报关规范

（1）有效期1年，当年有效，跨年度使用，最长不超过次年3月31日。

（2）《进口许可证》原则上实行"一证一关"，一般情况下实行"一批一证"制度。如实行"非一批一证"的商品，发证机关在签发许可证时必须在备注栏中注明"非一批一证"字样，在有效期内最多可使用12次。

（3）对于大宗、散装货物，溢装数量不超过进口许可证所列进口数量的5%。

（4）不得擅自更改许可证证面内容。

2. 出口许可证管理

1）适用范围

出口实行出口许可证管理的商品，除下列情况外，在办理出口报关手续时须向海关提交《出口许可证》：

（1）暂准出境货物（重水、监控化学品、易制毒化学品、消耗臭氧层物质除外）；

（2）出口企业运出境外属出口许可证管理每批货物价值在人民币3万元（含3万元）以下的货样或试验用样品（重水、监控化学品、易制毒化学品、消耗臭氧层物质除外）；

（3）经批准直接退运的货物；

（4）出口加工区运往境外的货物（重水、监控化学品、易制毒化学品、消耗臭氧层物质除外）；

（5）文件、法规规定的其他情况。

2）报关规范

（1）有效期6个月，当年有效，跨年度使用，最长不超过次年2月底。

(2)《进口许可证》原则上实行"一证一关"制、"一批一证"制和"非一批一证"。实行"非一批一证"的商品,发证机关在签发许可证时必须在备注栏中注明"非一批一证"字样,在有效期内最多可使用12次。

(3)对于大宗、散装货物,溢装数量不超过出口许可证所列出口数量的5%。

(4)不得擅自更改许可证证面内容。

二、自动进口许可证管理的商品范围

自动进口许可证通常用于统计目的,即把进口许可证毫无数量限制地签发给进口商,也就是说,凡是列入许可证项下的商品清单中的货物,进口商只要申请就可进口。有时也用于监督目的,为政府提供可能损害国内工业的大量重要产品的进口情况。

1. 适用范围

肉鸡、植物油、酒、烟草;化肥、农药、聚酯切片、铁矿砂、钢材、氧化铝、原油、成品油等归口管理部门是商务部,商务部独立颁布《自动许可管理货物目录》,但分一般商品、机电产品(包括旧机电产品)、重要工业品三个目录分别管理。但下列贸易可免"自动进口许可证":加工贸易项下进口复出口的料件(原油、成品油);外商投资额内生产自用或者作为投资进口的(旧机电产品外)。

进口列入《自动进口许可管理货物目录》的商品,除下列情况外,在办理报关手续时须向海关提交《自动许可证》:

(1)来料加工和进料加工合同项下,进口直接用于生产出口产品的料件(原油除外);

(2)加工贸易项下外商提供的不作价进口设备;

(3)货样广告品;

(4)暂准进境货物;

(5)无代价抵偿货物;

(6)外商独资企业进口的投资设备(旧设备除外);

(7)文件、法规规定的其他情况。

2. 办理程序

(1)进口属于自动进口许可管理的货物,收货人在办理海关报关手续前,应向所在地或相应的发证机构提交自动进口许可证申请,并取得自动进口许可证。

(2)收货人可通过书面申请,也可通过网上申请。发证机构自收到符合规定的申请后,应当予以签发自动进口许可证,最多不超过10个工作日。

(3)对于已申领的自动进口许可证,如未使用,应当在有效期内交回发证机构,并说明原因。

(4)自动进口许可证,如有遗失,应书面报告挂失。原发证机构经核实无不良后果的,予以重新补发。

(5)对于自动进口许可证自签发之日起1个月后未领证的,发证机构予以收回并撤销。

3. 报关规范

(1)自动进口许可证的有效期为6个月,仅限公历年度内有效。

(2)原则上实行"一批一证"管理,对部分可实行"非一批一证"管理,在有效期内可以分批次累计报关使用,但累计使用不得超过6次。

(3) 对于散装货物,溢短装数量货物,总量在±5%以内予以验放。

(4) 对原油、成品油、化肥、钢材的散装货物,溢短装数量在货物总量±3%以内予以验放。

三、两用物项和技术出口许可证管理

1. 管理范围

两用物项和技术出口许可证的主管机构是商务部,商务部配额许可证事务局和受商务部委托的省级商务主管部门为发证机构。

2. 办理程序

(1) 经营者在进出口前获得相关行政主管部门批准文件后,凭批准文件到所在地发证机构申领两用物项和技术进出口许可证(在京企业向许可证局申领)。

(2) 两用物项和技术进出口许可证实行网上申领。

(3) 发证机构收到相关行政主管部门批准文件和相关材料并经核对无误后,应在3个工作日内签发两用物项和技术进口或出口许可证。

3. 报关规范

(1) 进出口时,经营者应当主动向海关出具有效许可证。

(2) 当海关对于进出口的货物是否属于两用物项和技术提出质疑时,经营者应按规定向主管部门申请进口或者出口许可,或者向商务主管部门申请办理不属于管制范围的相关证明。

(3) 两用物项和技术进口许可证实行"非一批一证"和"一证一关"制,两用物项和技术出口许可证实行"一批一证"和"一证一关"制。

(4) 两用物项和技术进出口许可证有效期一般不超过1年,跨年度使用时,在有效期内只能使用到次年3月31日,逾期发证机构将根据原许可证有效期换发许可证。

四、进口废物管理

进口废物管理是国务院环境保护行政主管部门及国家环境保护总局根据《中华人民共和国固体废物污染环境防治法》和《废物进口环境保护管理暂行规定》等法律法规,对进口废物所实施的禁止、限制以及自动许可措施的总和。

1. 报关程序

向国家环境保护总局提出申请取得废物进口许可证,由进境口岸检验检疫机构签发入境货物通关单和相应凭证。

2. 管理范围

"一批一证"进口废物除废纸外,一律不得转关,只能在口岸海关办理进境手续。报关时,需交验检验检疫机构的《入境货物通关单》,海关凭《废物进口许可证》"非一批一证"及《入境货物通关单》办理通关手续。

3. 适用范围

(1) 列入国家《限制进口类可用作原料的废物目录》(第一批)、《限制进口类可用作原料

的废物目录》(第二批)中的废物,涉及11类15个商品编码。

(2)列入国家《自动进口许可管理类可用作原料的废物目录》中的废物,涉及22类22个商品编码。

4. 报关规范

(1)向海关申报进口列入《限制进口类可用作原料的废物目录》的废物,报关单位应主动向海关提交有效的,经国家环境保护总局签发并盖有国家环境保护总局废物进口审批专用章的《进口废物批准证书》(第一联)及口岸检验检疫机构出具的《入境货物通关单》,以及其他有关单据。

(2)向海关申报进口列入《自动进口许可管理类可用作原料的废物目录》的废物,报关单位应主动向海关提交有效的,经国家环境保护总局签发并盖有国家环境保护总局废物进口审批专用章的标注"自动进口许可"字样的《进口废物批准证书》(第一联)及口岸检验检疫机构出具的《入境货物通关单》,以及其他有关单据。

(3)对未列入《限制进口可用作原料的废物目录》及《自动进口许可管理类可用作原料的废物目录》,或虽列入上述目录但未取得有效《进口废物批准证书》的废物,一律不得进口和存入保税仓库。

(4)《进口废物批准证书》实行"非一批一证"管理。

(5)进口的废物不能转关(废纸除外),只能在口岸海关办理申报进境手续。

五、黄金及其制品进出口管理

进出口黄金管理是指中国人民银行、商务部,依据《中华人民共和国金银管理条例》等有关规定,对进出口黄金及其制品实施监督管理的行政行为。

1. 黄金及其制品进出口管理的含义

黄金及其制品进出口管理属于我国进出口许可管理制度中限制进出口管理范畴,中国人民银行总行为黄金及其制品进出口管理机关,具体规定为:

(1)出口黄金及其制品,出口企业应事先向中国人民银行申领《黄金产品出口准许证》。

(2)进口黄金及其制品,进口企业应事先向中国人民银行办理批件,即《中国人民银行授权书》。

2.《黄金产品出口准许证》

《黄金产品出口准许证》是我国进出口许可管理制度中具有法律效力,用来证明对外贸易经营者经营黄金及其制品合法进出口的最终证明文件,是海关验放该类货物的重要依据。

1)适用范围

实施进出口管理的黄金,包括黄金条、块、锭、粉,黄金铸币,黄金制品,黄金及合金制品,含黄金化工产品,以及黄金废渣、废液、废料、镶嵌金制品等。

2)报关规范

向海关申报出口上述范围的黄金及其制品,报关单位应主动向海关提交有效的《黄金产品出口准许证》。

3.《中国人民银行授权书》

《中国人民银行授权书》是我国进出口许可管理制度中具有法律效力,用来证明对外易经营者经营黄金及其制品合法进出口的最终证明文件,是海关验放该类货物的重要依据。

1) 适用范围

实施进口管理的黄金,包括黄金条、块、锭、粉,黄金铸币,黄金制品,黄金及合金制品,含黄金化工产品,以及黄金废渣、废液、废料、镶嵌金制品等。

2) 报关规范

(1) 向海关申报出口上述范围的黄金及其制品,报关单位应主动向海关提交有效的《中国人民银行授权书》。

(2)《中国人民银行授权书》当年有效,跨年作废。

六、濒危物种进出口管理

濒危物种进出口管理是指中华人民共和国濒危物种进出口管理办公室会同国家其他部门,根据《濒危野生动植物种国际贸易公约》、《中华人民共和国森林法》、《中华人民共和国野生动物保护法》、《中华人民共和国野生植物保护条例》及相关法律法规的规定,调整或制定《进出口野生动植物种商品目录》,并以签发《濒危野生动植物种国际贸易公约允许进出口证明书》(简称《公约证明》)或《中华人民共和国濒危物种进出口管理办公室野生动植物允许进出口证明书》(简称《非公约证明》)的形式,对《进出口野生动植物种商品目录》列明的依法受保护的珍贵、濒危野生动植物及其产品实施进出口限制管理的行政行为。

凡进出口列入《进出口野生动植物种商品目录》的野生动植物或其产品,必须严格按照有关法律、行政法规的程序进行申报和审批,并在进出口报关前取得国家濒管办或其授权的办事处签发的《公约证明》或《非公约证明》后,向海关办理进出口手续。

1) 报关程序

先申领《公约证明》或《非公约证明》,再持证报关。

2) 适用范围

(1) 用于列入《进出口野生动植物种商品目录》中属于我国自主规定管理的野生动植物及其产品的进出口通关。

(2) 不论以何种方式进出口列入上述管理范围的野生动植物及其产品,均须事先申领《非公约证明》。

3) 报关规范

(1) 非公约证明:实行"一批一证"制度。

(2) 公约证明:实行"一批一证"制度。

(3) 非物种证明:实行"当年使用"和"一次性使用"制度,凡列入《进出口野生动植物种商品目录》的野生动植物种,其进出口都需获《公约证明》和《非公约证明》持证报关。对海关无法认定的珍贵稀有动植物种进出口,凭"非物种证"报关。

七、进出口药品管理

进出口药品管理是指为加强对药品监督管理,保证药品质量,保障人体用药安全,维护人民身体健康和用药合法权益,国家食品药品监督管理局依照《中华人民共和国药品管理法》、有关国际公约以及国家其他法规,对进出口药品实施监督管理的行政行为。

1) 适用范围

实行"一批一证"制度。

2) 报关规范

(1) 精神药品和麻醉药品报关规范:"先证后货"、"一批一证"指定口岸报关,证面内容不得更改。

(2) 一般药品报关规范:目录管理。国家食品药品监督管理局授权的口岸药品检验以签发进口药品通关单的形式对该目录商品实行进口限制管理。药品通关单仅限在该单注明的口岸海关使用,并实行"一批一证"制度。

从进出口药品份额管理的角度,可将其分为进出口麻醉药品、进出口精神药品以及进口一般药品。国家食品药品监督管理局许可证管理包括《精神药品进出口准许证》、《麻醉药品进出口准许证》、《进口药品通关单》。进口口岸任何单位以任何贸易方式进出口列入《精神药品管制品种目录》的药品,不论用于何种用途,均须事先申领《精神药品进出口准许证》。《进口药品通关单》仅限在该单注明的口岸海关使用,并实行"一批一证"。

八、进口音像制品管理

为加强对音像制品进口的管理,促进国际文化交流,丰富人民群众的文化生活,我国颁布了《音像制品管理条例》、《音像制品进口管理办法》及其他有关规定,对音像制品实行进口许可管制。文化部负责全国音像制品进口的监督管理工作,制订音像制品进口规划,审查进口音像制品内容,确定音像制品成品进口经营单位的总量、布局和结构;县级以上地方人民政府文化行政部门负责本行政区域内的进口音像制品的监督管理工作;各级海关在其职责范围内负责音像制品进口的监督管理工作。

1) 报关程序

先申领《中华人民共和国文化部进口音像制品批准单》,再持证报关。

2) 报关规范

音像制品进口业务的经营单位由文化部指定。供研究、教学参考的音像制品进口,应委托文化部指定的经营单位报文化部办理进口审批手续。

音像制品成品进口业务由文化部指定的经营单位经营,未经文化部指定,任何单位或个人不得从事音像制品成品进口业务。

九、化学品首次进境及有毒化学品管理

1. 概述

化学品是指人工制造的或者是从自然界取得的化学物质,包括化学物质本身、化学混合物或化学配制物中的一部分,以及作为工业化学品和农药使用的物质。

有毒化学品是指进入环境后通过环境蓄积、生物积累、生物转化或化学反应等方式损害人类健康和环境,或者通过接触对人体具有严重危害和具有潜在危险的化学品。

2. 《有毒化工品进(出)口环境管理放行通知单》

《有毒化工品进(出)口环境管理放行通知单》是我国进出口许可管理制度中具有法律

效力,用来证明对外贸易经营者经营列入《中国禁止或严格限制的有毒化学品名录》的化学品合法出口的最终证明文件,是海关验放该类货物的重要依据。

3.《化工品进(出)口环境管理登记证》

《化工品进(出)口环境管理登记证》是用来证明对外贸易经营者经营属首次进口的化学品(不包括食品添加剂、医药、兽药、化妆品、放射性物质)已接受国家登记管理的证明文件,是海关验放该类货物的重要依据。

4. 管理方式

实行"一批一证"制度。

化学品首次进口:先申领《化学品进口环境管理登记证》,再持证报关。

有毒化学品:先申领《有毒化学品进口环境管理放行通知单》,再持证报关。

十、进出口农药登记证明管理

进出口农药登记证明是指《进口农药登记证明》和《出口农药登记证明》,是国家农业主管部门依据《中华人民共和国农药管理条例》,对进出口用于预防、消灭或者控制危害农业、林业的病、虫、草和其他有害生物以及有目的地调节植物、昆虫生长的化学合成或者来源于生物、其他天然物质的一种物质或者几种物质的混合物及其制剂实施管理的进出口许可证件。其国家主管部门是农业部。

(1)管理方式:《进口农药登记证明》和《出口农药登记证明》,实行"一批一证"制,证明内容不得更改,如需更改须由农业部农药检定所换发新证。

(2)报关程序:先申领《进出口农药登记证明》,再持证报关。用作农药,也可用作工业原料的商品,如果企业以工业原料用途进口,则企业不需要办理进出口农药登记证明。

十一、兽药进口管理

1. 概述

兽药进口管理是指国家农业部依据《进口兽药管理办法》,对进出口兽药实施的监督管理。受管理的兽药是指用于预防、治疗、诊断畜禽等动物疾病,有目的地调节其生理机能并规定作用、用途、用法、用量的物质(进出口兽药管理目录,农业部有关部门正在制订中)。

2. 有关规定

(1)申报进口兽药、人畜共用的兽药,报关单位凭农业部指定的口岸兽药监察所在进口货物报关单上加盖的"已接受报验"的印章办理有关验放手续。

(2)对进口的兽药,因企业申报不实或伪报用途所产生的后果,企业应承担相应的法律责任。

思考练习

一、简 答 题

1. 进口许可制度的基本概念是什么?
2. 什么是对外贸易管制?

3. 简述我国对外贸易管制法律体系。
4. 什么是进出口货物外汇管制？
5. 简述国家对部分进出口货物、技术实行限制或者禁止管理的目的。
6. 简述我国贸易管制的基本框架。
7. 配额管理和许可证管理的主要区别有哪些？
8. 我国出入境检验检疫工作的主要目的是什么？
9. 我国公布的《禁止出口货物目录》共有哪四批？
10. 简述法定检验检疫的范围。
11. 常见的贸易救济措施有几种？其采取的具体形式各是什么？
12. 什么是进口许可证管理？

二、案例分析

1. 2007年12月，宁波某公司欲从法国进口溴甲烷50t。与法国公司签订外贸购货合同后，货物于2008年1月15日到达宁波口岸。该公司的报关员孙某于是着手准备报关单证报关。由于该公司此前没有申领进口许可证而又急着用，故报关员孙某就向宁波海关提请办理该批货物的担保放行手续，但遭到海关的拒绝。请问海关的拒绝合理吗？为什么？

2. 2009年5月济南某医科大学欲快递空运进口少量甲型H1N1流感疫苗进行研究分析，问济南某医科大学能在济南机场进口该疫苗吗？如果进口空港为青岛，可以吗？为什么？进口少量甲型H1N1流感疫苗要受到我国哪些进口管理措施的限制？如何办理这些许可文件？

3. 2007年12月10日，某公司向黄埔海关申报从泰国进口橡胶废碎料及下脚料一批，共计250t，成交价格为CIF黄埔USD150000。后来黄埔海关没有验放该批货物，请问海关的做法合理吗？请你以报关员的身份向该公司作出正确解释。

4. 某内陆邻国研究机构海运进口核技术实验研究设备和资料，船到天津港后委托A国际货运代理公司转铁路运输至其国内，请问：作为A国际货运代理公司的报关员，应该提醒货物所有人办理哪些许可证件？

任务四 进出口商品归类

内容简介

1. 商品名称及编码协调制度；
2. 《商品名称及其编码协调制度》[简称《协调制度》(HS)]编码特点与查阅；
3. 我国海关进出口商品分类目录；
4. 《协调制度》的归类总规则。

教学目标

1. 知识目标

熟悉进出口商品归类总规则。

2. 技能目标

(1) 具有熟练运用进出口商品归类总规则与对进出口商品进行正确归类的能力；

(2) 能运用我国海关商品归类的有关依据和申报要求办理相关业务。

案例导入

报关与国际货运专业大三学生小张利用假期在一家报关企业实习，实习老师请小张为以下两种商品编码："海尔"牌彩色等离子电视机（显示屏74cm）、全棉的漂白平纹机织物，$250 g/m^2$。

引导思路

小张为了确定两种商品的 HS 编码需要掌握：

(1) 商品名称与《协调制度》；

(2) 《协调制度》归类总规则；

(3) 我国海关进出口商品分类目录；

(4) 商品归类规则。

项目一 商品名称及编码协调制度

教学要点

1. 《协调制度》的产生和发展；
2. 《协调制度》的特点；
3. 商品名称及编码表；
4. 类注释、章注释及子目注释。

教学方法

可采用讲授、情境教学、案例教学和分组讨论等方法。

一、《协调制度》的产生和发展

《协调制度》是在《海关合作理事会商品分类目录》(CCCN)和联合国《国际贸易标准分类目录》(SITC)基础上,参照国际上主要国家的税则、统计、运输等分类目录而编制的一个多用途的国际贸易商品分类目录。

我国的海关进出口商品分类目录是以海关合作理事会(1995年更名为世界海关组织即WCO)制定的《商品名称及其编码协调制度》为基础,结合我国进出口货物实际情况编制而成的。

二、《协调制度》的特点

1. 完整性

每一种商品都不能排斥在该目录范围之外,加之归类总规则中规则四"最相类似"原则的综合运用,这就保证了目录对所有货品无所不包。

2. 系统性

《协调制度》将商品按人们所了解的自然属性、生产部类和不同用途来分类排列,同样,还照顾了商业习惯和实际操作的可能,因此便于理解、归类、查找和记忆。

3. 通用性

该目录在国际上影响很大,目前已为一百多个国家和地区所采用。采用同一分类目录的国家和地区的进出口商品相互之间具有可比性。另一方面,该目录适用性强,它既适合于作为海关税则目录,又适合于作为对外贸易统计目录,还可当作国际运输、保险、生产、贸易等部门的商品分类目录。

4. 准确性

《协调制度》目录所列品目的概念清楚,互相不存在交叉或重复,另外加上归类总规则以及类注、章注、子目注释的具体说明,因此,各条品目的范围都非常清楚。

三、商品名称及编码表

《协调制度》按照生产部类、自然属性和不同用途等把商品分为22类、99章。章目下分为目和子目,商品前两位数代表"章",三、四位数代表"目",五、六位数代表"子目",七、八位数代表"本国子目"。

例:商品码的编码。

编码:	0	1	0	1	1	0	1	0
位数:	1	2	3	4	5	6	7	8
含义:	章		税目		1级子目	2级子目	3级子目	4级子目

从上例可以看出：第5位数码代表子目，表示它所在税(品)目(税目即品目，以下意义相同)下所含商品1级子目的顺序号；第6位数码代表2级子目，表示它在1级子目下所含商品2级子目顺序号；第7、8位依此类推。需要指出的是，若第5~8位上出现数字"9"，则它并不一定代表在该级子目的实际顺序号，而是通常情况下代表未具体列名的商品，即在"9"的前面一般留有空序号，以便将来修订时增添新商品，如编码：0206.2900中第6位的"9"并不代表实际顺序号，而是代表除舌、肝以外的冻牛杂碎。而2~9之间的空序号可以用于将来增添新的商品。

《协调制度》在商品编码表中的商品名称前分别用"一"、"——"、"———"、"————"代表一级子目、二级子目、三级子目、四级子目。商品编码如表4-1所示。

商品编码表(部分)　　　　　　　　　　　　　　　　表4-1

商品编码	商品名称	商品编码	商品名称
01.01	马、驴、骡：	01.04	绵羊、山羊：
	一改良种用：		一绵羊：
0101.1010	———马	0104.1010	———改良种用
0101.1020	———驴	0104.1090	———其他
	一其他		
0101.9010	———马	0104.2010	———改良种用
0101.9090	———驴、骡	0104.2090	———其他

四、类注释、章注释及子目注释

从总体结构上讲，《协调制度》主要是由品目和子目构成，为了避免各品目和子目所列商品发生交叉归类，在许多类、章下加有类注、章注和子目注释，即设在类、章之首，解释子目的文字说明，并用专用术语的定义或区分某些商品的技术标准及界限。注释主要单独或综合运用的方式如下：

(1)定义法：以定义形式来划分税目范围及对某些货品的含义作出解释。例如，第72章章注一(五)对不锈钢的定义为：按重量计含碳量在1.2%及以下、含铬量在10.5%及以上的合金钢，不论是否有其他元素，凡符合以上定义的就归入不锈钢。

(2)列举法：列举典型商品名称或允许加工方式，说明商品含义，便于用类比的方法进行商品归类。例如，第39章章注二，"本章不包括"的第17条：第90章的物品(如：光学元件、眼镜架及绘图仪器)。

(3)详列法：通过详列具体商品名称来规定允许加工方式，限定品目或子目的商品范围。例如，第30章章注四规定了只能归入某一税目号3006的物品，一共详列了10种来限定该税目号的范围。第7章章注二逐一列举了0709、0710、0711及0712各品目包括的蔬菜名称，从而限定了此处蔬菜的品种范围；第一类类注二详列了加工干产品的手段，明确了允许商品加工的全部方式，起到了限定商品范围的作用。

(4)排他法：用排他性条款列出若干不能归入本类、章、品目及子目的商品名称，或不允许采用的加工方式,杜绝商品误归类现象的发生。如第十一类纺织原料及纺织制品的类注一列出了21种不能归入该类的货品。第67章章注一详列了不得归入该章的商品。

项目二　协调制度(HS)编码特点与查阅

教学要点

1. HS编码的分类特点;
2. HS查阅。

教学方法

可采用讲授、情境教学、案例教学和分组讨论等方法。

一、HS编码的分类特点

1. 以商品所属的社会生产分工为类

一般把同一工业部门或相关工业部门的商品归为一类。例如,第二类(6~14章)植物产品;第六类(28~38章)化学工业及相关工业的产品;第十一类(50~38章)纺织工业产品。但有些章也可自立为一类,例如,第15章(第三类)是油脂工业产品;第93章(第十九类)是军工业品;第97章(第二十一类)为艺术品。

2. 以商品的自然属性(原料性商品)或所具有的功能和用途(制成品)为章

一般来说,不同原料的商品列入不同的章。例如,机织物按其原料不同分别归入第50章(丝织物)、第51章(毛织物)、第52章(棉织物)、第53章(麻织物)以及第54章(人造丝织物);金属制品也按其原料不同分别归入第73章(钢铁制品)、第74章(铜制品)、第75章(镍制品)、第76章(铝制品)、第78章(铅制品)、第79章(锌制品)、第80章(锡制品)。

相同原料制成的商品一般编排在同一章内。例如,塑料及其制品在第39章,橡胶及其制品在第40章,玻璃及其制品在第70章。

3. 以商品的原料到成品的加工程度、深度依次排列

同一章内商品按照原料到成品的加工程度依次排列。加工程度越深,商品的品目号排得越靠后。例如,第44章的"木和木制品"按木料4401、原木4403、粗加工的木棍4404、锯木4407、制胶合板用的薄板4408、胶合板4412、木制品4415~4421的顺序列划分为21个品目号。

章与章之间的编排也是加工程度越复杂的商品越往后排。例如,活动物排在第1章,鲜肉排在第2章,肉类的保藏则排在第16章;活树排在第6章,木材排在第44章,木制玩具排在第95章,木制工艺品排在第97章。

4. 以商品的用途划分

对于由多种原料组成的商品或加工程度较高的工业品,不可能刻板地把所有的商品都按原料分类。因此,许多章是按商品的用途划分的,这时就不考虑其所使用的材料。例如,

羽绒衣、羽绒被、羽毛球及羽毛掸,就没有按其所使用的原料归入第67章(羽毛、羽绒制品),而是按它们各自的用途分别归入第62章(机织服装)、第94章(床上用品)、第95章(体育用品)以及第96章(杂项制品)。此外,像第57章的地毯、第64章的鞋类以及第95章的玩具,也都没有考虑其原料结构归类。

5. 章次的顺序多依照动物商品、植物商品、矿物商品的次序排列

活动物以及动物产品在第一类,植物产品在第二类,矿物产品在第三类。第一类中第50章、第51章为动物纤维及制品,第52章、第53章为植物纤维及制品。同类商品按具体列名、一般列名和未列名的顺序排列;同一商品按"整机在前、零件或配件在后"的顺序排列。

6. 照顾商业习惯和实际操作可行性排列

对某些进出口数量较多,又难于按生产行业分类的商品,专列类、章和商品品目按照商业习惯和实际操作可行性排列。例如,第二十类第94章的活动房屋。

可以看出,商品分类总的原则是按商品的原料来源,结合其加工程度、用途以及所在的工业部门来编排商品。这里,原料来源为编排的主线条,加工程度及用途为辅线条。主辅线条相辅相成,再加上"法定注释",就能在《协调制度》所涉及的成千上万种商品中迅速、准确地确定自己商品所处的位置。

二、HS 查 阅

查阅 HS 品目号、子目号的方法主要有直接查阅法和借助字母索引查阅法两种。

1. 直接查阅法

直接查阅法是指直接根据商品的原料、属性、加工程度和用途试查 HS 正文的有关章、目。如,纺织原料属第十一类,棉花属第52章,品目号为5201。

采用直接查阅法应注意要熟悉 HS 正文及补充出版物的结构和查阅方法。掌握 HS 归类总规则,按其规定的原则和顺序进行查找和判断。牢记 HS 正文中各类、章的标题仅为查阅方便而设,没有法律效力;只有 HS 品目条文和各类、章注释才具有法律效力。特别要重视类、章注释的查阅,因为类、章注释对各类、章,甚至于品目、子目项下的商品定义、类别、性能、界限都给予了具体而明确的说明,标明哪些商品可包括在该类、章、品目或子目内,哪些不可包括在内。因此,在查阅品目号时,一定要查阅有关类、章注释,按照类、章注释的规定,作出正确的判断。

2. 借助字母索引查阅法

如果对 HS 的结构不了解,对 HS 的分类原则也不熟悉,则先按照商品的正规英文名称查阅字母索引,然后按索引中所标明的目号去查阅 HS 正文,必要时,再按索引中所列的页次、段落查阅 HS 解释。

借助字母索引查阅时,应特别注意商品的英文名称要标准化。名词复数"s"不作为决定字母顺序的因素,"Bats"应排在"Batlls"之前。由两个或两个以上的词所组成的商品名称,应查主干词,Alarm Clock(闹钟)、Antique Clock(古董钟)、Electronic Clock(电子钟),均应查"Clock(钟)";Clock Case(钟盒),Clock Chain(钟链)等也均查"Clock(钟)"。对由两个或两个以上的词组成的化工品名称,大都以第一个词去查索引。例如,Copper Sulphate(硫酸铜),应查 Copper(铜)一栏。

项目三　我国海关进出口商品分类目录

教学要点

1. 目录概况;
2. 进出口商品各类、章的主要内容;
3. 进出口商品归类的依据和报关要求。

教学方法

可采用讲授、情境教学、案例教学和分组讨论等方法。

一、目　录　概　况

进出口商品分类目录是进出口商品归类的主要依据。我国进出口商品分类目录为二十二类,99章。目录前6位数码及其商品名称与《协调制度》完全一致,第7、8两位数码是根据我国关税、统计和贸易管理的需要细分的,现在根据需要对部分税号又进一步分出了第9、10位数编码。

我国海关进出口商品分类目录对商品的分类和编排是有一定规律的:从类来看,基本上是按社会生产的分工来划分的;从章来看,基本上是按商品的属性或功能、用途来划分的,且每章中各税目的排序一般是按照动物、植物、矿物质产品或原材料、半制成品、制成品的顺序来编排的。

二、进出口商品各类、章的主要内容

第一类:活动物;动物产品(第1~5章)。

本类包括所有活动物以及未加工或仅经过有限加工的动物产品,共5章,分三部分。

(1)活动物(第1、3章)。

(2)食用动物产品(第2、4章)。

(3)非食用动物产品(第5章)。

某些加工程度高的动物产品及作为一些生产行业的原材料的动物产品,不归入本类。归入本类的动物产品与归入其他类的动物产品,主要是根据加工程度来区分的,而各章根据不同动物产品的加工程度,都有不同的标准。因此,对动物产品进行归类时,应根据有关各章的注释和税目条文的规定来确定。

第二类:植物产品(第6~14章)。

本类包括大多数未加工或仅作了有限加工的植物产品,共9章,分三部分。

(1)活植物(第6章)。

(2)食用植物产品(第7~12章)。

(3)非食用植物产品(第13~14章)。

第三类:动、植物油、脂及其分解产品;精制的食用油脂;动、植物蜡(第15章)。

本类商品范围包括:动、植物油、脂及其分解产品;精制的食用油脂;动、植物蜡。

本类既包括原材料,经部分加工或完全加工的产品,也包括处理油脂物质和动、植物蜡所产生的残渣。

第四类:食品;饮料、酒及醋;烟草及烟草代用品的制品(第16~24章)。

本类包括加工程度超过第一类和第二类允许的范围。通常为供人食用的动物或植物产品,还包括动、植物原料制饲料以及烟草及烟草代用品的制品,共9章,分五部分。

(1)主要以动物产品为原料的食品(第16章)。

(2)主要以植物产品为原料的食品(第17~21章)。

(3)饮料、酒及醋(第22章)。

(4)食品工业残渣及配制的动物饲料(第23章)。

(5)烟草及其制品(第24章)。

第五类:矿产品(第25~27章)。

本类包括从陆地或海洋里直接提取的原产状态或只经过洗涤、粉碎或机械物理方法精选的矿产品及残渣、废料,而其加工后的制品则归入以后的类章。

第六类:化学工业及其相关工业的产品(第28~38章)。

本类包括化学工业产品及以化学工业产品为原料作进一步加工的相关工业产品,共11章,分两部分。

(1)无机化学及有机化学(第28~29章)。

(2)各种制成品,是非单独的已有化学定义的化学品(少数除外)(第30~38章)。

第七类:塑料及其制品;橡胶及其制品(第39~40章)。

本类包括的都是高分子量聚合物,但并不包括所有的聚合物。

第八类:生皮、皮革、毛皮及其制品;鞍具及挽具;旅行用品、手提包及类似品;动物肠线(蚕胶丝除外)制品(第41~43章)。

第九类:木及木制品;木炭;软木及软木制品;稻草、稻秆、针茅或其他编结材料制品;篮筐及柳条编结品(第44~46章)。

第十类:木浆及其他纤维状纤维素浆;回收(废碎)纸或纸板;纸、纸板及其制品(第47~49章)。

第十一类:纺织原料及纺织制品(第50~63章)。

本类由13条类注、两条子目注释和14章构成。除注释规定的商品外,其余各种纺织原料及制品均归入本类。应用本类须注意:

(1)马毛粗松螺旋花线(税目号51.10)和含金属花线(税目号56.06),均应作为单一的纺织材料对待。

(2)同一章或同一税目号所列的不同的纺织材料应作为单一的纺织材料对待。

(3)在机织物归类中,金属线应作为一种纺织材料。

(4)当归入第54章及55章的货品与其他章的货品进行比较时,应将这两章作为单一的章对待。

第十二类:鞋、帽、伞、杖、鞭及其零件;已加工的羽毛及其制品;人造花;人发制品(第64~67章)。

第十三类：石料、石膏、水泥、石棉、云母及类似材料的制品；陶瓷产品；玻璃及其制品（第68～70章）。

第十四类：天然或养殖珍珠、宝石或半宝石、贵金属、宝贵金属及其制品；仿首饰；硬币（第71章）。

第十五类：贱金属及其制品（第72～83章）。

本类包括贱金属、金属陶瓷及其制品，其中第77章为空章。

"贱金属"是指铁及钢、铜、镍、铝、铅、锌、锡、钨、钼、钽、镁、钴、铋、镉、钛、锆、锑、锰、铍、铬、锗、钒、镓、铪、铟、铌、铼和铊。

"金属陶瓷"是指金属与陶瓷成分以极细微粒不均匀结合而成的产品，"金属陶瓷"包括硬质合金（金属碳化物与金属烧结而成）。

第十六类：机器、机械器具、电气设备及其零件；录音机及放声机，电视图像、声音的录制和重放设备及其零件、附件（第84～85章）。

本类分各种机器及机械器具和电气设备两部分。商品归类的重点是在了解商品结构、性能、用途及简单工作原理的基础上，注意区分相似商品（或品目）的归类情况。其归类的重点是在了解商品结构、性能、用途及简单工作原理的基础上，注意区分相似商品（或税目）的归类情况。

第十七类：车辆、航空器、船舶及有关运输设备（第86～89章）。

第十八类：光学、照相、电影、计量、检验、医用或外科用仪器及设备、精密仪器及设备；钟表；乐器；上述物品的零件、附件（第90～92章）。

第十九类：武器、弹药及其零件、附件（第93章）。

第二十类：杂项制品（第94～96章）。

本类杂项商品是指前述各类、章、品目号未包括的货品。

第二十一类：艺术品、收藏品及古物（第97章）。

第二十二类：特殊交易品及未分类商品（第98～99章）。

三、进出口商品归类的依据和报关要求

我国的商品归类是以《协调制度》为体系，以《海关进出口税则》和《海关统计商品目录》为执法依据的。

1. 进出口商品归类依据

进出口商品的归类应当遵循客观、准确、统一的原则。具体的依据如下。

（1）《海关进出口税则》和《海关统计商品目录》归类总原则、类注、子注释、税目条文。

（2）海关总署下发的关于商品归类的行政规定。包括海关总署的文件、归类问答书、预归类决定、归类技术委员会决议及海关总署转发的世界海关组织归类决定等。

（3）《海关进出口税则——统计目录商品及品目注释》。

其他部委、部门的文件和出版物中以HS编码表示的商品归类与海关的规定不符的，应以海关的归类为主。

（4）在进出口商品归类过程中，海关可以要求进出口货物的收发货人提供商品归类所需的有关资料，并将其作为商品归类的依据；必要时海关可以组织化验、检验，并将海关认定的化验、检验为报关依据。

2. 进出口商品归类对报关的要求

商品归类是一项技术性很强的工作,因此,申报的货物品名、规格、型号等,必须满足归类的要求。

报关人员应向海关详细提供归类商品所需要的货物形态、性质、成分、加工程度、结构原理、功能、用途等技术性指标和技术参数。按照有关规定需要化验的商品,必须由海关送验,然后再由海关根据化验结果作出归类决定。对一时难以确定归类的商品,凡不涉及许可证管理的,经海关批准,可以向海关交付保证金先予放行;属于许可证管理的商品,则应按有关法律、法规、规章办理。

项目四 《协调制度》的归类总规则

教学要点

1. 规则一;
2. 规则二;
3. 规则三;
4. 规则四;
5. 规则五;
6. 规则六。

教学方法

可采用讲授、情境教学、案例教学和分组讨论等方法。

归类总规则是《协调制度》中所规定的最为基本的商品归类原则,它规定了六条基本原则,在使用上述规则时应注意以下两点:一是按顺序使用每条规则。当规则一不合适时才用规则二、三,依此类推。二是在使用规则二、三、四时要注意类注、章注和品目是否有特别的规定或说明。如有规定,应按品目或注释的规定归类,而不使用规则二、三、四。如有产品按该归类规则和方法不能确定应归税目,可向海关请示和咨询。

1. 规则一

1)条文原文

"类、章及分章的标题,仅为查找方便而设。具有法律效力的归类,应按品目条文和有关类注或章注确定,如品目、类注或章注无其他规定,按以下规则确定。"

2)条文解释

规则一有三层含义:一是"类、章及分章的标题,仅为查找方便而设",不具有法律效力;二是"具有法律效力的归类应按品目条文和有关类注或章注确定",具有法律效力;三是按品目条文、注释、归类总原则的归类顺序归类,只有在前给依据无法确定该商品归类时,才能使用下一级依据,各级依据矛盾时,以前级为准。

第15类的标题为"贱金属及其制品",但贱金属制品铜纽扣应归入9606(18类)。"针织女式胸衣",直接从标题看,符合第六十一章的标题"针织或钩编的服装及衣着附件",但由于标题不是归类依据,所以应根据品目条文和类注、章注来确定。按六十一章章注二(一)、六十二章章注一,应归入6212。

可以肯定的是,规则一说明了品目、类注和章注与其他归类规则的关系,即明确在商品归类时,品目条文及任何相关的类、章注释是最重要的,是首先要遵循的规定。只有在品目和类、章注释无其他规定的条件下,方可依据规则二、三、四。不可因为某商品符合某一类、章及分章的标题就确定归入该类、章及分章,正确的归类应该是依据税(品)目条文和类注、章注及规则一以下的各条规则。

2. 规则二

1)条文原文

(1)"品目所列货品,应视为包括该项货品的不完整品或未制成品,只要进口或出口的该项不完整品或未制成品具有完整品或制成品的基本特征;还应视为包括该货品的完整品或制成品(或按本款可作为完整品或制成品归类的货品)在进口或出口时的未组装件或拆散件。"

(2)"品目中所列材料或物质,应视为包括该种材料或物质与其他材料或物质混合或组合的物品。品目所列某种材料或物质构成的货品,应视为包括全部或部分由该种材料或物质构成的货品,由一种以上材料或物质构成的货品,应按规则三归类。"

2)条文解释

(1)规则二专为扩大品目条文的范围而设,适用于品目条文、章注、类注无其他规定的场合。

(2)规则二(1)将制成的某些货品的品目范围扩大为:不仅包括完整的货品,而且还包括该货品的不完整品或未制成品,只要报验时它们具有完整品或制成品的基本特征。例如"缺少轮子的轿车"仍归入轿车类。"不完整品"是指缺少一些非关键部分的货品,如未安装座位与缺个车门的汽车。"未制成品"是指已具有制成品的形状特征,但还不能直接使用、还需要继续加工的货品。不完整品的"基本特征"主要看其关键部件是否存在。若冰箱的压缩机、蒸发器这些关键部件存在,则可以判断为具有冰箱的基本特征;未制成品的"基本特征"主要看其是否具有制成品的特征。齿轮的毛坯,如果其外形基本上与齿轮制成品一致,则可以判断为具有齿轮的基本特征;未组装件或拆散件"基本特征"主要看其是否通过简单组装即可装配起来。

规则二(2)是针对混合及组合的材料或物质构成的货品而设的,目的在于将任何列出某种材料或物质的品目扩大为:该种材料或物质与其他材料或物质的混合品或组合品等同于单一材料或物质构成的货品。"涂蜡的热水瓶软木塞子"(已加入了其他材料或物质),仍应归入品目4503。但是,本款规则绝不意味着将品目范围扩大到不按照规则一的规定,将不符合品目条文的货品也包括进来,即由于添加了另外一种材料或物质,使货品丧失了原品目所列货品特征的情况。加入了杀鼠剂的稻谷,实际已经是一种用于杀灭老鼠的毒饵,就不能再按1006的"稻谷"归类。

只有在规则一(1)无法解决时,方能运用规则二(2)。例如,品目1503的品目条文规定为"液体猪油,未经混合",而混合了其他油的液体猪油,不能运用规则二(2)归入品目1503。

3. 规则三

1)条文原文

当货品按规则二(2)或由于其他原因看起来可以归入两个或两个以上品目时,应按以下规则归类：

(1)列名比较具体的品目，优先于列名一般的品目。但是如果两个或两个以上品目都仅述及混合或组合货品所含的某部分材料或物质，或零售的成套货品中的某些货品，即使其中某个品目对该货品描述得更为全面、详细，这些货品在有关品目的列名应视为同样具体。

(2)混合物，即不同材料构成或不同部件组成的组合物以及零售的成套货品，如果不能按照规则三(1)归类时，在本款可适用的条件下，应按构成货品基本特征的材料或部件归类。

(3)货品不能按照规则三(1)或(2)归类时，应按号列顺序归入其可归入的最末一个品目。

2)条文解释

在运用规则三时，必须按其中(1)、(2)、(3)款的顺序逐条运用。

(1)规则三(1)。

按照"具体列名"原则列出品名要比列出类名更具体。但是，如果两个或者两个以上品目都仅述及混合或组合货品所含的某部分材料或物质，或零售成套货品中的某些货品，即使其中某个品目比其他品目对该货品描述得更为全面、详细，该货品在有关品目的列名应视为同样具体。

①具体名称与类别名称相比，前者更具体，因此，按商品具体名称列目的税号优先于按商品类别列目的税号。进口电子表用的集成电路，税则上有两个税号与其有关，一个是税号8521，是按微电子电路这个具体的商品名称列目；另一个是9111，是按钟表零件这样一类商品名称列目。显然，微电子电路的税号更具体，应归入8521。如果两个税号属同一商品，可比较它的内涵和外延。一般说来，内涵越大、外延越小，就越具体。

②一个税目所列名称更为明确地包括某一货品，则该税目要比所列名称不完全包括该货品的其他税目更为具体。

③与商品关系密切的税号应优先于与其关系间接的税号。进口汽车柴油机的活塞，有关的税号一个是柴油机专用零件8406，另一个是汽车专用零件8706，活塞是柴油机的零件，柴油机是汽车的零件，那么活塞就是汽车零件的零件，但上述两个零件是不同层次的，活塞与汽车是间接关系，因此，应归入8406。

(2)规则三(2)。

规则三(2)所讲的混合物、组合物是已改变了原来的特征，并由几个各自独立的部件构成的组合，其功能是互相补充，形成一个新的功能，从而构成的一个整体。使用本规则的关键是确定货品的主要特征，一般来说，可在对商品的外观形态、使用方式、主要用途、购买目的、价值比例、贸易习惯、商业习惯、生活习惯等诸因素进行综合分析后来确定。

规则三(2)所讲的零售成套货品是指为了某种需要或者开展某项活动，将可归入不同品目的两种或两种以上货品包装在一起，无需重新包装就可以直接零售的成套货品。构成"零售成套货品"的商品必须满足的条件：一是零包装；二是由归入不同税目号的货品组成；三是用途上是相互补充、配合使用的。

(3)规则三(3)。

不能按照规则三(1)或三(2)归类的货品，按照"从后归类"原则按三(3)归类。"奶糖与巧克力糖混合而成的一袋500g装的糖果"，由于奶糖与巧克力糖质量相等，奶糖品目号为1704，巧克力品目号1806，按"从后归类"的原则，品目号归入1806。

4. 规则四

1)条文原文

"根据上述规则无法归类的货品,应归入与其最相类似的品目。"

2)条文解释

本规则规定了新产品按最相类似的货品归入有关品目。货品在不能按规则一至三归类的情况下,应归入最相类似的货品的品目中。归类时,第一步要用进口的货品与其相近似的物品逐一比较,从而确定其相近似的物品;第二步确定哪一个税号对该项类似物品最为适用。然后,将进口物品归入该税号之内。

5. 规则五

1)条文原文

除上述规则外,本规则适用于下列货品的归类:

(1)制成特殊形状仅适用于盛装某个或某套物品并适合长期使用的,如照相机套、乐器盒、绘图仪器盒、项链盒及类似容器,如果与所装物品同时进口或出口,并通常与所装物品一同出售,应与所装物品一并归类。但本款不适用于本身构成整个货品基本特征的容器。

(2)除规则五(1)规定的以外,与所装货品同时进口或出口的包装材料或包装容器,如果通常是用来包装这类货品的,应与所装货品一并归类。但明显可重复使用的包装材料和包装容器不受本款限制。

2)条文解释

规则五是专门解决货品包装物归类的条款。

(1)规则五(1)。

规则五(1)仅适用于同时符合以下规定的容器:

①制成特定形状或形式,专门盛装某一物品或某套物品的,即专门按所要盛装的物品进行设计的容器。

②使用期限与所盛装的物品相比是相称的,适合长期使用的容器。在物品不使用期间(例如储藏期间),这些容器还可起到保护物品的作用。

③与所装物品一同报验的,不论其是否为了运输方便而与所装物品分开包装。

④通常与所装物一同出售的,单独报验的容器则应归属于物品。

要注意本款规则不适用于本身构成了物品基本特征的容器。装有茶叶的银质茶叶罐,银罐本身价值昂贵,已构成整个货品的基本特征,应与所装物品分别归类。

(2)规则五(2)。

规则五(2)实际上是对规则五(1)规定的补充,它仅适用于规则五(1)以外的明显不能重复使用的包装材料及包装容器。这些材料和容器都是货物的一次性包装物,向海关报验时,它们必须是包装着货物的,当货物开拆后,包装材料和容器一般不能再作原用途使用。例如包装大型机器设备的木板箱,装着玻璃器皿的纸板箱等,均应与所装物品一并归类。但本款不适用于明显可以重复使用的包装材料或包装容器,如用以装液化煤气的煤气罐。

规则五解决的是包装材料或包装容器何种情况下单独归类,以及何种情况下可与所装物品一并归类的问题。重点要注意包装材料或包装容器与所装物品一并归类的条件(与所装货品同时进口或出口)。"单独进口某香水专用的玻璃瓶",尽管该玻璃瓶是香水专用的,应按玻璃瓶归入7013;"与数字照相机一同进口的照相机套",由于符合规则五(1)的条件,所以应与照相机一并归入数字照相机的税目8525,而不能按4202的"照相机套"的列名归类。

6. 规则六

1) 条文原文

"货品在某一品目项下各子目的法定归类,应按子目条文或有关的子目注释以及以上各条规则来确定,但子目的比较只能在同一数级上进行。除本商品目录条文另有规定的以外,有关的类注、章注也适用于本规则。"

2) 条文解释

规则六专门解决的是子目归类问题。

只有货品在归入了适当的四位数级子目后,再考虑将它归入合适的五位数级子目或六位数级子目,并在任何情况下,优先考虑五位数级子目后再考虑六位数级子目的范围或子目注释。此外,规则六注明,只有属于同一级别的子目才可作比较,并进行归类选择,以决定哪个子目较为合适,比较方法为同级比较,层层比较。但应注意:子目归类首先按子目条文和子目注释确定;如无法确定,则采用上述五条归类总规则;有关类注、章注也适应于确定子目。

确定子目时,首先确定一级子目,其次确定二级子目,再次确定三级子目,最后确定四级子目。确定子目时,应遵循"同级比较"的原则,即一级子目与一级子目比较,二级子目与二级子目比较,依此类推。

"中华绒毛蟹种苗",在归入税(品)目 0306 项下子目时,应按以下步骤进行:

首先确定一级子目,即将两个一级子目"冻的"与"未冻的"进行比较后归入"未冻的";其次确定二级子目,即将二级子目"龙虾"、"大鳌虾"、"小虾及对虾"、"蟹"、"其他"进行比较后归入"蟹";再次确定三级子目,即将两个三级子目"种苗"与"其他"进行比较后而归入"种苗"。最后"中华绒毛蟹种苗"正确的归类(重点是子目)是 0306.2410。注意:不能将三级子目与四级子目"中华绒毛蟹"比较而归入 0306.2491"中华绒毛蟹",因为二者不是同级子目,不能比较。

思考练习

一、分 析 题

请根据商品归类的规则,分析下列进出口商品的特点,归类时应注意的问题,并进行正确的商品归类。

(1) 传真机用打印头(热敏记录头);

(2) 针式打印机用打印头;

(3) 大理石毛料;

(4) 涪陵榨菜(小袋包装);

(5) 血压计;

(6) 体温表;

(7) 无籽小葡萄干;

(8) 制馅用五花肉(猪肉,冷冻);

(9) 冷冻生饺子(猪肉白菜馅,每袋净重 500g);

(10) 变压器油;

(11) 金鸡牌鞋油;
(12) 干手器;
(13) 家用电加热杯;
(14) 电开水炉;
(15) 糖炒栗子(零售包装);
(16) 40ft(1ft=0.3048m)的冷藏集装箱;
(17) 敲锣用的槌;
(18) 蓝牙耳机;
(19) 手提式电动剪草机;
(20) 合金钢粉末。

二、实 操 训 练

查阅相关资料完成《中华人民共和国海关商品预归类申请表》的填写。

海关对进出口商品实行预归类制度。在海关登记注册的进出口货物经营单位,可以在货物实际进出口的45天前,向直属海关申请进出口货物的预归类。请以小组为单位(可以是5~10人)自拟一份进出口合同,并就合同中的商品填写一份《中华人民共和国海关商品预归类申请表》见表4-2。

中华人民共和国海关商品预归类申请表　　　　　　　　　表4-2

(　　　)关预归类申请_____号

申请人:(企业名称)	
企业代码:(企业在海关备案登记的10位代码)	
通讯地址:(如实填写)	
联系电话:(如实填写)	
商品名称(中、英文):	
其他名称:	
商品描述(规格、型号、结构原理、性能指标、功能、用途、成分、加工方法、分析方法等):	
进出口计划(进出口日期、口岸、数量等): (根据合同如实填写)	
随附资料清单(有关资料请附后):	
此前如就相同商品持有海关商品预归类决定书的,请注明决定书编号:	
申请人(章) 年　月　日	海关(章): 签收人: 接受日期:　年　月　日

注:1. 填写此申请表前应阅读《中华人民共和国进出口货物商品归类管理规定》。
　　2. 本申请表一式两份,申请人和海关各执一份。

任务五　进出口税费计算

内容简介

介绍了进出口税费的种类,进出口货物完税价格的确定,进出口原产地的确定,税率的适用,进出口税费的减免以及进出口税费的缴纳与退补。

教学目标

(1) 了解进出口税费的种类;
(2) 熟悉滞纳金的计算;
(3) 掌握进出口完税价格的确定,税率的适用,进出口税费减免条件。

案例导入

纳税义务人应征关税是10000元,消费税40000元,海关5月23日发出缴款通知书,法定节假日6月8日为端午节,顺延至6月9日,6月12日去缴纳,应征收滞纳金多少元?

项目一　进出口税费

教学要点

(1) 进出口关税的含义、种类、计征方法;
(2) 进口环节海关代征税的种类、征收范围。

教学方法

可采用讲授、情境教学、案例教学和分组讨论等方法。

一、关　　税

1. 关税的含义

关税是国家税收的重要组成部分,是由海关代表国家按照国家制定的关税政策和有关法律、行政法规的规定,对准许进出关境的货物和物品向纳税义务人征收的一种流转税。关税的征收主体是国家,由海关代表国家向纳税义务人征收;课税对象是进出关境的货物和物品。关税纳税义务人即关税纳税主体,是指依法负有直接向国家缴纳关税义务的法人或自然人。我国关税的纳税义务人是进口货物的收货人、出口货物的发货人、进(出)境物品的所有人。

2. 关税的计征方法

1) 从价税

从价税是以货物、物品的价格作为计税标准,以应征税额占货物价格的百分比为税率,价格和税额成正比例关系的关税。从价税是包括我国在内的大多数国家使用的主要计税方法。

计算公式：从价税应征税额 = 货物的完税价格 × 从价税税率。

2）从量税

从量税是以货物和物品的计量单位（如质量、数量、容量等）作为计税标准，按每一计量单位的应征税额征收的关税。我国目前对冻鸡、石油原油、啤酒、胶卷等进口商品征收从量税。

计算公式：从量税应征税额 = 货物计量单位总额 × 从量税税率。

3）复合税

复合税是一个商品同时使用从价、从量两种标准计税，计税时按两者相加征收关税。我国目前对录像机、放像机、摄像机、非家用型摄录一体机、部分数字照相机等进口商品征收复合关税。计算公式：

复合税应征税额 = 从价税应征税额 + 从量税应征税额

= 货物的完税价格 × 从价税税率 + 货物计量单位总额 × 从量税税率

4）滑准税

滑准税是在《进出口税则》中预先按新产品的价格高低分档制定若干不同的税率，然后根据进口商品价格的变动而增减进口税率的一种关税。当商品价格上涨时采用较低税率，当商品价格下跌时则采用较高税率，以使该种商品的国内市场价格保持稳定。对关税配额外进口一定数量的棉花，实行 5% ~ 40% 的滑准税。对滑准税率低于 5% 的进口棉花按 0.570 元/kg 计征从量税。

当进口棉花完税价格高于或等于 11.397 元/kg 时，按 0.570 元/kg 计征从量税。

当进口棉花完税价格低于 11.397 元/kg 时，暂定关税生产率按下述公式计算：

$$R_i = 8.686/P_i + 2.526\% \times P_i - 1$$

对上述税率的计算结果保留 3 位小数。将 R_i 值换算为暂定关税税率，高于 40% 时，按 40% 计；P_i 为关税完税价格，单位为元/kg。

3. 税的种类

1）进口关税

进口关税分为进口正税和进口附加税。

进口正税是按照《进出口税则》中的税率征收的关税。进口附加税指国家由于特定需要对进口货物除征收关税正税之外另行征收的一种进口税。进口附加税一般具有临时性，包括反倾销税、反补贴税、保障措施关税、报复性关税等特别关税在内。

2）出口关税

出口关税是海关以出境货物、物品为课税对象所征收的关税。我国出口关税主要以从价税为计征标准。

3）暂准进出境货物进出口关税

暂准进出境货物进出口关税是指为了特定的目的暂时进境或出境，有条件暂时免纳进出口关税并豁免进出口许可证，在特定的期限内除因使用中正常的损耗外按原状复运进境或复运出境的货物。

按照《关税条例》规定，暂准进出境货物分为两大类：一类是经海关批准暂时进境或出境，在进境或出境时纳税义务人向海关缴纳相当于应纳税款的保证金或者提供其他担保可以暂不缴纳税款，并按规定的期限复运出境或复运进境的货物；另一类则应当按照该货物的完税价格和其在境内、境外滞留时间与折旧时间的比例计算按月征进、出口税的暂准进出境货物。

二、进口环节海关代征税

进口环节海关代征税主要有增值税、消费税两种。

1. 增值税

1）含义

增值税是以商品的生产、流通和劳务服务各个环节所创造的新增价值为课税对象的一种流转税。进口环节增值税的起征额为人民币50元,低于50元的免征。进口环节增值税以组成价格作为计税价格,征税时不得抵扣任何税额。进口环节的增值税组成价格由关税完税价格加上关税税额组成,应征消费税的品种的增值税另加上消费税税额。

2）征收范围

我国增值税分为基本税率(17%)和低税率(13%)。纳税人销售或者进口下列货物适用低税率13%：

（1）粮食、食用植物油；

（2）自来水、暖气、冷气、热水、煤气、石油液化气、天然气、沼气、居民用煤炭制品；

（3）图书、报纸、杂志；

（4）饮料、化肥、农药、农机、农膜；

（5）国务院规定的其他货物。

适用基本税率17%的范围：除以上适用低税率的货物以外的货物,以及提供加工、修理修配劳务。

2. 消费税

1）含义

消费税是以消费品或消费行为的流转额作为征收对象的一种流转税。进口的应税消费品,由纳税义务人(进口人或者其代理人)向办理进口手续的海关申报纳税。进口环节消费税的起征额为人民币50元,50元以下的免征。我国消费税采用从价、从量和复合计税的方法计征。

2）征收范围

（1）一些过度消费会对人的身体健康、社会秩序、生态环境等方面造成危害的特殊消费品；

（2）奢侈品、非生活必需品；

（3）高能耗的高档消费品；

（4）不可再生、不可替代的资源类消费品。

三、船舶吨税

1. 含义

船舶吨税是海关代为对进出中国港口的国际航行船舶征收的一种税。其征收税款主要用于港口建设维护及海上干线公用航标的建设维护。开征船舶吨税的基本法律依据是海关总署发布的《中华人民共和国海关船舶吨税暂行办法》。

进口船舶应自申报进口之日起征船舶吨税。船舶吨税征收方法分为 90 天期缴纳和 30 天期缴纳两种,并分别确定税额,缴纳期限由纳税人在申请完税时自行选择。

计算公式:应纳吨税税额 = 注册净吨位 × 船舶吨税税率(元/净吨)。

2. 征收范围

吨税的纳税人为拥有或租有进出我国港口的国际航行船舶的单位和个人。对其所有的属于下列范围内的船舶征收吨税:

(1)在我国港口行驶的外国籍船舶;

(2)外商租用(程租除外)的中国籍船舶;

(3)中外合营的海运企业自有或租用的中、外国籍船舶;

(4)我国租用(包括国外华商所有的和租用的)航行国外及兼营国内沿海贸易的外国籍船舶。

四、税款滞纳金

1. 含义

滞纳金指应纳税的单位或个人因逾期向海关缴纳税款而依法应缴纳的款项,其起征时间应当自海关填发税款缴款书之日起 15 日内缴纳进口税费。征收标准为滞纳税款的 5‰。滞纳金起征额为 50 元,不足 50 元的免予征收。进口关税、进口环节消费税、增值税、税款滞纳金起征点均为人民币 50 元,不足 50 元的免予征收。

2. 计算公式

关税滞纳金金额 = 滞纳关税税额 × 0.5‰ × 滞纳天数。

进口环节税滞纳金金额 = 滞纳进口环节税税额 × 0.5‰ × 滞纳天数。

3. 计算滞纳天数应注意下列事项

(1)在实际计算纳税期限时,应从海关填发税款缴款书之日的第二天起计算,当天不计入。

(2)缴纳期限的最后一日是星期六、星期天或法定假日,关税缴纳期限顺延至周末或法定假日,关税缴纳期限顺延至周末或法定假日后的第一个工作日。

(3)如果税款缴纳期限内含有星期六、星期日或法定假日,则不予扣除。

(4)滞纳天数按照实际滞纳天数计算,其中的星期六、星期日或法定假日一并计算。

项目二 进出口货物完税价格的审定

教学要点

(1)一般进出口货物完税价格的六种审定方法;

(2)特殊进口货物完税价格的审定;

(3)海关估价中的价格质疑程序和价格磋商程序。

教学方法

可采用讲授、情境教学、案例教学和分组讨论等方法。

一、进出口货物完税价格概念及法律依据

1. 概念

进出口货物完税价格,是海关对进出口货物征收从价税时审查估定的应税价格,是凭以计征进出口货物关税及进口环节代征税税额的基础。

2. 海关审价的法律依据

(1)法律层次:《中华人民共和国海关法》。

(2)行政法规层次:《中华人民共和国进出口关税条例》。

(3)部门规章层次:《审价办法》、《征管办法》。

二、进口货物完税价格的审定

海关确定进口货物完税价格的方法包括进口货物成交价格法、相同货物成交价格法、类似货物成交价格法、倒扣价格法、计算价格法和合理方法。以上方法必须依次采用,但如果进口货物纳税义务人提出要求,经海关同意,可以颠倒倒扣价格法和计算价格法的适用次序。

1. 进口货物成交价格法

(1)完税价格:由海关以该货物的成交价格为基础审查确定,并应包括货物运抵中华人民共和国境内输入地点起卸前的运输及相关费用、保险费。

(2)成交价格:中华人民共和国境内买方为进口该货物向卖方实付、应付的,并按有关规定调整后的价款总额,包括直接支付的价款和间接支付的价款。成交价格不完全等同于贸易中实际发生的发票价格,需要按有关规定进行调整,还应考虑价格调整因素。

(3)调整因素包括:计入项目和扣减项目。

①计入项目(计入因素)即必须计入完税价格的项目:

a. 除购货佣金以外的佣金和经纪费;

b. 与进口货物作为一个整体的容器费;

c. 包装费(包括材料费和劳务费);

d. 协助的价值;

e. 特许权使用费;

f. 返回给卖方的转售收益。

上述所有项目的费用或价值计入到完税价格中,必须同时满足三个条件:

a. 由买方负担;

b. 未包括在进口货物的实付或应付价格之中;

c. 有客观量化的数据资料。

②扣减项目:不计入完税价格的项目,进口货物的价款中单独列明的下列费用,如果成交价格中已经包含这些项目,则将其从成交价格中扣除。如果成交价格中没有包含这些项目,则不计入该货物的完税价格。

a. 厂房、机械、设备等货物进口后进行建设、安装、装配、维修和技术服务的费用,但是保

修费用除外；

  b. 货物运抵境内输入地点起卸后的运输及其相关费用、保险费；
  c. 进口关税、进口环节代征税及其他国内税收；
  d. 为在境内复制进口货物而支付的费用；
  e. 境内外技术培训及境外考察费用。

成交价格本身须满足的条件：
  a. 买方对进口货物的处置和使用权不受限制；
  b. 货物的价格不应受到导致该货物成交价格无法确定的条件或因素的影响；
  c. 卖方不得直接或间接地从买方获得因转售、处置或使用进口货物而产生的任何收益，除非上述收益能够被合理确定；
  d. 买卖双方之间没有特殊关系，或虽有特殊关系但不影响成交价格。

  2. 相同及类似货物成交价格法

不能采用成交价格法时，则按顺序考虑采用相同或类似进口货物成交价格方法。

1）相同货物和类似货物

相同货物是指进口货物在同一国家或者地区生产的，在物理性质、质量和信誉等所有方面都相同的货物，但是允许存在表面微小差异。

类似货物是指与进口货物在同一国家或者地区生产的，虽然不是在所有方面都相同，但是却具有相似的特征、相似的组成材料、相同的功能，并且在商业中可以互换的货物。

2）相同或类似货物的时间要素

时间要素是指相同货物或类似货物必须与进口货物同时或大约同时（进口货物接受申报之日的前后各45天以内）进口。

3）关于相同及类似货物成交价格法的运用

首先应使用和进口货物处于相同商业水平、大致相同数量的相同或类似货物的成交价格，应优先使用同一生产商生产的相同或类似货物的成交价格，若无则可以使用同一生产国或地区不同生产商生产的相同或类似货物的成交价格。如果有多个相同或类似货物的成交价格，则以最低的成交价格为基础估定进口货物的完税价格。

  3. 倒扣价格法

倒扣价格法是指以进口货物、相同或类似进口货物在境内第一环节的销售价格为基础，扣除境内发生的有关费用来估定完税价格。第一环节是指有关货物进口后进行的第一次转售，转售者与境内买方之间不能有特殊关系。

（1）用以倒扣的上述销售价格应同时符合以下条件：
①在被估货物进口时或大约同时，将该货物、相同或类似进口货物在境内销售的价格；
②按照该货物进口时的状态销售的价格；
③在境内第一环节销售的价格；
④按照该价格销售的货物合计销售总量最大。

（2）倒扣价格方法的核心要素：
①按进口时的状态销售；
②时间要素（进口货物接受申报之日前后各45天以内）；
③合计的货物销售总量最大。

(3)倒扣价格方法必须倒扣的项目：
①在境内第一环节销售时通常支付的佣金或利润和一般费用；
②货物运抵境内输入地点之后的运保费；
③进口关税以及在境内销售有关的国内税；
④加工增值额。

4. 计算价格法

计算价格法是指以发生在生产国或地区的生产成本作为基础的价格。

5. 合理方法

运用合理方法估价时，首先应当依次使用前几种估价方法，当海关不能根据前面几种估价方法确定完税价格时，根据公平、统一、客观的估价原则，以客观量化的数据资料为基础审查确定进口货物完税价格的估价方法。合理估价方法，实际上不是一种具体的估价方法，而是规定了使用方法的范围和原则。

三、特殊进口货物完税价格的审定

1. 加工贸易进口料件或者其制成品一般估价方法

(1)进口时需征税的进料加工进口料件，以该料件申报进口时的成交价格为基础审查确定完税价格。

(2)进料加工进口料件或者其他制成品（包括残次品）内销时，以料件原进口成交价格为基础审查确定完税价格。

(3)来料加工进口件或者其制成品（包括残次品）内销时，以接受内销申报的同时或者大约同时进口的与料件相同或者类似的货物的进口成交价格为基础审查确定完税价格。

(4)加工企业内销加工过程产生的边角料或者副产品，以海关审查确定的内销价格作为完税价格。

2. 出口加工区内加工企业内销制成品估价办法

(1)出口加工区内的加工企业内销的制成品（包括残次品），海关以接受内销申报的同时或者大约同时进口的相同或者类似货物的进口成交价格为基础审查确定完税价格。

(2)出口加工区内的企业内销加工过程中产生的边角料或者副产品，以海关审查确定的内销价格作为完税价格。

(3)保税区内加工企业内销进口料件或者其制成品估价方法：

①保税区内的加工企业内销的进口料件或者其制成品（包括残次品），海关以接受内销申报的同时或者大约同时进口的相同或者类似货物的进口成交价格为基础审查确定完税价格。

②保税区内的加工企业内销的进料加工制成品中，如果含有从境内采购的料件，海关以制成品所含从境外购入的料件原进口成交价格为基础审查确定完税价格。

③保税区内的加工企业内销的来料加工制成品中，如果含有从境内采购的料件，海关以接受内销申报的同时或者大约同时进口的与制成品所含从境外购入的料件相同或者类似货物的进口成交价格为基础审查确定完税价格。

④保税区内加工企业内销加工过程中产生的边角料或者副产品，以海关审查确定的内

销价格作为完税价格。

⑤保税区内加工企业内销制成品(包括残次品)边角料或者副产品的完税价格按照上述规定仍然不能确定的,由海关按照合理的方法审查确定。

(4)从保税区出口加工区保税物流园区保税物流中心等区域、场所进入境内需要征税的货物的估价方法,以从上述区域进入境内的销售价格为基础审查确定完税价格。

(5)出境修理复运进境货物的估价方法:海关以境外修理费和料件费审查确定完税价格。

(6)出境加工复运进境货物的估价方法:海关以境外加工费和料件费以及运输及其相关费用保险费审查确定完税价格。

(7)暂进境货物的估价方法:经海关批准留购的暂进境货物,以海关审查确定的留购价格作为完税价格。

(8)租赁进口货物的估价方法:

①以租金方式对外支付的租赁货物,在租赁期间以海关审定的该货物的租金作为完税价格,利息予以计入。

②留购的租赁货物以海关审定的留购价格作为完税价格。

③纳税义务人申请一次性缴纳税款的,可以选择申请按照规定估价方法确定完税价格,或者按照海关租金总额作为完税价格。

(9)免税货物的估价方法:特定减免税货物如果有特殊情况,经过海关批准可以出售作他用,须向海关办理补税手续。海关以审定的该货物原进口时的价格,扣除折旧部分价值作为完税价格。

(10)无成交价格货物的估价方法。

(11)软件介质的估价方法。

3.进口货物完税价格中的运输及其相关费用保险费的计算

1)运费的计算标准

进口货物的运费,按照实际支付的费用计算。

2)保险费的计算标准

进口货物的保险费按照实际支付的费用计算。无法确定时,海关按照"货价+运费"两者总额的3‰计算保险费。

保险费 = (货价 + 运费) × 3‰

四、出口货物完税价格的审定

(1)出口货物的完税价格:由海关以该货物的成交价格为基础审查确定,包括货物运至中华人民共和国境内输出地点装载前的运输及其相关费用保险费。

(2)出口货物的成交价格:指该货物出口销售前,卖方为出口该货物向买方直接收取和间接收取的价款总额。不计入出口货物完税价格的税收费用,包括:

①出口关税;

②输出地点装载后的运费及相关费用、保险费;

③在货物价款中单独列明由卖方承担的佣金。

(3)出口货物其他估价方法。

出口货物完税价格的计算公式：

出口货物完税价格＝出口货物船上交货价格－出口关税＝出口货物船上交货价格/(1＋出口关税税率)

五、海关估价中的价格质疑程序和价格磋商程序

1. 价格质疑程序

纳税义务人或者其代理人自收到价格质疑通知书之日起5个工作日内，以书面形式提供相关资料或者其他证据，证明其申报价格真实准确或者双方之间的特殊关系未影响成交价格。除特殊情况外，延期不得超过10个工作日。

2. 价格磋商程序

(1)纳税义务人需自收到"中华人民共和国海关价格磋商通知书"之日起5个工作日内与海关进行价格磋商。

(2)符合下列情形之一的，海关可以不进行价格质疑或价格磋商：

①同一合同项下分批进出口的货物，海关对其中一批货物已经实施估价的；

②进出口货物的完税价格在人民币10万元以下或者关税及进口环节税总额在人民币2万元以下的；

③进出口货物属于危险品、鲜活品、易腐品、易失效品、废品、旧品等的。

项目三 进口货物原产地的确定与税率适用

教学要点

(1)原产地规则的类别、原产地认定标准；
(2)部分优惠贸易协定申报要求；
(3)适用优惠原产地规则的原产地证书条件；
(4)如何选择同时适用多种税率的进口货物；
(5)进出口货物税率的实际运用。

教学方法

可采用讲授、情境教学、案例教学和分组讨论等方法。

一、原 产 地

1. 原产地规则的含义

原产地是指货物生产的国家(地区)，即货物的国籍。

一国(地区)为确定货物的原产地会实施普遍适用的法律法规和行政规定。

2. 原产地规则的类别

从适用目的的角度划分，原产地规则分为两大类：优惠原产地规则和非优惠原产地规则。

(1)优惠原产地规则。优惠原产地规则是指一国为了实施国别优惠政策而制定的法律，

是以优惠贸易协定通过双边、多边协定形式或者由本国自主形式制定的一些特殊原产地认定标准,因此称为协定原产地规则。

（2）非优惠原产地规则。非优惠原产地规则是指一国根据实施其海关税则和其他贸易措施的需要,由本国立法自主制定的原产地规则,也叫"自主原产地规则"。

3. 原产地认定标准

在认定货物的原产地时会出现两种情况:一种是货物完全是在一个国家(地区)获得或生产制造的;另一种是货物由两个及以上的国家(地区)生产制造的。无论是优惠原产地规则还是非优惠原产地规则,都要确定这两种货物的原产地认定标准。

货物完全是在一个国家(地区)获得或生产制造,以产品的种植、开采或生产国为原产国,这种原则叫完全获得标准。当一种产品是经过几个国家(地区)加工、制造的,以最后完成实质性加工的国家为原产国,这种标准成为"实质性改变标准"。"实质性改变标准"包括:税则归类改变标准、从价百分比标准、加工工序标准、混合标准。

1) 优惠原产地认定标准

（1）完全获得标准,即从优惠贸易协定成员国或者地区(以下简称成员国或者地区)直接运输进口的货物是完全在该成员国或者地区获得或者产生的,这些货物指:

①在该成员国或者地区境内收获、采摘或者采集的植物产品;
②在该成员国或者地区境内出生并饲养的活动物;
③在该成员国或者地区或者领海开采提取的矿产品;
④其他符合相应优惠贸易协定项下完全获得标准的货物。

（2）税则归类改变标准。税则归类改变标准是指原产于非成员国或者地区的材料,在出口成员国或者地区境内进行制造加工后,所得货物在《商品名称及编码协调制度》中税则归类发生了改变。

（3）区域价值成分标准。区域价值成分标准是指出口货物船上交货价格(FOB)扣除该货物生产过程中该成员国或者地区非原产材料价格后,所余价款在出口货物船上交货价格(FOB)中所占的百分比。

①亚太贸易协定(成员国包括6国:孟加拉国、印度、老挝、韩国、斯里兰卡、中国);
②《中国-东盟合作框架协议》;
③港澳CEPA;
④特别优惠关税原产地规则。

（4）制造加工工序标准。
（5）其他标准。
（6）直接运输规则。

直接运输是指优惠贸易协定下进口货物从该协定成员国或者地区直接运输至中国境内,途中未经过该协定成员国或者地区以外的其他国家或者地区。原产于优惠贸易协定成员国或者地区的货物,经过其他国家或者地区运输至中国境内,不论在运输途中是否转换运输工具或者临时储存,同时符合下列条件的,视为"直接运输":

①该货物在经过其他国家或者地区时,未作除使货物保持良好状态所必需的处理以外的其他处理;
②该货物在其他国家或者地区停留的时间未超过相应优惠贸易协定规定的期限;
③该货物在其他国家或者地区作临时存储时,处于该国家或者地区海关监管之下。

2)非优惠原产地认定标准

(1)完全获得标准。

(2)实质性改变标准。

实质性改变标准:两个及两个以上国家(地区)参与生产或制造的货物,以最后完成实质性改变的国家(地区)为原产地。以税则归类改变为基本标准,税则归类不能反映实质性改变的,以从价百分比制造或者加工工序等为补充标准。

税则归类改变:指产品经加工后,在《进出口税则》中国位数一级的税则归类已经改变。

制造或者加工工序:指在某一国家(地区)进行的赋予制造加工后所得货物基本特征的主要工序。

从价百分比:指一个国家(地区)对非该国(地区)原产材料进行制造加工后的增值部分,占所得货物价值的30%及其以上。

4. 优惠原产地申报要求

1)进口货物申报要求

有下列情形之一的,进口货物不适用协定税率或者特惠税率:

(1)进口货物收货人或其代理人在货物申报进口时没有提交符合规定的原产地证书、原产地声明,也未就进口货物是否具备原产资格进行补充申报的;

(2)进口货物收货人或其代理人未提供商业发票、运输单证等其他商业单证,也未提交其他证明符合《优惠原产地管理规定》第十四条规定的文件的;

(3)经查验或者核查,确认货物原产地与申报内容不符,或者无法确定货物真实原产地的;

(4)其他不符合《优惠原产地管理规定》及相应优惠贸易协定规定的情形的。

2)部分优惠贸易协定申报要求

(1)《亚太贸易协定》。

除了按照规定提交进口货物所需的单证外,还要提交受惠国政府指定机构签发的原产地证书正本作为报关的随附单证。

(2)《中国-东盟合作框架协议》。

进口的时候向申报地海关申明该货物适用"中国-东盟协定税率",并提交政府指定机构签发的原产地证书正本作为报送的随附单证。

(3)港澳CEPA。

纳税义务人应当主动向申报海关申明该货物适用零关税税率,并提交符合CEPA项下规定的有效原产地证书作为报关的随附单证。

(4)"特别优惠关税待遇"项下进口货物。

应当主动向进境地海关申明有关货物享受特别优惠关税,并提交出口受惠国原产地证书签发机构签发的由该国海关于出口时加盖印章的原产地证书。

3)出口货物申报要求

出口货物申报时,出口货物发货人应当按照海关的申报规定填制"中华人民共和国海关出口货物报关单",并向海关提交原产地证书电子数据或者原产地证书正本的复印件。

4)货物申报其他要求

优惠贸易协定项下进出口货物及其包装标有原产地标记的,其原产地标记所标明的原产地应当与依照《优惠原产地管理规定》有关规定确定的货物原产地一致。

5. 原产地证明书

(1)《亚太贸易协定》原产地证明书。

原产地证明书应当同时符合以下3个条件：

①由该成员国政府指定机构以手工或者电子形式签发；

②符合《中华人民共和国海关〈亚太贸易协定〉项下进出口货物原产地管理办法》附件所列格式，用国际标准A4纸印制，所用文字为英文；

③证书印章与该成员国通知中国海关的印章印模相符。

原产地证书自签发之日起1年内有效，不得涂改和叠印，所有未填空白之处应当予以划去，以防事后填写。

(2)《中国－东盟合作框架协议》原产地证明书。

原产地证书应当自东盟国家有关机构签发之日起4个月向我国境内申报地海关提交，经过第三方转运的，提交期限延长为6个月。原产于东盟国家的进口货物，如每批产品的FOB价不超过200美元，无须要求我国的纳税义务人（即进口方）提交原产地证书。但是要提交出口人对有关产品原产于该出口成员方的声明。纳税义务人不能提交原产地证书的，由海关依法确定进口货物的原产地，对货物征税放行。东盟成员国的货物，应当在货物装运之日起1年内补发，在原产地证书上注明"补发"字样。经海关核实，对按税率多征的部分应予以退还。

(3)港澳CEPA的原产地证明书。

一个原产地证书上只适用于一批进口货物，不可多次使用。

海关因故无法进行联网核对的，应纳税义务人书面申请并经海关审核同意后，按照适用的最惠国税率或者暂定税率征收相当于应缴纳税款等值保证金后先予以放行货物，办理进口手续。

海关应当自该货物放行之日起90日内核定其原产地证书的真实情况，根据核查结果办理退还保证金手续或者保证金转税手续。

(4)"特别优先关税待遇"原产地证明书。

原产地证书的有效期为自签发之日起180日，A4纸印制，所用文字为英文。应提交正本及第二副本。海关对证书的真实性产生怀疑的，可向受惠国海关或发证机构提出核查要求，并要求其收到核查要求之日起90日内答复。在上述期限内未收到答复，则不得享受特别优惠关税税率。

适用非优惠原产地规则的原产地证书。

(5)对适用反倾销、反补贴措施的进口商品的要求。

(6)对适用最终保障措施的进口商品的要求。

6. 对原产于中国台湾地区的部分进口鲜水果、农产品实施零关税（台湾农产品零关税措施）

(1)对原产于中国台湾地区的15种进口鲜水果实施零关税。

(2)对原产于中国台湾地区的19种进口农产品实施零关税。

7. 原产地确定制度

进出口货物收发货人有正当理由，可以向直属海关申请对其将要进口的货物的原产地进行预确定。提交申请书，并提交以下材料：

(1)申请人的身份证明文件；

(2)能说明将要进口货物情况的有关文件资料；

（3）说明该项交易情况的文件材料；
（4）海关要求提供的其他文件资料。

海关应在收到原产地预确定书面申请及全部资料之日起150日内作出原产地预确定决定。已作出原产地预确定决定的货物，自预确定决定作出之日起3年内实际进口时，与预确定决定货物相符，原产地确定标准未发生变化的，海关不再重新确定该进口货物的原产地。

二、税率适用

1. 税率适用原则

基本原则——从低适用。特殊情况除外。

原产于共同适用最惠国待遇条款的WTO成员的进口货物，原产于与中华人民共和国含有相互给予最惠国待遇条款的双边贸易协定的国家或者地区的进口货物，以及原产于中华人民共和国境内的进口货物，适用最惠国税率。

上述之外的国家或者地区的进口货物，以及原产地不明的进口货物，适用普通税率。

适用最惠国税率的进口货物有暂定税率的，应当适用暂定税率。

按照国家规定实行关税配额管理的进口货物，关税配额内的，适用关税配额税率，关税配额以外的，其税率的适用按其所适用的其他相关规定执行。

对进口货物采用反倾销、反补贴、保障措施的，按相关规定执行。

对中华人民共和国货物采取禁止、限制、加征关税或者其他影响正常贸易的措施的，对原产于该国家或者地区的进口货物可以征收报复性关税，征收办法由国务院关税税则委员会决定并公布。

进口原产于与我国有贸易协定享受协定税率的商品，同时该商品又属于反倾销、反补贴范围内的，按优惠贸易协定税率计征关税。

执行国家有关税率减征政策时，首先应当在最惠国税率基础上计算有关税目的减征税率，然后根据进口的原产地及各种税率形式的适用范围，将这一税率与同一税目的特惠、协定税率、进口暂定最惠国税率进行比较，税率从低执行。但不得在暂定最惠国税率基础上再进行减免。

从2002年起对部分非全税目信息技术产品的进口按ITA税率征收。

2. 税率的实际运用

（1）进口货物到达前，经海关核准先行申报的，应当适用装载该货物的运输工具申报进境之日实施的税率。

（2）进口转关运输货物，应当适用指运地海关接受该货物申报进口之日实施的税率。货物运抵指运抵前，经海关核准申报收到，应当适用装载该货物的运输工具抵达指运地之日实施的税率。

（3）出口转关运输货物，应当适用启运地海关接受该货物申报出口之日实施的税率。

（4）经海关批准，实行集中申报的进出口货物，应当适用每次货物进出口时海关接受该货物申报之日实施的税率。

（5）因超过规定期限未申报而海关依法变卖的进口货物，其税款计征应当适用装载该货物的运输工具申报进境之日实施的税率。

(6)因纳税义务人违反规定需要追征税款的进出口货物,应当适用违反规定的行为发生之日实施的税率;违规行为发生之日不能确定的,适用海关发现该行为之日实施的税率。

(7)已申报进境并放行的保税货物、减免税货物、租赁货物或者已申报进出境并放行的暂进出境货物,有下列情形之一需要缴纳税款的,应当适用海关接受纳税义务人再次填写报关单申报办理纳税及有关手续之日实施的税率。

①保税货物经批准不复运出境的;
②保税仓储货物转入国内市场销售的;
③减免税货物经批准转让或者移作他用的;
④可暂不缴纳税款的暂进出境货物,经批准不复运出境或者进境的;
⑤租赁进口货物,分期缴纳税款的。

项目四 进出口税费的减免

教学要点

(1)进出口税费减免的种类;
(2)各类税费减免的概念、征收范围。

教学方法

可采用讲授、情境教学、案例教学和分组讨论等方法。

进出口税费减免是指海关按照国家政策、《海关法》和其他有关法律、行政法规的规定,对进出口货物的关税和进口环节海关代征税给予减征或免征。税费减免可分为三大类,即法定减免税、特定减免税和临时减免税。

一、减免税规定

1. 法定减免税

1)概念

法定减免税是指我国《海关法》、《进出口关税条例》和《进出口税则》中所规定的给予进出口货物的减免税。进出口货物属法定减免税的,进出口人或其代理人无须事先向海关提出申请,海关征税人员可凭有关证明文件和报关单证按规定予以减免税,海关对法定减免税货物一般不进行后续管理,也不作减免税统计。

2)征收范围

(1)关税税额在人民币50元以下的一票货物。
(2)无商业价值的广告品和货样。
(3)外国政府、国际组织无偿赠送的物资。
(4)在海关放行前遭受损坏或者损失的货物。
(5)进出境运输工具装载的途中必需的燃料、物料和饮食用品。
(6)中华人民共和国缔结或者参加的国际条约规定减征、免征关税的货物、物品。

（7）法律规定减征、免征关税的其他货物、物品。

2. 特定减免税

1）概念

特定减免税是指海关根据国家规定，对特定地区、特定用途和特定企业给予的减免关税和进口环节海关代征税的优惠，也称政策性减免税。由于特定减免税货物有地区、企业和用途的限制，海关需要对其进行手续管理。申请特定减免税的单位或企业应在货物进口前向主管海关提出申请，主管海关按照规定的程序进行审批。

2）征收范围

自2009年1月1日起，国家对部分进口税收优惠政策进行相应调整。目前实施特定减免税的主要有以下几项：

（1）外商投资项目投资额度内进口自用设备。

（2）外商投资企业自有资金项目。

（3）国内投资项目进口自用设备。

（4）贷款项目进口物资。

（5）贷款中标项目进口零部件。

（6）重大技术装备。

（7）特定区域物资。

（8）科教用品。

（9）科技开发用品。

（10）无偿援助项目进口物资。

（11）救灾捐赠物资。

（12）扶贫背叛捐赠物资。

（13）残疾人专用品。

（14）集成电路项目进口物资。

（15）海上石油、陆上石油项目进口物资。

（16）进口远洋光盘及船用关键设备和部件。

（17）远洋渔业项目进口自捕水产品。

3. 临时减免税

临时减免税是指法定减免税和特定减免税以外的其他减免税，是由国务院根据某个单位、某类商品、某个时期或某批货物的特殊情况和需要，按规定给予特别的临时性减免税优惠。

二、减免税管理

1. 申办手续

减免税申请人应当向其所在地主管海关申请办理减免税备案、减免税税款担保和后续管理业务等相关手续，向进口口岸海关办理减免税货物进出口通关手续。

2. 减免税货物管理

在海关监管年限（船舶、飞机8年；机动车辆6年；其他货物5年）内，未经海关许可，减免税申请人不得擅自将减免税货物转让、抵押、质押、移作他用或者进行其他处置。

在海关监管年限内,申请人将进口减免税货物转让给进口同一货物享受同行减免税优惠待遇的其他单位的,应当事先向主管海关办理减免税货物结转手续;转让给不享受进口税收优惠政策或者进口同一货物不享受同行减免税优惠待遇的其他单位的,应当事先向主管海关申请办理减免税货物补缴税款和解除监管手续。

在海关监管年限内,申请人要求以减免税货物办理货款抵押的,应当向主管海关提出书面申请,经批准后办理抵押手续。

在海关监管年限内,减免税货物应当在主管海关核准的地点使用。

在海关监管年限内,申请人发生分立、合并、股东变更、改制等变更情形,权利义务承受人应当自营业执照颁发之日起30日内,向主管海关办理补税手续或结转手续。

在监管年限内,申请人申请提前解除监管的,应当补缴税款;监管年限自然届满的,自动解除监管。

减免税货物转让给进口同一货物同行减免税优惠待遇的其他单位的,不予恢复减免税货物转出申请人的减免税额度,减免税货物转入申请人的减免税额度按照海关审定的货物结转时的价格、数量或者应缴税款予以扣减。

项目五　进出口税费的缴纳与退补

教学要点

(1) 进出口税费的缴纳地点、方式;
(2) 税款的退还范围、期限及要求;
(3) 税款的追征和补征范围、期限及要求;
(4) 税收保全和强制措施。

教学方法

可采用讲授、练习等方法。

一、税款缴纳

1. 缴纳地点与方式

纳税义务人应当在货物的进出境地向海关缴纳税款,经海关批准也可以在纳税义务人所在地向其主管海关缴纳税款。纳税义务人向海关缴纳税款的方式主要有两种:一种是持缴款书到指定银行营业柜台办理税费交付手续;另一种是向签有协议的银行办理电子交付税费手续。

2. 缴纳凭证

进出口关税和进口环节代征税的缴纳凭证。海关征收进出口环节和进口环节税时,应当向纳税义务人填发"海关专用缴款书",纳税义务人凭"海关专用缴款书"向银行缴纳税款。

滞纳金的缴纳凭证:海关征收滞纳金时,向纳税义务人填发"海关专用缴款书",纳税义务人凭"海关专用缴款书"向银行缴纳税款。

二、税款退还

1. 退税的范围

(1) 已缴纳税款的进口货物,因品质或者规格原因原状退货复运出境的;

(2) 已征税放行的散装进出口货物发生短卸、短装,如果该货物的发货人、承运人或者保险公司已对该部分退还或者赔偿相应货款的,纳税义务人可以向海关申请退还相应税款;

(3) 进出口货物因残损、品质不良、规格不符的原因,由进出口货物的发货人、承运人或者保险公司已对该部分退还或者赔偿相应货款的,纳税义务人可以向海关申请退还赔偿货款部分的相应税款;

(4) 因海关误征,致使纳税义务人多缴税款的。

2. 退税的期限及要求

(1) 纳税义务人发现多缴税款的,自缴纳之日起1年内,可以以书面形式要求海关退还并加算银行同期活期存款利息。

(2) 海关发现多征的,应当立即通知纳税义务人办理退还手续。

三、税款追征和补征

1. 追征和补征税款的范围

(1) 进出口货物放行后,海关发现少征或者漏征税款的;

(2) 因纳税义务人违反规定造成少征或者漏征税款的;

(3) 海关监管货物在海关监管期内因故改变用途按照规定需要补征税款的。

2. 追征、补征税款的期限和要求

(1) 进出口货物放行后,海关发现少征税款的,应当自缴纳税款之日起1年内补征;漏征的,自货物放行之日起1年内补征;

(2) 因纳税义务人违反规定造成少征或者漏征(包括海关监管货物)的,海关可以自缴纳税款或者货物放行之日起3年内追征税款,并加收滞纳金。

四、延期纳税

纳税义务人因不可抗力或国家税收政策调整不能按期纳税的,应当在货物进出口前向办理进出口申报纳税手续所在地直属海关提出延期申请并随付相关材料、缴税计划,由海关总署核准。

延期纳税的期限,自货物放行之日起最长不超过6个月,逾期纳税的,自延期缴纳税款期限届满之日起至缴清税款之日止加收5‰的滞纳金。

五、税收保全和强制措施

1. 保全措施

进出口货物的纳税义务人在规定的纳税期限内有明显的转移、藏匿其应税货物,以及其他财产迹象的,海关可以要求纳税义务人在海关规定的期限内提供担保,不能在期限内按照海关要求提供担保的,经直属海关关长或者其授权的隶属海关关长批准,海关应当采取税收保全措施。

(1)暂停支付存款。海关书面通知纳税义务人开户的金融机构暂停支付纳税义务人相当于应纳税款的存款。

(2)暂扣货物或财产。因无法查明纳税义务人账户、存款数额等情形不能实施暂停支付措施的,书面通知(随付扣留清单)纳税义务人扣留其价值相当于应纳税款的货物或者其他财产。货物或者其他财产本身不可分割,可以扣留全部货物或者其他财产。

纳税义务人在规定的纳税期限内缴纳税款的,海关书面通知纳税义务人解除扣留措施,随附发还清单,办理确认手续后将有关货物、财产发还纳税义务人。

纳税义务人在规定的纳税期限内未缴纳税款的,海关书面通知纳税义务人依法变卖被扣留的货物或者其他财产,并以变卖所得抵缴税款。变卖所得不足以抵缴税款的,海关继续采取强制措施抵缴税款的差额部分;变卖所得抵缴税款及扣除相关费用后仍有余款的,退还纳税义务人。

2. 强制措施

纳税义务人或有责任的担保人自规定的纳税期限届满之日起超过3个月未缴纳税款的,海关依次采取下列强制措施:

(1)书面通知金融机构从其存款中扣缴税款;

(2)将应税货物依法变卖,以变卖所得抵缴税款;

(3)扣留并依法变卖其价值相当于应纳税款的货物或者其他财产,以变卖所得抵缴税款。

六、缴纳税费责任

报关企业接受纳税义务人的委托,以纳税义务人的名义办理报关纳税手续,因报关企业违反规定而造成海关少征、漏征税款的,报关企业对少征或者漏征的税款、滞纳金,与纳税义务人承担纳税的连带责任。

报关企业接受纳税义务人的委托,以报关企业的名义办理报关纳税手续的,报关企业与纳税义务人承担纳税的连带责任。

除不可抗力外,在保管海关监管货物期间,海关监管货物损毁或者灭失的,对海关监管货物负有保管义务的人应当承担相应的纳税责任。

欠税的纳税义务人,有合并、分立情形的,在合并、分立前,应当向海关报告,依法缴清税款。纳税义务人合并时未缴清税款,由合并后的主体继续履行纳税义务;纳税义务人分立时未缴清税款的,分立后的法人或者其他组织对未履行的纳税义务承担连带责任。

纳税义务人在减免税货物、保税货物监管期间,有合并、分立或者其他资产重组情形的,应当向海关报告。按照规定需要缴税的,应当依法缴清税款;按照规定可以继续享受减免税、保税待遇的,应当到海关办理变更纳税义务人的手续。

纳税义务人欠税或者在减免税货物、保税货物监管期间,有撤销、解散、破产或者其他依法终止经营情形的,应当在清算前向海关报告。海关应当依法对纳税义务人的应缴税款予以清缴。

思考练习

一、简答题

1. 简述进口环节代征税的种类及征收范围。
2. 一般进口货物完税价格的审定方法有哪几种?
3. 优惠原产地认定标准有哪几种?
4. 进出口税费减免有哪几种?
5. 税收的保全和强制措施有哪些?

二、计算题

某家企业从法国进口一台模具加工机床,发票分别列明:设备价款 CIF 上海 USD600000,机器进口后的安装调试费为 USD20000,卖方佣金 USD2000 元,与设备配套使用的操作系统使用费 USD8000 元。该批货物经海关审定的成交价格为多少?

任务六 一般进出口货物报关

内容简介

本任务从一般进出口货物的含义、特点及适用范围介绍何为一般进出口货物。同时介绍了一般进出口货物的通关的准备阶段、报关阶段,以及后续阶段,使学生能够全面理解一般进出口货物及其通关的程序。

教学目标

(1) 掌握一般进出口货物的含义、基本特征和适用范围;
(2) 熟悉一般进出口货物的基本通关规则;
(3) 熟练掌握一般进出口货物报关程序的具体做法;
(4) 熟练掌握海关对进出口货物申报方式、地点、时间以及海关查验等相关规定。

案例导入

江苏某港机械制造股份有限公司向香港某船务公司出口 18.288m(60ft)的集装箱挂车 12 辆,总价￥700000。经海关批准,该批货物抵启运地海关监管现场前,先向该海关录入出口货物报关单电子数据。货物运至海关监管现场后,转关至上海吴淞口岸装运出境。

引导思路

1. 该批货物出口应按照怎样的程序向海关进行申报?
2. 该批货物申报时,除出口货物报关单以外还应向海关提交哪些随附单证?
3. 一般进出口货物出口时应按照怎样的程序进行申报,申报之后还有哪些后续的手续?
4. 进出口货物在向海关报关时,应提交哪些单据?
5. 什么是电子数据申报,具体应如何操作?

项目一 一般进出口货物

教学要点

1. 一般进出口货物的含义;
2. 一般进出口货物与一般货物的区别;
3. 一般进出口货物报关的范围和基本流程。

教学方法

可采用讲授、习题练习等方法。

一、一般进出口货物的含义

一般进出口货物是一般进口货物和一般出口货物的合称,是指在进出境环节缴纳了应征的进出口税费并办结了所有必要的海关手续,海关放行后不再进行监管,可以直接进入生产和消费领域流通的进出口货物。一般进出口货物进出境后,可以进入流通、生产和消费领域,不再受海关的监管。

一般进出口货物并不完全等同于一般贸易货物。一般贸易是指国际贸易中的一种交易方式。在我国的对外贸易中,一般贸易是指中国境内有进出口经营权的企业单边进口或单边出口的贸易,按一般贸易交易方式,进出口的货物即为一般贸易货物。一般进出口货物,是指按照海关一般进出口监管制度监管的进出口货物。两者之间有很大区别。一般贸易货物在进口时可以按一般进出口监管制度办理海关手续,这时它就是一般进出口货物;它也可以享受特定减免税优惠,按特定减免税监管制度办理海关手续,这时它就是特定减免税货物;它也可以经海关批准保税,按保税监管制度办理海关手续,这时它就是保税货物。

二、一般进出口货物报关的范围和基本流程

1. 一般进出口货物报关的适用范围

一般进出口货物适用于除特定减免税货物以外的实际进出口货物。保税货物、暂准进出境货物进出境后,如果改变"保税"或者"暂准"状态,转为实际进出口的,应当向海关再次办理实际进出口的申报、纳税手续。这时,保税货物、暂准进出境货物已经改变了性质,成为一般进出口货物。

具体而言,在不具备享受特定减免税优惠的情况下,下列货物适用一般进出口报关:

(1) 不批准保税的一般贸易进口货物;
(2) 转为实际进口的保税货物;
(3) 转为实际进口的暂准进境货物或转为实际出口的暂准出境货物;
(4) 易货贸易、补偿贸易进出口货物;
(5) 不批准保税的寄售代销贸易货物;
(6) 承包工程项目实际进出口货物;
(7) 外国驻华商业机构进出口陈列用的样品;
(8) 外国旅游者小批量订货出口的商品;
(9) 随展览品进境的小卖品;
(10) 实际进出口货样广告品;
(11) 免费提供的进口货物,如:外商在经济贸易活动中赠送的进口货物,外商在经济贸易活动中免费提供的试车材料等;我国在境外的企业、机构向国内单位赠送的进口货物。

2. 一般进出口货物报关的基本流程

进出口货物的报关,一般来说,可以分四个环节,即申报→查验→征税→放行。

1) 申报前看货、取样

申报是指进出口货物的收发货人或其代理人,向海关交验单证,申请办理通关事宜的行为。《海关法》第二十七条规定:"进口货物的收货人经海关同意,可以在申报前查看货物或

者提取货样。需要依法检疫的货物,应在检疫合格后提取货样。"申报前看货、取样的条件是需经海关同意。

2) 如实申报,检验交单

查验是指海关依法对申报人所申报的进出口货物进行实际的查核,确定其单、证、货是否相符,有无违法情形,可否合法进出,并为下一通关程序准备条件。《海关法》规定,进出口货物的收发货人应当向海关如实申报,交验进出口许可证和有关单证。

3) 接受并配合海关查验

进出口货物应当接受海关查验。海关查验时,进出口货物的收发货人或其代理人应当到场,并负责经收发货人申请搬移货物,开拆和重封货物的包装。海关认为必要时,可以径行开验、复验或提取货样。经收发货人申请,海关总署批准,有些进出口货物可以免验。

4) 缴清税款或担保下获得放行

正在办理通关手续的货物被海关放行意味着货物在历经申请、查验和缴税手续后,可解除进出境阶段的海关现场监管,收发货人可以到海关监管仓库提取进口货物或将出口货物装载运输工具并运离关境。其中,对一般进出口货物,由于除海关特准或办理海关事务担保外,放行时其所有海关手续均已办妥,应缴纳税款也已缴纳,因此,海关手续已全部办结,放行即结关。但对保税、减免税和暂准进出境货物,解除进出境的海关现场监管,允许货物被收发货人提取或装运,并为其办结海关手续,因而仍需接受海关的后续管理。因此,进出口货物在海关放行后有两种不同的情况——放行同时结关或放行未结关。

从收发货人的角度而言,放行表现为海关在有关报关单及运输单据上签盖放行单,并将其退交收发货人的一种形式。但是在实际操作过程中,放行必须以海关审单和查验完毕,并办理了征税手续或提供担保的手续作为前提条件。原则上,经审核查验的货物必须缴纳关税及其他进出口税,并交验纳税凭证才能放行。但是,为了加速验放,对信誉较好的纳税人,海关将允许在提供纳税担保(保证在规定时间内缴纳税款)的基础上先予提取或装运货物。但海关对有下列情形之一的,将不予放行:

(1) 违反《海关法》和其他进出境管理的法律、行政法规,非法进出境的;
(2) 单证不齐或应纳货物未办纳税手续,且又未提供担保的;
(3) 包装不良,继续运输足以造成海关监管货物丢失的;
(4) 其他未了事情待处理的(如违章罚款未交的);
(5) 根据海关总署指示,不准放行的。

5) 海关监管货物禁止擅自处理

在办理进出口通关手续的过程中,有关货物始终处于海关监管的情况下,未经海关许可,不得开拆、提取、交付、发运、调换、抵押、质押、留置、转让、更换标记、移作他用或者进行其他处置。海关施加的封志,任何人不得开启、损坏或损毁。

项目二 电子报关和电子口岸

教学要点

1. 电子申报简介;
2. 申报电子数据报关单的具体流程。

教学方法

可采用讲授、情境教学、案例教学和分组讨论等方法。

一、电子申报的概述

1. 电子报关

电子报关是一种新型、现代化的报关方式,是指进出口货物的收发货人或其代理人利用现代通信和网络技术,通过计算机、网络或终端向海关传递规定格式的电子数据报关单,并根据海关计算机系统反馈的审核及处理结果,办理海关手续的报关方式。

2. 电子申报的分类

(1)终端申报方式:进出口货物收、发货人或其代理人使用连接海关计算机系统的计算机终端录入报关单内容,直接向海关发送报关单电子数据。

(2)EDI申报方式:进出口货物收、发货人或其代理人在计算机中安装EDI申报系统,在该系统中录入报关单内容,由计算机转换成标准格式的数据报文向海关计算机系统发送报关单电子数据。

(3)网上申报方式:进出口货物收、发货人或其代理人在计算机中安装"中国电子口岸"系统,登录"中国电子口岸"网站,在"联网申报"系统中录入报关单内容,通过"中国电子口岸"向海关计算机系统发送报关单电子数据。

3. 电子报关三种申报方式的比较(表6-1)

三种申报方式的比较表　　　　　　　　表6-1

申报方式	优　点	缺　点
终端申报	终端直接与海关计算机主机相连,传送速度快,不受海关参数设置的限制	终端数据受海关计算机主机容量的限制,不利于推广
EDI申报	数据录入不受海关计算机主机的影响,不受场地的限制,有利于远程报关项目的推广	易受海关参数调整的影响,也易受网络稳定性的影响
网上申报	利用网络的优势,形成全国统一的电子报关网络,能在网上办理与报关有关的一切业务	

4. 电子申报的地点

在一般情况下,进口货物的收货人或其代理人应当在货物的进境地海关申报;出口货物的收发货人或其代理人应当在货物的出境地海关申报。

经收发货人申请,海关同意,进口货物的收货人或其代理人可以在设有海关的货物抵运地海关申报;出口货物的收货人或其代理人可以在设有海关的货物启运地海关申报。

以保税、展览、暂准进口以及其他使用目的等方式进境后改变性质,或改变使用目的的转为实际进口的货物,进口货物的收货人或其代理人应当向货物所在地的主管海关申报。

5. 接受申报的时间

(1)申报期限。

进口货物:运输工具申报进境之日起14日,节假日顺延,申报期限从运输工具申报日的第2日开始计算。

出口货物:货物运抵海关监管区后、装货的24小时以前;以前到什么程度,可由报关人视口岸仓储能力自定,海关不过问。

进口集中申报货物:运输工具申报进境之日起1个月内申报。

运输工具申报进境之日起超过3个月仍未申报,变卖处理。不宜长期保存的,提前处理。

(2)申报日期。

申报日期是指申报数据被海关接受的日期。不论以电子数据报关单方式申报或以纸质报关单方式申报,海关以接受申报数据的日期为接受申报的日期。

6. 申报的修改和撤销

报关单位向海关申报货物进出口是一种法律行为,其申报一旦被海关接受,无正当理由不得修改和撤销;确有正当理由的,经海关同意,方可修改和撤销。下列情况经批准可以进行修改或撤销:

(1)由于计算机或网络系统等方面的原因导致数据错误;

(2)原申报货物全部或部分退关;

(3)报关员操作或书写错误造成申报差错,但未造成危害的;

(4)海关身价或归类后需对原数据进行修改的;

(5)根据国际惯例采用暂时价格先行成交,实际结算时按商品品质或国际市场价格付款方式需要修改原申报单。

特殊的:海关布控、查验的进口货物,不得修改报关单内容或撤销申报。

二、申报电子数据报关单的具体流程

1. 发送数据至海关审单中心

报关员在对预录入报关单审核无误后,在预录入计算机上按"申报"键(或指示预录入人员)将电子数据发送至海关通关管理处审单中心,向海关H2000通关系统申报。发送成功,计算机会显示"申报成功"。

2. 电子审单

海关审单中心收到报关单电子数据后,利用计算机系统对报关企业及报关员进行资格认证。通过资格认证的报关单,全部进入计算机自动审核程序。海关计算机系统根据预先设置的各项参数对电子报关数据的规范性、有效性和合法性进行电子审核。

3. 接受回执

在申报成功后,报关员可以到自助终端的海关信息查询系统(H2000通关系统)查"回执"。有两种结果:

(1)规范性审单(计算机审单)的结果。

①不接受申报。报关单电子数据不能通过规范性审核的,海关不接受申报,电子报关数据退回,报关员按退单原因修改后重新申报。

②接受申报。该信息表明报关单电子数据通过规范性审核,海关接受申报,海关计算机系统自动记录接受申报时间,此时构成海关接受报关人申报的法律行为。

③海关接受申报后,如需实施人工审单,则转入人工审核,系统自动对外发布"等待处理"的指令。

（2）专业化审单（人工审单）的结果。

①"现场交单"或"办理放行交单手续"。该信息表明人工审核关员对报关单电子数据进行专业化审核后,确定申报正确且无走私违规嫌疑的,可以审核通过。此时报关员办理现场通关预备。

②"退回修改通知"。该信息表明有申报错误且无走私违规嫌疑,或因海关审价、归类认定后需对原报关单申报数据进行修改,常规人工审核关员可将报关单电子数据退回,同时说明需要修改的内容,此时报关员应按照"需修改内容"进行修改并重新申报。

③"与审单中心联系"。该信息表明审单关员认为报关单所提供的申报信息不能满足审单要求,需要报关员通过电话或者传真提供详细资料并说明情况。此时报关员应及时和客户联系,取得相关的资料和情况说明,并送至审单中心。

4. 现场通关预备

报关员在收到"现场交单"或"放行交单"、"接单交单"回执后应打印纸质报关单,并在报关单右下角的申报单位处加盖报关单位的报关专用章,报关员在左下角签名。将随附单证和报关单按照规定的顺序装订后,到海关通关业务现场办理交单、缴纳税费、查验、放行等各项手续。

报关单位应当自接到海关"现场交单"或"放行交单"通知之日起10日内,向货物所在地海关提交纸质报关单。未在规定期限或核准的期限内提交纸质报关单,海关将删除电子数据报关单。被海关删除电子数据报关单的货物,视为未申报,进出口货物的收发货人、报关企业应当重新申报。由此产生的滞报金将按照《中华人民共和国海关征收进口货物滞报金办法》的规定办理。

项目三　一般进出口货物的报关程序

教学要点

1. 一般进出口货物报关申报准备阶段的操作流程；
2. 一般进出口货物报关现场交单阶段的操作流程；
3. 一般进出口货物报关提取或装运货物阶段的操作流程。

教学方法

可采用讲授、情境教学、案例教学和分组讨论等方法。

一、一般进出口货物报关申报准备阶段的操作流程

1. 接单与审单

接单与审单的主要工作有:办理报关委托、审核报关单据和准备报关单证等。

（1）进出口货物收发货人办理报关委托。

委托书应载明委托方企业名称、法定代表人姓名、代理事项、提供的单证、代理期限以及双方法律责任等内容,并加盖双方单位的公章。

（2）审核报关单据。

审核的内容主要包括：

①证明进出口货物实际情况的相关资料，包括进出口货物名称、规格、用途、产地、贸易方式等；

②有关进出口货物的合同、发票、运输单据、装箱单等商业单据；

③进出口所需的许可证件及随附单证；

④海关要求的加工贸易手册（纸质或电子数据的）及其他进出口单证。

(3) 海关审单。

海关电脑系统根据预先设定的各项参数对电子报关资料的规范性、有效性和合法性进行电子审核，审核结果将通过现场大屏幕显示器或计算机网络等通信手段通知报关人。审核结果有以下三种情况：

①符合计算机自动审核条件的，计算机自动完成审征环节的全部作业，向现场海关下达作业指令，同时向报关人发出"到现场海关办理货物验放手续"的回执或通知。

②需人工审核的报关单数据，计算机将按设定的派单条件，将报关单数据派入审单处相应的人工审单岗位，同时向报关人发出"等待处理"的回执或通知。

③对因申报不规范而不能通过计算机综合审核的报关单数据，计算机提示原因，并自动退单向报关人发出回执或通知。

(4) 准备报关单证。

一般情况下，报关单证可以分为报关单证和随附单证两大类。随附单证包括基本单证、特殊单证和预备单证。

基本单证：基本单证是指与进出口货物直接相关的货运单据和商业单据，主要有进口提货单据、出口装货单据、商业发票、装箱单等。

特殊单证：特殊单证是指国家进出口有关法律、行政法规或海关规章规定实行管制或者管理的货物所需证件。

预备单证：预备单证主要是指贸易合同、原产地证明书、进出口企业的有关证明文件等。

2. 换单

换单是报关员在报关之前需要完成的一项工作。换单是指报关员在船舶代理公司或货物代理公司处，将海运提单或者空运到货通知书换成从港区或仓库能够提取进出口货物证明的过程，即将正本提单换取货物的小提单。

出口货物不需要换单，由出口货物发货人向报关企业提供装货单。

3. 制单

制单即填制进出口货物报关单。制单是报关员的基本职责，能否按照海关规定正确填制报关单是衡量报关员是否称职的重要标志。

4. 进出口商品检验检疫

我国出入境检验检疫实行统一目录管理，即国家质检总局根据对外贸易发展的需要，公布并调整《出入境检验检疫实施检验检疫的进出境商品目录》和《实施入境验证的进出口商品目录》。对列入上述目录以及其他法律法规规定需要检验检疫的货物，在其进出口时，货物所有人或其合法代理人在办理进出口报关手续前，必须向口岸检疫机构报检。经检验检疫合格后，方可向海关报关。

5. 报关单预录入与复核

(1) 报关单预录入。

报关单预录入是指报关单位通过计算机系统按照报关单填制规范的要求录入报关单电子数据,向海关进行申报的一个程序,即预录入人员将报关员填制的报关单的内容在申报提前预先录入计算机、形成电子报关单的过程。

(2)报关员复核预录入的报关信息。

报关员要对预录入人员录入的报关单电子数据与自己手写填制的报关单各栏目内容进行核对,审核无误后才能向审单中心发送。否则,出现报关单填制错误由报关员自己负责。

二、一般进出口货物报关现场交单阶段的操作流程

1. 申报

(1)进口需要接到进口提货通知,出口需要备齐出口货物。

(2)委托报关者需办理报关委托,代理报关者需接受报关委托。

(3)准备申报单证。

(4)申报前看货取样。

海关核准并监管,海关开具取样记录与清单,关员与取样人同时签字确认。

(5)向海关申报:现场交单。

申报方式:终端申报、委托 EDI 申报、自行 EDI 申报、网上申报。

(6)修改或撤销申报情形(属海关行政许可)。

①由于计算机、网络系统等原因导致申报错误的;

②放行后,由于配载、装运等原因造成部分或全部退关需要换船的;

③由于报关员操作或书写失误,但未对管制政策、税费征收、统计指标造成影响的;

④按照贸易惯例先行采用暂定价格成交、实际结算时按商检品质认定或国际市场实际价格付款的;

⑤装载、运输、存储时因短溢装、不可抗力造成的短损而与申报不符的。

注意:海关已决定布控、查验的进出口货物,不得修改。

改单或撤单再重报时需要变更、补办许可证件的,应当补办提交。

2. 配合海关查验

1)查验的含义

进出口货物查验,是指海关为确定进出口货物收发货人向海关申报的内容是否与进出口货物的真实情况相符,或者为确定商品的归类、价格、原产地等,依法对进出口货物进行实际核查的执法行为。

2)查验的地点、时间、方法和要求

(1)查验地点:一般在监管区内进行。特殊情况下,海关申请核准可派员到监管区以外查验。

(2)查验时间:海关正常工作时间内,允许例外。

(3)查验方法:彻底查验和抽查;外形查验和径行查验。

彻底查验,即对货物逐渐开箱、开包查验。对货物的名称、规格、数量、重量、原产地、货物状况等逐一与申报数据进行详细核对。

抽查,即海关按一定比例对货物有选择地开箱查验,并对开箱查验的货物品种规格、数量、重量、原产地、货物状况等逐一与申报的报关单详细核对。

外形查验,即对货物的包装、唛头等进行核查、核验。

径行查验,即海关在进出口货物收发货人或其代理人不在场的情况下,自行开拆货物进行查验。海关行使径行查验时,应当通知货物存放场所管理人员或其他见证人到场,并由其在海关的查验记录上签字。

(4) 配合查验责任:搬移,开拆重封,回答询问,提供单证,收取海关取样清单,签字确认"海关货物查验记录单"。

(5) 复验:海关认为必要时,可以依法对已经完成查验的货物进行复验。复验需满足:

①对货物形状需作进一步确认的;

②涉嫌走私违规的;

③对检验结果有异议的。

3) 查验时报关员的责任

(1) 负责按照海关的要求搬移货物,开拆和重封货物的包装等。

(2) 预先了解和熟悉所申报的货物情况,如实回答查验人员的询问和提供必要的资料。

(3) 协助海关提取需要进一步检验、化验或鉴定的货样,收取海关出具的清单。

4) 被查验货物损坏的赔偿

(1) 赔偿范围:仅限于查验过程中,由于关员责任造成的直接经济损失。赔偿金额根据被损货物及其部件的受损程度确定,或者根据修理费确定。事后发现货物有损的,不负责赔偿,必须在查验现场提出。

(2) 不属于海关赔偿范围的:

①由于货物性质在海关查验的正常时间内(含扣留时间内)造成的损失(如易腐易失效货物);

②海关正常查验产生的不可避免的磨损;

③不可抗力造成的损失;

④在海关查验之前或之后发生的损失。

⑤查验前和查验后发生的损害。

(3) 赔偿办法:缴纳税费。在规定时限内到指定银行缴纳税费;收到缴款成功信息,即可申请放行(也可电子支付)。

(4) 赔偿时间:报关人自收到《赔偿通知单》之日起3个月内凭单向海关领取赔款,或将银行账号通知海关划拨,过期海关不再赔偿。

三、一般进出口货物报关提取或装运货物阶段的操作流程

1. 海关放行

海关放行是指海关接受进出口货物的申报、审核电子数据报关单和纸质报关单及随附单据、查验货物、征收税费或接受担保以后,对进出口货物作出结束海关现场监管的决定,允许进出口货物离开海关监管现场的工作环节。海关现场放行有两种情况:一种情况是结关,另一种情况是进入海关的后期监管。

2. 提取或装运货物

进出口货物收发货人或其代理人,凭加盖"海关放行章"的进口提货凭证提货,这些凭证根据运输工具的不同,名称也不一样,一般有提单、运单、提货单等,凭此到进境地的港区、机

场、车站、邮局等地海关监管仓库提取进口货物。

出口货物收发货人或其代理人签收海关加盖"海关放行章"的出口货物装货凭证,这些凭证一般有运单、装货单、场站收据等,凭此到出境地的港区、机场、车站、邮局等地海关监管仓库办理将货物运离关境手续。

3. 申请签发报关单证明联

进出口货物收发货人或其代理人,办理完毕提取进口货物或装运出口货物手续后,如需要海关签发证明的,可以向海关提出申请,海关在签发证明的同时通过电子口岸执法系统向有关单位传送相关数据进行备案,常见证明如下:

(1)进口付汇证明。对需要在银行或国家外汇管理部门办理进口付汇核销的进口货物,报关员应向海关申请签发进口货物报关单付汇证明联。

(2)出口收汇证明。对需要在银行或国家外汇管理部门办理出口付汇核销的进口货物,报关员应向海关申请签发出口货物报关单付汇证明联。

(3)出口收汇核销单。是指由国家外汇管理局及其分局制发的,出口单位凭以向海关出口报送,向外汇指定银行办理出口收汇,向外汇局办理出口收汇核销,向税务机关办理退税申报的有统一编号及使用期限的凭证。在海关放行货物后,海关工作人员在"出口收汇核销单"上签字并加盖海关单证章。出口货物收发货人凭出口货物报关单收汇证明联和"出口收汇核销单"办理出口收汇核销手续。

(4)出口退税证明。对需要在国家税务机构办理出口退税的出口货物,报关员应向海关申请签发出口货物报关单退税证明联。

(5)进口货物证明。对进口汽车、摩托车等,报关员向海关申请签发"进口货物证明书",进口货物收货人凭此向国家交通管理部门办理汽车、摩托车的牌照申领手续。

所有经海关批准保税的货物,即区域保税货物、仓储保税货物和加工贸易经海关批准予以保税的货物,在进出境时都必须和一般进出口货物一样进入进出境报关阶段。与一般进出口货物报关阶段不同的是,保税货物暂缓纳税没有纳税环节。

4)报核申请结案

报核申请结案阶段的具体环节是:企业报核→海关受理→实施核销→结关销案。

思考练习

一、简 答 题

1. 海关在实行查验时若发生损坏,哪些情况下海关不需要进行赔偿?
2. 简述在何种情况下,电子申报可以进行修改和撤销。
3. 简述电子口岸的作用。
4. 简述一般进出口货物通关制度的特点。

二、案 例 分 析

1. 某企业向当地海关申报进口一批烤面包机,货物已运抵海关监管区内的仓库,海关根据情报,在没有通知该公司的情况下,由仓库人员陪同对这批货物进行了查验,发现该批货物是高档影像器材。该企业以海关查验时报关员不在场为由,拒绝承认查验结果。

问题:

(1)该批货物应该如何报关才合法?

(2)海关的做法合理吗?为什么?

2. 2006 年 4 月 11 日,A 公司委托 B 报关公司向海关以一般贸易方式申报进口一批仪器设备,价值人民币 80 万元。某海关在审单过程中认为该公司进口货物申报税号可能有误,遂决定布控,要求对货物进行彻底查验。A 公司称因公司急需该批设备,向海关申请允许其将货物提回工厂后由海关在工厂内进行查验。海关经审核同意了该公司的申请。2006 年 4 月 13 日,该海关两名关员在 B 报关公司报关员吴某的陪同下到 A 公司厂房内对货物实施查验,要求 A 公司逐件打开货物外包装,根据布控详细比对申报项目与实际货物情况。A 公司法定代表人李某不理解海关关员的逐件验货方式,数次试图阻止关员查验货物,经人劝说后离开查验现场。后在查验过程中,由于 A 公司工人卸货时操作不当,致使一个木箱内的仪器损坏。李某闻讯赶到现场,唆使工人将放置货物的集装箱箱门关闭并上锁,阻挠海关关员对其余货物进行查验。

问题:

(1)某海关对 A 公司的货物进行彻底查验是否合理?为什么?

(2)A 公司可否就货物的损坏请求海关赔偿?为什么?

任务七　保税加工货物报关

内容简介

保税加工货物是通常所说的加工贸易保税货物,是指经海关批准未办理纳税手续进境,在境内加工、装配后复运出境的货物。保税加工货物的通关一般包括7个步骤,分别是合同审批,备案申请,申报,查验,征税,放行和报核申请结案。

教学目标

1. 知识目标
(1)了解保税加工货物的含义、特征;
(2)掌握保税加工货物的通关流程;
(3)掌握保税加工货物的报关手续。
2. 技能目标
(1)纸质手册管理下的保税加工货物及其报关程序;
(2)电子账册管理下的保税加工货物及其报关程序;
(3)电子化手册管理下的保税加工货物及其报关程序;
(4)出口加工区及其货物的报关程序。

案例导入

大连某纺织品公司从泰国某公司进口一种天然蚕丝,进行丝织品进料加工,丝织品加工后返销泰国。请问这批纺织品在进口我国时应以什么货物进行申报?

引导思路

(1)大连某纺织品公司进口的这批蚕丝属于什么商品?
(2)该批进口蚕丝应如何向海关报关?

项目一　保税加工货物

教学要点

1. 了解保税加工货物的概念和特点;
2. 熟练掌握保税加工货物的分类及海关的监管模式。

教学方法

可采用讲授、情境教学、案例教学和分组讨论等方法。

一、保税加工货物

1. 情境设置

根据对保税加工货物的了解,试分析哪些进出口货物属于保税加工货物,并说明原因,同时指出这些保税加工货物的特征及范围。

2. 技能训练目标

能够根据调查和训练掌握保税加工货物的含义和分类。

3. 相关理论知识

1）概念

保税加工货物又称加工贸易保税货物,是指经海关批准,未办理纳税手续进境,在境内加工、装配后复运出境的货物。

2）形式

保税加工货物的形式主要有来料加工、进料加工两种。

（1）来料加工：境外企业提供料件,加工经营企业无需付汇进口,按要求完工后,只收取加工费,制成品由外商负责销售。

（2）进料加工：加工经营企业用外汇购买料件进口,制成成品后外销出口。

相同之处："两头在外"（表 7-1）。

来料加工和进料加工的不同之处：是否付汇购买料件；货物所有权；成品的销售（表 7-1）。

来料加工和进料加工的比较　　　　　　　　　　表 7-1

项　目	原　料	货物的所有权	成品的出向
来料加工	由境外厂商提供,不需要通过外汇购买	在加工过程中均未发生所有权的转移,原料运进和成品运出属于同一笔交易,原料供应者即是成品接受者	返给境外厂商（原料提供者）；在来料加工中,我方不承担销售风险,不负盈亏,只收取工缴费
进料加工	由我方自己花外汇从国外购买原料	原料进口和成品出口是两笔不同的交易,均发生了所有权的转移,原料供应者和成品购买者之间也没有必然的联系	进料加工中,我方是赚取；从原料到成品的附加价值,要自筹资金、自寻销路、自担风险、自负盈亏

3）特征

（1）料件进口暂缓纳税,成品出口除另有规定外无需缴纳关税。

（2）料件进口除国家另有规定外免于交验进口许可证件,成品出口时凡属于许可证件管理的,必须交验出口许可证件。

（3）进出境海关现场放行并未结关。

4）范围

（1）料件。

（2）成品、半成品。

(3)副产品、残次品、边角料和剩余料件。

4. 技能训练准备

(1)学生每5人自由结成一个小组,每个小组选一名组长。

(2)教师指导点评。

(3)学生自己安排时间调查,书写调查报告,教师统一点评。

5. 技能训练步骤

(1)5人一组共同进行调查,撰写调查报告,报告署名按照贡献大小排列。

(2)调查报告的课堂表述分小组进行,每小组派代表陈述。

6. 技能训练注意事项

(1)一丝不苟,认真撰写调查报告。

(2)调研内容要有依据、准确、有针对性。

二、海关对保税加工货物的监管

1. 情境设置

通过海关对保税加工货物监管的调研,试指出海关对保税加工货物的监管模式和监管特点。

2. 技能训练目标

能够根据模拟训练掌握海关对保税加工货物的监管流程。

3. 相关理论知识

1)物理围网监管模式

经国家批准,在境内或过境线上划出一块地方,实现物理围网,在围网内专门从事保税加工,由海关进行封闭式监管。如:出口加工区、跨境工业园。

2)非物理围网监管模式

保税仓库、出口监管仓库。

如图7-1所示。

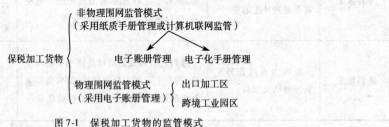

图7-1 保税加工货物的监管模式

3)海关对于保税货物监管的基本特点

(1)商务审批。

经过商务主管部门审批才能进入向海关备案的程序:

①审批加工贸易合同(纸质手册、电子化手册)。经审批后,凭"加工贸易业务批准证书"、"加工贸易经营企业经营状况和生产能力证明"、合同到海关办理备案。

②审批加工贸易经营范围(电子账册、电子化手册)。凭"经营范围批准证书"、和"加工贸易经营企业经营状况和生产能力证明"到海关申请联网监管并建立电子账册、电子化

手册。

(2)备案保税。

凡准予备案的加工贸易料件进口时可以暂不办理纳税手续。海关批准货物保税的原则:

①合法经营。货物合法、企业合法、证件合法。

②复运出境。所有保税货物经加工、装配后应该复运出境,且进出基本平衡。

③可以监管。对加工环节、进出境环节海关都可以监管。

(3)纳税暂缓。

保税货物未办理纳税手续进境,属于暂时免纳税费,而不是免税,待货物最终流向确定后,海关再决定征税或免税。引出的两个问题:

①保税加工货物经批准不复运出境,在征收进口关税和进口环节代征税时要征收缓税利息(边角料和特殊监管区域的保税加工货物除外)。

②料件进境时未办理纳税手续,适用海关事务担保,手续按加工贸易银行保证金台账制度执行。

台账制度的核心内容是对不同地区的加工贸易企业(AA、A、B、C、D)和加工贸易涉及的进出口商品(禁止、限制、允许类)实行分类管理。对部分企业进口的部分料件征收保证金。

(4)监管延伸(监管的时间、地点都延伸)。

①监管地点:运离进境口岸海关场所后,进行加工、装配的地点均是海关监管的地点。

②监管时间:进境起提取货物后至完成仓储、加工、装配复运出境或办结海关手续之日止。

(5)核销结关。

保税加工货物(出口加工区除外)要经过海关的核销后才能"结关"(表7-2)。

保税货物的保税、核销期限 表7-2

期限种类		准予保税的期限	申请核销的期限
非物理围网的监管模式	纸质手册管理	原则上不超过1年,可延长的最长期限原则上也是1年	手册到期之日起或最后一批成品出运后30日内报核
	电子账册管理	从企业电子账册记录第一批料件进口之日起,到该电子账册被撤销止	以6个月为一个报核周期,满6个月后的30天内报核
物理围网的监管模式	出口加工区保税加工货物(电子账册管理)	从料件进区,到成品出去办结海关手续止	每6个月向海关申报一次进出境、进出区的实际情况

4. 技能训练准备

(1)学生每5人自由结成一个小组,每个小组选一名组长。

(2)教师指导点评。

(3)学生自己安排时间调查,书写调查报告,教师统一点评。

5. 技能训练步骤

(1)5人一组共同进行调查,撰写调查报告,报告署名按照贡献大小排列。

(2)调查报告的课堂表述分小组进行,每小组派代表陈述。

6. 技能训练注意事项

(1)一丝不苟,认真撰写调查报告。

(2)调研内容的确定要有依据、准确和有针对性。

项目二　纸质手册管理下的保税加工货物及其报关程序

教学要点

1. 了解保税加工货物的纸质手册管理方式;
2. 熟练掌握纸质手册管理下的保税加工货物的报关程序。

教学方法

可采用讲授、情境教学、案例教学和分组讨论等方法。

1. 情境设置

通过对自己身边的保税加工货物的纸质手册报关的调查,模拟一单保税加工货物的纸质手册申报和通关,并指出每一流程需要办的手续和注意事项。

2. 技能训练目标

能够根据调查和模拟训练掌握保税加工货物的纸质手册管理流程及其报关程序。

3. 相关理论知识

纸质手册管理模式到目前为止还是常规监管模式,这种监管模式的主要特征是以合同为单元进行监管。这种监管模式适用于来料加工、进料加工、外商投资企业履行产品出口合同、保税工厂等形式下进出口的保税加工货物。其基本程序是合同备案、进出口报关、合同报核。

纸质手册管理模式的主要特征是以合同为单元进行监管。

基本程序:合同备案→进出口报关→合同报核。

1)合同备案

(1)合同备案的含义。

合同备案是指加工贸易企业持经批准的加工贸易合同,到主管海关备案,申请保税并领取加工贸易登记手册或其他准予备案凭证的行为。

(2)合同备案企业含经营企业和加工企业。

由经营企业到加工企业所在地主管海关办理加工贸易合同备案手续。

(3)合同备案步骤。

①审批合同(商务主管部门审批)。

领取"加工贸易业务批准证"、"加工贸易企业经营状况和生产能力证明"。

②需要领取许可证件的,领取许可证。

③将合同相关的内容预录入与主管海关联网的计算机。

④海关审核确定是否准予备案。准予备案的,由海关确定是否需要开设台账。

⑤不需要开设台账的,直接向海关领取"加工贸易登记手册"或其他凭证;需要开设台账的,应向银行办理台账保证金专用账户设立手续。已设立台账保证金专用账户的企业,凭"海关注册登记证明"向银行进行一次性备案登记。

需要注意的是,银行目前与海关采用台账电子化联网管理模式。企业在预录入端收到回执后,直接凭银行签发的电子"银行保证金台账登记通知单"向海关办理加工贸易备案手续,无需往返于海关与银行之间传递单证,有关单证的电子数据均实现网上传输。

(4)合同备案内容。

①备案单证(6类)。

a.商务主管部门签发的"加工贸易业务批准证"、"加工贸易企业经营状况和生产能力证明";

b.加工贸易合同或合同副本;

c.加工合同备案申请表及企业加工合同备案呈报表;

d.需提供许可证的,交验许可证;

e.为确定单耗和损耗所需的有关资料;

f.其他备案所需要的单证。

②备案商品。

a.加工贸易禁止类商品不准备案;

b.备案时需要提供进出口许可证或两用物项进出口许可证的商品(消耗臭氧层物质、易制毒化学品、监控化学品);

c.备案时需要提供其他许可证件或批准文件的商品(如进出口音像制品、进口工业再生废料等)。

③保税额度。

a.在加工贸易合同项下海关准予备案的料件,全额保税。

b.不予备案的料件及试车材料、非列名消耗性物料等不予保税。

④台账制度。

按加工贸易银行保证金台账分类管理的原则,不转、空转、半实转、实转。

注意特殊情况:为了简化手续,进口料件金额在1万美元及以下的,AA类、A类、B类企业可以不设台账,即"不转"。

AA类、A类、B类企业进口金额在5000美元及以下的列名的78种客供服装辅料,不仅可以不设台账,即"不转",还可以免领登记手册,但要向海关备案。

加工贸易纸质手册银行保证金台账分类管理表见表7-3。

加工贸易纸质手册银行保证金台账分类管理表　　　　表7-3

分类	禁止类	限制类		允许类		1万美元及以下零星料件	5000美元及以下78种客供辅料
		东部	中西部	东部	中西部		
AA类	不准开展加工贸易	空转		不转		不转	不转/免册
A类				空转			
B类		半实转		空转			
C类		实转					
D类		不准开展加工贸易					

(5)合同备案的凭证。

海关受理合同备案后,企业应当申领有海关签章的《加工贸易登记手册》或其他准予备案的凭证。

①加工贸易登记手册。

a.《加工贸易登记手册》:海关为了便于管理加工贸易货物而向从事加工贸易的企业核发的登记册,企业凭此登记册办理进出口货物的备案、报关、报核等程序。

b. 加工贸易登记手册的分册：便于企业使用而核发的另一本手册。

注意：分册可以单独使用，但是必须与手册同时报核。

②其他准予备案的凭证。

对为生产出口而进口的属于国家规定的78种列名服装辅料金额不超过5000美元的合同，AA类、A类、B类管理企业"免册"，直接凭出口合同备案准予保税，经海关签章编号后，进入进口报关阶段（即"不转/免册"）。

(6) 合同备案的变更。

①变更合同需报原商务审批部门批准。

②贸易性质不变、商品品种不变、合同变更金额小于1万美元（含1万美元）和延期不超过3个月的合同，直接到海关和银行办理变更手续，不需经商务部门审批。

③原1万美元以下的合同，变更后进口金额超过1万美元，AA类、A类、B类管理的企业，需重新开始台账的，应重新开设台账；东部地区企业的合同金额变更后，进口料件如涉及限制类商品的，加收相应的保证金。

④企业管理类别调整，合同从空转变为实转的，应对原备案合同交付台账保证金；经海关批准，可以只对原合同未履行出口部分收取保证金。

⑤企业类别调整为D类的企业，已备案合同经海关批准，交付保证金后继续执行，但是不得再变更和延期。

⑥对允许类商品改为限制类商品的加工合同，已备案的合同不再交付保证金；原允许类和限制类商品改为禁止类商品的，已经备案的合同按照国家即时发布的规定办理。

(7) 与合同备案相关的事项（涉及4个方面的内容）。

①异地加工贸易合同备案。

a. 异地加工贸易也叫跨关区异地加工贸易，是指一个直属海关的关区内加工贸易经营企业，将进口料件委托另一个直属海关的关区内加工生产企业加工，生产成成品后回收出口的加工贸易。

b. 办理合同备案的企业：经营企业。

c. 合同备案要求。

a) 需要开设银行台账的，应在加工企业所在地指定银行开设台账。

b) 由加工贸易经营企业向加工企业所在地主管海关办理合同备案手续。

c) 海关对开展异地加工贸易的经营企业和加工企业实行分类管理，如果两个企业的管理类别不一样，则按照其中较低的类别管理。

d) 异地加工贸易合同备案的步骤（由经营企业办理合同备案）：

第一步：领取关封。

经营企业凭所在地商务部门核发的"加工贸易业务批准证"和加工企业所在地县级以上商务主管部门出具的"加工贸易加工企业经营状况和生产能力的证明"；填制异地加工申请表，向经营企业所在地主管海关提出异地加工申请，海关核准后，领取所在地海关的关封。

第二步：办理合同备案手续。

经营企业持"关封"和"合同备案"的有关单证，到加工企业所在地海关办理合同备案手续。

②加工贸易单耗申报。

单耗是指加工贸易企业在正常加工条件下加工单位成品所耗用的料件量。单耗包括净耗和工艺损耗。

净耗是指在加工后,料件通过物理变化或者化学反应存在或者转化到单位成品中的量。

工艺损耗(包括有形损耗、无形损耗)是指因加工工艺原因,料件在正常加工过程中除净耗外所必须耗用、不能存在或者转化到成品中的量。

工艺损耗率是指工艺损耗占所耗用料件的百分比。

公式:单耗=净耗/(1-工艺损耗率)。

③加工贸易外发加工申请。

a. 概念。

加工贸易外发加工是指经营企业因受自身生产特点和条件限制,经海关批准并办理有关手续,委托承揽企业对加工贸易货物进行加工,在规定期限内将加工后的产品运回本企业并最终复出口的行为。

外发加工的成品、剩余料件及生产过程中产生的边角料、残次品、副产品等加工贸易货物,经经营企业所在地主管海关批准,可以不运回本企业。

b. 要求:需申请,并经海关批准。

c. 申请开展外发加工业务,应当提交下列单证:

a) 经营企业签章的《加工贸易货物外发加工申请审批表》;

b) 经营企业和承揽企业签订的加工合同或协议;

c) 承揽企业的营业执照;

d) 经营企业签章的承揽企业生产能力证明;

e) 海关需要收取的其他单证。

经营企业如实填写"加工贸易货物外发加工申请表"及"加工贸易外发加工货物外发清单",经海关审核批准后,方可进行外发加工。

④加工贸易串料申请。

因生产需要,将一个出口合同内的料件用于生产另外一个出口合同的产品。需向海关提交书面申请,并符合下列条件:

a. 保税料件之间、保税料件和征税进口料件之间的串换须符合同品种、同规格、同数量的条件。

b. 保税料件和国产料件之间的串换,必须符合同品种、同规格、同数量、关税税率为零的条件,且商品不涉及许可证管理。

经海关批准,经营企业因保税料件和非保税料件之间发生串换,串换下来同等数量的保税料件,由企业自行处置。

2) 进出口的报关

(1) 保税加工货物进出境报关。

进出境报关程序:申报→配合查验→保税→提取或装运货物。保税加工货物进境报关程序的第三个环节是暂缓纳税,即保税。

①关于进口许可证管理。

a. 进口料件,免交许可证件。易制毒化学品、监控化学品、消耗臭氧层物质、原油、成品油除外。

b. 出口成品,属于国家规定应交验许可证件的,出口报关时必须交验许可证件。

②关于进出口税收征管。

a. 准予保税加工贸易进口料件,进口时暂缓纳税。

b. 生产成品出口时,全部使用进口料件生产,不征收关税。

c. 加工贸易项下应税商品,如果部分使用进口料件,部分使用国产料件加工的产品,则按海关核定的比例征收关税。

d. 加工贸易出口未锻铝按一般贸易出口货物从价计征出口关税。

(2) 加工贸易保税货物深加工结转报关。

加工贸易保税货物深加工结转是指加工贸易企业将保税料件加工的产品转至另一个加工贸易企业进一步加工后复出口的经营活动。

跨关区异地加工、加工贸易外发加工、加工贸易保税货物深加工结转的区别：

①跨关区异地加工材料直接运到关区以外的其他企业进行加工。

②加工贸易外发加工,是将加工的个别工序,委托别的企业进行加工。

③加工贸易保税货物深加工结转,是将料件在自己的关区内已经完成了加工,然后,转到另外一个关区进行进一步的加工。

加工贸易保税货物深加工结转的程序要经过三个环节:计划备案(计划申报)—收发货登记—结转报关(办理报关手续)。

①计划备案(计划申报)。

转出企业、转入企业向各自的主管海关提交加工贸易保税货物深加工结转申请表,申报结转计划。

a. 转出企业填写申报表(一式四联)、签章,向转出地海关备案;

b. 转出地海关备案后,留存一联,其余三联退转出企业,交转入企业;

c. 转入企业在转出企业备案后20日内,持申请表的其余三联,填写本企业相关内容后签章,向转入地海关备案;

d. 转入地海关审核后,将申请表第二联留存,第三联和第四联交转入、转出企业凭以办理结转收发货登记及报关手续。

在计划备案阶段:先是转出企业办理转出备案,后是转入企业办理转入备案。

②收发货登记。

转出、转入企业在海关备案申请保税货物深加工结转后,应该按照海关核准的计划进行实际发货,并在实际结转情况登记表上如实登记,并加盖企业结转专用章。

③结转报关。

转出、转入企业实际收发货后,应当按照规定办理结转报关手续。

a. 转出、转入企业应当分别在转出地、转入地海关办理结转报关手续;转出、转入企业可以凭一份《申请表》分批或者集中办理报关手续;转出(入)企业每批实际发(收)货后,应当在90日内办结该批货物的报关手续。

b. 转入企业凭《申请表》、《登记表》等单证向转入地海关办理结转进口报关手续,并在结转进口报关后的第二个工作日内将报关情况通知转出企业。

c. 转出企业自接到转入企业通知之日起10日内,凭《申请表》、《登记表》等单证向转出地海关办理结转出口报关手续。

d. 结转进口、出口报关的申报价格为结转货物的实际成交价格。

e. 一份结转进口报关单对应一份结转出口报关单,两份报关单之间对应的申报序号、商品编号、数量、价格和手册号应当一致。

f. 结转货物分批报关的,企业应当同时提供《申请表》和《登记表》的原件及复印件。

深加工结转的注意事项：

深加工结转的程序是：先计划申报；再办理收发货登记；最后办理报关手续。在计划申报中，先转出企业办理，后转入企业办理；在办理报关手续中，先转入企业办理，后转出企业办理。纸质手册深加工结转在计划备案阶段和结转报关阶段都是向各自海关办理。

(3) 其他保税加工货物的报关。

加工贸易其他保税货物即生产过程中产生的剩余料件、边角料、残次品、副产品、受灾保税货物和经批准不再出口的成品、半成品、料件等。

剩余料件：生产过程中剩余的可以继续用于加工制成品的加工贸易进口料件。

边角料：加工过程中，在海关核准的单耗内产生的无法再用于该合同项下的数量合理的废料、碎料、下脚料等。

残次品：加工过程中产生的有严重缺陷或者不能达到出口要求的产品(成品、半成品)。

副产品：与加工出口合同规定的制成品同时产生的且出口合同未规定应当复出口的一个或一个以上的其他产品。

受灾保税货物：加工过程中因不可抗力原因或海关认可的正当理由造成的损毁、灭失或短少，使得产品无法复出口的保税进口料件或加工产品。

要求：在登记手册有效期内处理完毕。

处理方式：内销、结转、退运、放弃、销毁。

注意：五种处理方式中除了销毁外，其余都要填制报关单报关。

①内销报关。

加工贸易保税货物因故需转内销的，应经商务主管部门审批。

经批准转内销的加工贸易保税货物属许可证管理的，补交许可证件。

申请内销的剩余料件，如果金额占该加工贸易合同项下实际进口料件总额3%及以下且总值在人民币1万元以下(含1万元)的，免予审批，免交许可证。

内销征税，应遵循如下规定：

a. 关于征税的数量：

a) 剩余料件和边角料内销：直接按申报数量计征进口税。

b) 制成品和残次品：根据单耗关系折算出料件耗用数量计征税款。

c) 副产品：按报验状态计征进口税。

b. 关于征税的完税价格：

a) 进料加工：(进口料件、制成品、残次品)内销时以料件的原进口成交价格为基础确定完税价格。

b) 来料加工：(料件、制成品、残次品)内销时，以接受内销申报的同时或大约同时进口的与料件相同或者类似的货物的进口成交价格为基础确定完税价格。

c) 加工企业内销加工过程中产生的副产品或者边角料，以内销价格作为完税价格。

c. 关于征税的税率：

适用海关接受申报办理纳税手续之日实施的税率。

d. 关于征税的缓税利息：

除边角料外，均应缴纳缓税利息。

②结转报关。

剩余料件可以结转到另一个加工贸易合同生产出口，但必须在同一经营单位、同一加工厂、同样的进口料件和同一加工贸易方式的情况下结转。

要求:向海关提出申请,并提交有关的书面材料、清单。经海关批准可以办理结转手续,未经海关批准的,则根据规定将剩余料件作退运、征税内销、放弃或销毁处理。须提供的单证如下:

a. 企业申请剩余料件结转的书面材料;

b. 企业拟结转的剩余料件清单;

c. 海关按规定需收取的其他单证和材料。

③退运报关:加工贸易企业因故将剩余料件、边角料、残次品、副产品等退运出境的,持登记手册等向口岸海关报关,办理出口手续,留存有关报关单备查。

④放弃报关:向海关提出书面申请,经批准并开具放弃加工贸易货物交接单,企业凭交接单将货物运到海关指定仓库,并办理货物报关手续。未得到海关批准的,该货物则只能按退运、征税内销、销毁处理。

有下列情形的,海关将作出不予放弃的决定:

a. 申请放弃的货物属于国家禁止或限制进口的废物的;

b. 申请放弃的货物属于对环境造成污染的;

c. 法律、行政法规、规章规定不予放弃的其他情形。

⑤销毁:对于不能办理结转或不能放弃的货物,所属货物企业可以申请销毁,海关经核实同意销毁,由企业按规定销毁,必要时海关可以派员监督销毁。企业收取海关出具的销毁证明材料,准备报核。

⑥受灾货物的报关:加工贸易企业在受灾后7日内向主管海关书面报告,并提供有关材料,海关可派员核查取证。

不可抗力受灾保税加工货物灭失或失去使用价值,可由海关审定,免税。

因需销毁的受灾货物,同其他保税货物销毁处理一样。

可再利用的,按照海关审定的保税货物价格,按照对应的税率交纳进口税和缓税利息。

对因非不可抗力因素造成的受灾保税加工货物,海关按照原进口货物成交价格审定完税价格,照章征税。

因不可抗力造成的受灾保税货物处理时,属于许可证管理的,免交许可证。反之,应当交验进口许可证。

3)合同报核

(1)合同报核:是加工贸易企业在加工合同履行完毕或终止后,按照规定处理完剩余货物,在规定的时间内,按照规定的程序向该企业主管海关申请核销、要求结案的行为。

(2)报核的时间:经营企业应在规定的时间内完成合同,并自加工贸易手册项下最后一批成品出口或者加工贸易手册到期之日起30日内向海关申请报核。

因故提前终止的合同,自合同终止之日起30日内向海关报核。

(3)报核凭证:

①企业合同核销申请表;

②加工贸易登记手册;

③进出口报关单;

④核销核算表;

⑤其他海关需要的材料。

（4）报核步骤：
①及时将登记手册和报关单进行收集、整理、核对；
②计算单耗：根据有关账册记录、生产工艺资料等计算出合同的实际单耗，并填写核销核算表；
③填核销预录入申请单，办理预录入手续；
④携带报核单证到主管海关报核，填写报核签收"回联单"。

（5）特殊情况报核。
①遗失登记手册合同的报核：要做的事情就是及时向主管海关报告。主管海关及时移交缉私部门按规定进行处理。缉私部门处理后，企业应该持以下单证向主管海关报核：
   a. 遗失的书面报告；
   b. 申请核销的书面材料；
   c. 加工贸易货物进出口报关单；
   d. 缉私部门出具的《行政处罚决定书》；
   e. 海关规定需要收取的其他单证和材料。
②遗失报关单情况：可以以报关单复印件向原报关地海关申请加盖海关印章后报核。
③不申请登记手册的辅料：企业直接持进出口报关单、合同、核销核算表报核。
④撤销合同：凭审批件和手册报核。
⑤有违规行为的加工贸易合同的核销：凭海关的相关证明材料办理核销手续。

（6）海关受理报核和核销。
①海关审核报核企业申请，不符合规定的，重新报核；符合规定的，受理。
②核销时限：受理之日起20个工作日内完成，经批准可延长10个工作日。
③经过核销情况正常的：
   a. 未开设台账的：海关应当签发"核销结案通知书"；
   b. 开设台账的：海关应当签发"银行保证金台账核销联系单"，到银行核销台账，并领取"银行保证金台账核销通知单"，凭以向海关领取核销结案通知书。

项目三　电子账册管理下的保税加工货物及其报关程序

教学要点

1. 了解保税加工货物的电子账册管理方式；
2. 熟练掌握电子账册管理下的保税加工货物的报关程序。

教学方法

可采用讲授、情境教学、案例教学和分组讨论等方法。

一、情 境 设 置

根据对保税加工货物的电子账册报关流程的调查，模拟对一宗保税加工货物的电子账册申报的流程，并指出每一流程需要办的手续和注意事项。

二、技能训练目标

能够根据调查和模拟训练掌握保税加工货物的电子账册管理流程及其报关程序。

三、相关理论知识

1. 电子账册管理简介

1）含义

海关对加工贸易企业实施联网监管是指加工贸易企业通过数据交换平台或者其他计算机网络方式向海关报送能满足海关监管需要的物流、生产经营等数据，海关对数据进行核对、核算，并结合实物进行核查的一种海关保税加工监管方式。

电子账册管理是以"企业整体加工贸易业务"为单元实施对保税加工货物的监管；只设立一个电子账册。电子化手册管理是以企业的"单个加工合同"为单元实施对保税加工货物的监管。

2）特点

电子账册模式联网监管的基本管理原则是"一次审批、分段备案、滚动核销、控制周转、联网核查"。其具有以下特点：

（1）对经营资格、经营范围、加工生产能力一次性审批。不再对加工贸易合同进行逐票审批。

（2）采取分段备案，先备案进口料件，在生产成品出口前再备案成品以及申报实际的单耗情况。

（3）建立以企业为单元的电子账册，实行滚动核销制度。取代以合同为单元的纸质手册。

（4）对进出口保税货物的总价值（或数量）按照企业生产能力进行周转量控制，取消对进出口保税货物备案数量控制。

（5）企业通过计算机网络向商务部门和海关申请办理审批、备案及变更等手续。

（6）同样实行银行保证金台账制度。

（7）纳入电子账册的加工贸易货物全额保税。

（8）凭电子身份认证卡实现全国口岸的通关。

3）电子账册的建立

（1）第一个步骤：联网监管的申请和审批。

①企业在向海关申请联网监管前，应当先向企业所在地商务主管部门办理前置审批手续，由商务主管部门对加工贸易经营范围依法进行审批。

②经商务主管部门审批同意后，加工贸易企业向所在地直属海关提出书面申请，经审核符合联网监管条件的，主管海关制发"海关实施加工贸易联网监管通知书"。

（2）第二个步骤：加工贸易业务的申请和审批。

向商务主管部门提出，商务主管部门总审定联网企业的加工贸易资格、业务范围和加工生产能力，对符合条件的，商务主管部门签发"联网监管企业加工贸易业务批准证"。

（3）第三个步骤：建立商品归并关系和电子账册。

①向所在地主管海关申请建立电子账册，取代纸质手册。

②电子账册包括："经营范围电子账册"（IT 账册）和"便捷通关电子账册"（E 账册）。"经营范围电子账册"不能直接报关，主要是用来检查控制"便捷通关电子账册"进出口商品的范围。"便捷通关电子账册"用于加工贸易货物的备案、通关和核销。

③电子账册是在商品归并关系确立的基础上建立起来的，没有商品归并关系就不能建立电子账册。

商品归并关系是指海关与联网企业根据监管的需要按照中文品名、HS 编码、价格、贸易管制等条件，将联网企业内部管理的"料号级"商品与电子账册备案的"项号级"商品归并或拆分，建立一对多或多对一的对应关系。

应该同时满足以下条件，才可以归入同一个联网监管商品项号：

a. 10 位 HS 编码相同的；

b. 商品名称相同的；

c. 申报计量单位相同的；

d. 规格型号虽不同，但单价相差不大的。

例如表 7-4 所示的显示器存在归并关系。

显示器存在的归并关系 表 7-4

序号	归并前							
	料号	10 位数商品编码	商品名称	规格	价格（美元）	计量单位		数量
						法定	企业使用	
1	A001	8471.5020.00	显示器	15 英寸	8.18	个	台	100
2	A002	8471.5020.00	显示器	17 英寸	8.19	个	台	200
3	A003	8471.5020.00	显示器	19 英寸	8.20	个	台	300
4	B001	…	…	…	…	…	…	…

2. 报关程序

1）备案

（1）"经营范围电子账册"备案内容：

①经营单位名称和代码；

②加工单位名称和代码；

③批准证件编号；

④加工生产能力；

⑤加工贸易进口料件和成品范围（商品编码前 4 位）。

（2）"便捷通关电子账册"备案内容：

①企业基本情况表；

②料件、成品部分；

③单耗关系，包括成品版本号，对应料件的净耗、耗损率等。

（3）备案变更。

①"经营范围电子账册"变更。

企业的经营范围、加工能力发生变更时,经商务主管部门批准后,通过网络向海关办理申请变更,海关予以审核通过,并收取商务主管部门出具的"联网监管企业加工贸易业务批准证变更证明"。

②"便捷通关电子账册"变更。

"便捷通关电子账册"的最大周转金额、核销期限等需要变更时,企业应向海关提交申请,海关批准后直接变更。基本情况表内容发生改变,只要未超出经营范围和加工能力,不必报商务主管部门审批,可以通过网络直接向海关申请变更。

2) 货物报关

(1) 进出境报关。

①报关清单的生成。企业系统导出料号及数据生成归并前的报关清单,通过网络发送到电子口岸。

②报关单的生成。使用企业内部计算机,采用计算机原始数据形成报关清单,报送中国电子口岸,电子口岸将企业报送的报关清单根据归并原则进行归并,并拆分成报关单后发送回企业,由企业填报完整的报关单内容,通过网络向海关正式申报。

③报关单的修改、撤销。不涉及报关清单的报关单内容可直接进行修改,涉及报关清单的报关单内容必须先修改报关清单,再重新进行归并。

报关单经海关审核通过后,一律不得修改,必须进行撤销重报,带报关清单的报关单撤销后,报关清单一并撤销,不得重复使用。

报关单放行前修改,内容不涉及报关单表体内容的,企业经海关同意可直接修改报关单。涉及报关单表体内容的,企业必须撤销报关单重新申报。

④填制报关单的要求:

a. 申报数据与备案数据应当一致。

b. 企业按照实际进出口的货号(料件号和成品号)填报报关单,并按照加工贸易货物的实际性质填报监管方式。

c. 进口货物报关单的总金额不得超过电子账册最大周转金额的剩余值,如果电子账册对某项下料件的数量进行限制,那么报关单上该项商品的申报数量不得超过其最大周转量的剩余值。

⑤申报方式选择。

联网企业可根据需要和海关规定分别选择有纸报关或无纸报关方式申报。

(2) 深加工结转报关(参照纸质手册的内容)。

(3) 其他保税加工货物的报关(参照纸质手册的内容)。

①经主管海关批准,企业可按月度集中办理内销征税手续。

②按月度集中办理内销征税手续的联网企业,在每个核销周期结束前,必须办结本期所有的内销征税手续。

③联网企业以内销、结转、退运、放弃、销毁等方式处理的报关手续,参照纸质手册管理。后续缴纳税款时,缓税利息计息日为电子账册上期核销之日的(未核销过的为"便捷通关电子账册"记录首次进口料件之日)次日至海关开具税款缴纳证之日。

3) 报核和核销

对电子账册实行滚动核销的方式,180 天为一个报核周期,180 天后的 30 天内报核,特殊情况可以延期,但延长期限不得超过 60 天。

（1）企业报核。

①预报核。企业在向海关正式申请核销前，在电子账册本次核销周期到期之日起 30 天内，将本核销期限内所有的电子账册进出口报关数据按海关要求的内容以电子报文形式向海关申请报核。

②正式报核。指企业预报通过海关审核后，以预报核海关核准的报关数据为基础，填报本期保税进口料件应当留存数量、实际留存数量等内容，以电子报文形式向海关正式申请报核。

（2）海关核销。海关对书面数据进行核算，确定是否平衡。另外还会根据实际情况盘库。

①报核数据与海关底账数据及盘点数据相符的，海关通过正式审核。海关将本期的结余数作为下一期期初数。

②企业实际库存多于电子底账核算结果的，海关按实际库存量调整电子底账的当期结余数量。

③企业实际库存少于电子底账核算结果且可以提供正当理由的，按内销处理。不能提供正当理由的，对短缺部分，移交缉私部门处理。

项目四　电子化手册管理下的保税加工货物及其报关程序

教学要点

1. 了解保税加工货物的电子化手册的管理方式。
2. 熟练掌握电子化手册管理下的保税加工货物的报关程序。

教学方法

可采用讲授、情境教学、案例教学和分组讨论等方法。

一、情境设置

根据对自己身边的保税加工货物的电子化手册报关的调查，模拟对一宗保税加工货物的电子化手册管理的流程，并指出每一流程需要办的手续和注意事项。

二、技能训练目标

能够根据调查和模拟训练掌握保税加工货物的电子化手册管理流程及其报关程序。

三、相关理论知识

1. 电子化手册管理简介

电子化手册管理是以企业的单个加工贸易合同为单元实施对保税加工货物的监管。

(1)电子化手册管理的特点。
①以合同为单元进行管理。
②企业通过计算机网络向商务主管部门和海关申请办理合同审批和合同备案、变更等手续。
③纳入加工贸易银行保证金台账制度管理。
④纳入电子化手册的加工贸易货物进口时全额保税。
⑤无需调度手册,凭身份认证卡实现全国口岸的报关。
(2)电子化手册建立(经过三个步骤)。
①联网监管申请和审批。
②加工贸易业务的申请和审批。
③建立商品归并关系和电子化手册。
2. 报关程序
(1)备案。
电子化手册的备案分为按合同常规备案和分段式备案两种。
①按合同常规备案:同纸质手册基本一样。
②分段式备案:分为合同备案和通关备案两部分分别备案。
(2)进出口报关。
①进出境报关。
②深加工结转报关。
③其他保税加工货物的报关。
(3)报核和核销。
①报核。
②核销。
③结案。

项目五 出口加工区及其货物的报关程序

教学要点

1. 了解出口加工区货物的管理方式;
2. 熟练掌握出口加工区的保税加工货物的报关程序。

教学方法

可采用讲授、情境教学、案例教学和分组讨论等方法。

一、情境设置

通过对自己身边的出口加工区的保税货物的报关的调查,模拟对一单出口加工区保税加工货物的通关的流程,并指出每一步骤需要办的手续和注意事项。

二、技能训练目标

能够根据调查和模拟训练掌握保税加工货物的电子化手册管理流程及其报关程序。

三、相关理论知识

1. 出口加工区

(1)含义。

出口加工区是指经国务院批准在我国境内设立的,由海关对保税加工进出口货物进行封闭式监管的特定区域。

(2)功能。

出口加工区具有从事保税加工、保税物流及研发、检测、维修等业务的功能。

(3)管理。

①区内不得经营商业零售,不得建立营业性的生活消费设施。

②与海关实行电子计算机联网,进行电子数据交换。

③加工区与境外进出的货物,除国家另有规定外,不实行进出口许可证件管理。因国内技术无法达到产品要求,须将国家禁止出口商品运至出口加工区内进行某项工序加工的,应报商务主管部门审批,海关比照出料加工管理办法进行监管,其运入出口加工区的货物,不予签发出口退税报关单。

④境内区外进入出口加工区视同出口,办理出口手续,可以办理出口退税(进区办出口)。

⑤从境外运入出口加工区的加工贸易货物全额保税,出口加工区区内开展加工贸易业务,不实行"加工贸易银行保证金台账"制度,但适用电子账册管理,实行备案电子账册滚动累扣,核扣,每6个月核销一次。

⑥出口加工区内企业从境外进口的自用的生产、管理所需设备、物资,除交通车辆和生活用品外,予以免税。

2. 报关程序

出口加工区在进出口货物之前,应向出口加工区主管海关申请建立电子账册,包括"加工贸易电子账册(H账册)"和"企业设备电子账册"。

(1)与境外之间进出境货物的报关。

应填写的是"进出境货物备案清单",向出口加工区海关报关。

跨关区进出境的,按"转关运输"中的直转转关方式办理转关。对于同一直属海关的关区内进出境的出口加工区货物,可以按直通式报关。

①境外货物运入出口加工区,采用直转的转关的方式办理转关的步骤。

②出口加工区货物运出境外,采用直通式报关。

(2)出口加工区与境内区外其他地区之间进出货物报关。

①出口加工区货物运往境内区外(出区进入国内市场)。

其步骤见表7-5。

出口加工区货物运往境内区分的步骤　　　　　　　　　表 7-5

报关情形	要 求	具体的要求/步骤
进出境报关	报关填写	进、出境货物备案清单； 与保税区的情况区分开，保税区自用填"进出口货物报关单"； 非自用填"进出境货物备案清单"
	跨关区进出境	直转转关方式办理转关
	同一直属海关关区内进出境	直通式报关
进出区报关（与境内区外其他地区）	加工区运往境内区外货物报关（出区进入国内市场） 步骤： 先区外企业办理进口报关手续； 后区内企业办理出区报关手续	1. 区外企业录入进口报关单，向出口加工区海关办理进口报关； 2. 区内企业填制"出口加工区出境货物备案清单"，向出口加工区海关办理出区报关手续； 3. 向区外企业签发"进口货物报关单"付汇证明联；向区内企业签发"出口加工区出境货物备案清单"收汇证明联
	境内区外运入出口加工区货物报关（入区） 步骤： 先区外企业办理出口报关手续； 后区内企业办理进区报关手续	1. 区外企业录入出口报关单，向出口加工区海关办理出口报关； 2. 区内企业填制"出口加工区进境货物备案清单"，办理进区报关手续； 3. 向区外企业签发"出口货物报关单"收汇证明联和出口退税证明联；向区内企业签发"出口加工区进境货物备案清单"付汇证明联
	出口加工区深加工结转货物报关 概念： 指区内企业按有关规定，将本企业加工生产的产品直接或通过保税仓库企业转入其他出口加工区、保税区等海关特殊监管区域内及区外加工贸易企业进一步加工后复出口的经营活动	1. 对转入其他出口加工区、保税区等海关特殊监管区域的，转入企业凭其所在区管委的批复办理结转手续； 2. 对转入特殊区域外加工贸易企业的，转入企业凭商务主管部门的批复办理结转手续； 3. 对转入特殊监管区域的，转出、转入企业分别在自己的主管海关办理结转手续； 4. 对转入特殊监管区域外加工贸易企业的，转出、转入企业在转出地主管海关办理结转手续

总结：先由区外的企业办理，再由区内企业办理。

其他规定：

a. 出口加工区企业内销加工制成品，以海关接受内销申报的同时或大约同时进口的相同或类似货物进口成交价格为基础审查确定完税价格。

b. 内销的副产品，以内销价格作为完税价格，由区外企业缴纳进口关税和进口环节海关代征税，免于交付缓税利息。属许可证件管理的，出具有效的进口许可证件。

c. 出口加工区内企业产生的边角料、废品、残次品等原则上应复运出境。如出区内销按照对区外其他加工贸易货物内销的相关规定办理。

a) 边角料、废品内销，海关按照报验状态归类后适用的税率和审定的价格计征税款，免予提交许可证件；

b)边角料、废品以处置方式销毁的,或者属于禁止进口的固体废物需出区进行利用或者处置的,区内企业持处置单位的"危险废物经营许可证"复印件以及出口加工区管委会和所在地地(市)级环保部门的批准文件向海关办理有关手续;

c)对无商业价值且不属于禁止进口的固体废物的边角料和废品,需运往区外以处置之外的其他方式销毁的,应凭出口加工区管委会的批件,向主管海关办理出区手续,海关予以免税,并免予核验进口许可证;

d)残次品出区内销,按成品征收进口关税和进口环节海关代征税,属于进口许可证件管理的,企业应当向海关提交相应许可证件;对属于《法检目录》内的出区内销残次品,须经出入境检验检疫机构按照国家技术规范的强制性要求检验合格后,方可内销。

d.出口加工区内企业在需要时,可将有关模具、半成品运往区外进行加工,由区外企业向加工区主管海关缴纳货物应征关税和进口环节增值税等值的保证金或银行保函后,方可处理出区手续。加工产品应按期,一般为6个月,复运回加工区。

e.出口加工区区内企业经主管海关批准,可在境内区外进行产品的测试、检验和展示活动。

f.运往境内区外维修、测试或检验的机器、设备、模具和办公用品等,不得用于境内区外加工生产和使用。应自运出之日起60天内运回加工区。因特殊情况不能如期运回的,区内企业应于期限届满前7天内,向主管海关说明情况,并申请延期。申请延期以1次为限,延长期不得超过30天。

g.运往境内区外维修的机器、设备、模具和办公用品等,运回加工区时,要以海关能辨认其为原物或同一规格的新零件、配件或附件为限,但更换新零件、配件或附件的,原零件、配件或附件应一并运回加工区。

②境内区外货物运入出口加工区的报关。

其他规定:从境内区外运进加工区供区内企业使用的国产机器、设备、原材料、零部件、元器件、包装物料、基础设施,加工企业和行政管理部门生产、办公用房所需合理数量的基建物资等,按照对出口货物的管理规定办理出口报关手续,海关签发出口退税报关单。

③出口加工区深加工结转货物报关。

其步骤见表7-6。

出口加工区深加工结转货物报关步骤 表7-6

纸质手册(×××9××××)	步 骤	出口加工区(×××5××××)转入非特殊监管区域
先转出企业备案,后转入企业备案 (后20日内;向各自海关办)	←—主划备案—→	先转入企业办理备案,后转出企业备案 (30日内;向各自海关办)
转出、转入企业每批实际发货、收货后在90日内办结报关手续	↓ 收发货物登记 ↓	转出、转入企业每批实际发货、收货之日起30日内办结报关手续
先转入企业办理结转进口报关,后转出企业办理结转出口报关 (后10日内;向各自海关办)	结转报关	先转入企业办理(填结转进口报关单),后转出企业办理(填结转出口备案清单) (向出口加工区海关办理结转手续)

思考练习

一、简答题

(1) 什么是保税加工货物?
(2) 保税加工货物的特征有哪些?
(3) 保税加工货物的三种监管方式和报关程序是怎样的?
(4) 来料加工和进料加工有什么区别?
(5) 保税区和出口加工区有什么不同?

二、思考题

(1) 纸质手册管理下的保税加工货物及其报关程序是什么?
(2) 电子账册管理下的保税加工货物及其报关程序是什么?
(3) 电子化手册管理下的保税加工货物及其报关程序是什么?
(4) 出口加工区及其货物的报关程序是什么?

任务八 保税物流货物的报关

> **内容简介**

本任务概述了保税物流货物、保税仓库及其货物的报关程序,出口监管仓库及其货物的报关程序,保税物流中心及其货物的报关程序,保税物流园区及其货物的报关程序,保税区及其货物的报关程序。

> **教学目标**

1. 了解各类保税物流场所的含义、功能;
2. 熟悉各类保税物流场所的设立条件;
3. 掌握各类保税物流场所货物的报关程序。

> **案例导入**

内地某公司需要进口一批设备,但货柜到港后因单证问题不能及时申报,滞港的话会产生大量费用,便委托 A 公司将货物存放于物流园区仓库堆放,节省了大量的费用。

> **引导思路**

(1)放入保税物流园区仓库的货物为何能够节省费用?
(2)货物进出保税物流园区需要哪些单证?
(3)进出保税物流园区货物报关步骤有哪些?

项目一 保税物流货物

> **教学要点**

1. 保税物流货物的含义、特征;
2. 保税物流货物的范围。

> **教学方法**

可采用讲授、情境教学、案例教学和分组讨论等方法。

1. 保税物流货物的含义

保税物流货物是指经海关批准未办理纳税手续进境,在境内进行分拨、配送或储存后复运出境的货物,也称作保税仓储货物。已办结海关出口手续尚未离境,经海关批准存放在海关保税监管场所或特殊监管区域的货物,带有保税物流货物的性质。

2. 特征

（1）进境时暂缓缴纳进口关税及进口环节海关代征税,复运出境免税,内销应当缴纳进口关税和进口环节海关代征税,不征收缓税利息。

（2）进出境时除国家另有规定外,免予交验进出口许可证件。

（3）进境海关现场放行不是结关,进境后必须进入海关保税监管场所或特殊监管区域,运离这些场所或区域必须办理结关手续。

3. 范围

保税物流货物包括：

（1）进境经海关批准进入海关保税特殊监管区域,保税储存后转口境外的货物；

（2）已经办理出口报关手续尚未离境,经海关批准进入海关保税监管场所或特殊监管区域储存的货物；

（3）经海关批准进入海关保税监管场所或特殊监管区域保税储存的加工贸易货物,供应国际航行船舶和航空器的油料、物料和维修用零部件,供维修外国产品所进口寄售的零配件,外商进境暂存货物；

（4）经海关批准进入海关保税监管场所或特殊监管区域保税的其他未办结海关手续的进境货物。

项目二　保税仓库及其货物的报关程序

教学要点

1. 保税仓库的含义、功能、设立条件及管理；
2. 保税仓库货物的报关程序。

教学方法

可采用讲授、情境教学、案例教学和分组讨论等方法。

一、保税仓库简介

1. 含义

保税仓库是指经海关批准设立的专门存放保税货物及其他未办结海关手续货物的仓库。

2. 种类

我国的保税仓库根据使用对象分为公用型、自用型、专用型三种。

（1）公用型保税仓库。公用型保税仓库由主营仓储业务的中国境内独立企业法人经营,专门向社会提供保税仓储服务。

（2）自用型保税仓库。自用型保税仓库由特定的中国境内独立企业法人经营,仅存储本企业自用的保税货物。

（3）专用型保税仓库,即专门用来存储具有特定用途或特殊种类商品的保税仓库,包括液体危险品保税仓库、备料保税仓库、寄售维修保税仓库和其他专用保税仓库。其中液体危险保税仓库是指符合国家关于危险化学品存储规定的,专门提供石油、成品油或者其他散装液体危险化学品保税仓储服务的保税仓库。

3. 功能

保税仓库的功能单一,就是仓储,而且只能存放进境货物。

经海关批准可以存入保税仓库的进境货物有下列几种:

(1)加工贸易进口货物;

(2)转口货物;

(3)供应国际航行船舶和航空器的油料、物料和维修用零部件;

(4)供维修外国产品所进口寄售的零配件;

(5)外商进境暂存货物;

(6)未办经海关批准的海关手续的一般贸易进口货物;

(7)经海关批准的其他未办结海关手续的进境货物。

4. 设立

申请设立保税仓库的企业应当是已在海关办理进出口收发货人注册登记的,不同时拥有报送企业身份的企业,同时还应当具备下列条件:

(1)经工商行政管理部门注册登记,具有企业法人资格;

(2)注册资本最低限额为300万人民币;

(3)具备向海关缴纳税款的能力;

(4)经营特殊许可商品存储的,应当持有规定的特殊许可证件;

(5)经营备料保税仓库的加工贸易企业,年出口额最低为1000万美元;

(6)具有专门存储保税货物的营业场所。

5. 管理

(1)保税仓库所存货物的储存期限为1年,需要延期的,经批准可以延长,但无特殊情况延期最长不超过1年。

(2)保税仓库所存货物,未经海关批准,不得出售、转让、抵押、质押或作其他任何处置。

(3)货物在仓储期间发生损毁灭失的,除不可抗力外,保税仓库应依法缴纳税款,并承担相应的法律责任。

经海关批准,保税仓库货物可以分级分类、分拆分拣、分装、计量、组合包装、打膜、加刷或刷贴运输标志、改换包装、拼装等辅助性作业。

应于每月前5个工作日内,向海关提交报关单报表、库存总额报表等必要月报单证。

二、保税仓库货物报关程序

1. 进仓报关

保税仓库货物进境入仓,收发货人应当在仓库主管海关报关,经批准,也可在进境口岸海关报关。除国家另有规定外,免领进口许可证件。

若仓库主管海关和进境口岸海关不属于同一直属海关,经营企业可以按"提前报关转关"的方式,先到仓库主管海关申报,再到口岸海关办理转关手续,货到仓库后,由主管海关验放入仓;或采取直接转关的方式,先到口岸海关转关,货到仓库后,向仓库主管海关报送,验放入仓。

2. 出仓报关

1）出口报关

保税仓库货物复运出境的,应当按照转关运输方式办理出仓手续。若仓库主管海关和口岸海关属于同一直属海关的,经直属海关批准,可由企业自行提取货物出仓到口岸海关办理出口报关手续。

2）进口报关

保税仓库货物出仓运往境内其他地方转为正式进口的,必须经主管海关保税监管部分核准。转为正式进口的同一批货物,填制两份报关单,一份办结出仓报关手续,填制出口报关单,一份办理进口申报手续,填制进口货物报关单。

3）集中报关

保税仓库货物出仓批量少、批次多的,经海关批准可以办理集中报关手续。

4）流转报关

保税仓库与海关特殊监管区域或其他海关保税监管场所往来流转的货物,按转关运输的有关规定办理相关手续。

项目三 出口监管仓库及其货物的报关程序

教学要点

1. 出口监管仓库的含义、功能、设立条件及管理;
2. 出口监管仓库货物的报关程序。

教学方法

可采用讲授、情境教学、案例教学和分组讨论等方法。

一、出口监管仓库简介

1. 含义

出口监管仓库是指经海关批准设立,对已办结海关出口手续的货物进行存储、保税物流配送,提供流通性增值服务的海关专用监管仓库。

2. 功能

出口监管仓库的功能是仓储,主要用于存放出口货物。出口配送型仓库还可以存放为拼装出口货物而进口的货物。出口监管仓库不得存放下列货物:

（1）国家禁止进出境的货物;

（2）未经批准的国家限制进出境货物;

（3）海关规定不得存放的货物。

3. 设立

1）申请设立的条件

出口监管仓库的设立应当符合区域物流发展和海关对出口监管仓库布局的要求,符合国家土地管理、规划、交通、消防、安全、环保等有关法律、行政法规的规定。申请设立出口监管仓库的经营企业,应当具备下列条件：

(1)经工商行政管理部门注册登记,具有企业法人资格；

(2)具有进出口经营权和仓储经营权；

(3)注册资本在300万元人民币以上；

(4)具备向海关缴纳税款的能力；

(5)具有专门存储货物的场所,其中出口配送型仓库的面积不得低于$5000m^2$,国内结转型仓库不得低于$1000m^2$。

2)申请设立和审批

企业申请设立出口监管仓库,应当向仓库所在地主管海关提交书面申请,提供能够证明上述条件已经具备的有关文件。

海关受理、审查设立出口监管仓库的申请属于海关行政许可,应当按照行政许可的法定程序,对符合条件的,作出准予设立的决定,并出具批准文件；对不符合条件的,作出不予设立的决定,并书面告知申请企业。

3)验收和运营

申请设立出口监管仓库的企业应当自海关出具批准文件之日起1年内向海关申请验收出口监管仓库。

出口监管仓库验收合格后,经直属海关注册登记并核发《中华人民共和国海关出口监管仓库注册登记证书》,可以投入运营。

4. 管理

(1)出口监管仓库必须专为专用,不得转租、转借给他人经营,不得下设分库。

(2)出口监管仓库经营企业应当如实填写有关单证、仓库账册,真实记录并全面反映其业务活动和财务状况,编制仓库月度进、出、转、存情况表和年度财务会计报告,并定期报送主管海关。

(3)出口监管仓库所存货物的储存期限为6个月。如因特殊情况需要延长储存期限,应在到期之前10日向主管海关申请延期,经海关批准可以延长,延长的期限最长不超过6个月。

货物存储期满前,仓库经营企业应当通知发货人或其代理人办理货物的出境或者进口手续。

(4)出口监管仓库所存货物,是海关监管货物,未经海关批准并按规定办理有关手续,任何人不得出售、转让、抵押、质押、留置、移作他用或者进行其他处置。

(5)货物在仓库储存期间发生损毁或者灭失,除不可抗力原因外,出口监管仓库应当依法向海关缴纳损毁、灭失货物的税款,并承担相应的法律责任。

(6)经主管海关同意,可以在出口监管仓库内进行品质检验、分级分类、分拣分装、印刷运输标志、改换包装等流通性服务。

二、出口监管仓库货物报关程序

出口监管仓库货物报关,可以分为进仓报关、出仓报送、结转报关和更换报关。

1. 进仓报关

出口货物存入出口监管仓库时,发货人或其代理人应当向主管海关办理出口报关手续,填制出口货物报关单。按照国家规定,应当提交出口许可证件和缴纳出口关税的,发货人或其代理人必须提交许可证件和缴纳出口关税。

发货人或其代理人按照海关规定提交报送必需单证和仓库经营企业填制的"出口监管仓库货物入仓清单"。

对经批准享受入仓即退税政策的出口监管仓库,海关在货物入仓办结出口报关手续后予以签发出口货物报关单退税证明联;对不享受入仓即退税政策的出口监管仓库,海关在货物实际离境后签发出口货物报关单退税证明联。

经主管海关批准,对批量少、批次频繁的入仓货物,可以集中报关。

2. 出仓报关

出口监管仓库货物出仓可能出现出口报关和进口报关两种情况。

1) 出口报关

出口监管仓库货物出仓出境时,仓库经营企业或其代理人应当向主管海关申报。仓库经营企业或其代理人按照海关规定提交报送必需的单证,并提交仓库经营企业填制的"出口监管仓库货物出仓清单"。

出仓货物出境口岸不在仓库主管海关的,经海关批准,可以在口岸所在地海关办理相关手续,也可以在主管海关办理相关手续。

入仓没有签发出口货物报关单退税证明联的,出仓离境后海关按规定签发出口货物报关单退税证明联。

2) 进口报关

出口监管仓库货物转进口的,应当经海关批准,按照进口货物的有关规定办理相关手续;

用于加工贸易的,由加工贸易企业或其代理人按保税加工货物的报送程序办理进口报关手续;

用于可以享受特定减免税的特定地区、特定企业和特定用途的,由享受特定减免税的企业或其代理人按特定减免税货物的报关程序办理进口报关手续;

进入国内市场或用于境内其他方面,由收货人或其代理人按进口货物的报关程序办理进口报关手续。

3) 结转报关

经转入、转出方所在地主管海关批准,并按照转关运输的规定办理相关手续后,出口监管仓库之间,出口监管仓库与保税区、出口加工区、珠海园区、保税物流园区、保税港区、保税物流中心、保税仓库等特殊监管区域和保税监管场所之间可以进行货物流转。

4) 更换报关原货物的商品编码、品名、规格型号、数量和价值相同

对已存入出口监管仓库因质量等原因要求更换的货物,经仓库所在地主管海关批准,可以进行更换。被更换货物出仓前,更换货物应当先行入仓,并应当与原货物的商品编码、品名、规格型号、数量和价值相同。

项目四 保税物流中心及其货物的报关程序

教学要点

1. 保税物流中心的含义、功能、设立条件及管理;
2. 保税物流中心货物的报关程序。

教学方法

可采用讲授、情境教学、案例教学和分组讨论等方法。

一、保税物流中心简介

1. 含义

保税物流中心是指经海关部署批准,由中国境内一家企业法人经营,多家企业进入并从事保税仓储物流业务的海关集中监管场所。

2. 功能

保税物流中心的功能是保税仓库和出口监管仓库功能的叠加,既可以存放进口货物,也可以存放出口货物,还可以开展多项增值服务。

1) 存放货物的范围

(1) 国内出口货物;

(2) 转口货物和国际中转货物;

(3) 外商暂存货物;

(4) 贸易进出口货物;

(5) 加工国际航行船舶和航空器的物料、维修用零部件;

(6) 供应国际航行船舶和航空器的物料、维修用零部件;

(7) 供维修外国产品所进口寄售的零配件;

(8) 未办结海关手续的一般贸易进口货物;

(9) 经海关批准的其他未办结海关手续的货物。

2) 开展业务的范围

保税物流中心可以开展以下业务:

(1) 保税存储进出口货物及其他未办结海关手续货物;

(2) 对所存货物开展流通性简单加工和增值服务;

(3) 全球采购和国际分拨、配送;

(4) 转口贸易和国际中转业务;

(5) 经海关批准的其他国际物流业务。

但不得开展以下业务:

(1) 商业零售;

(2) 生产和加工制造;

(3) 维修、翻新和拆解;

(4) 存储国家禁止进出口货物,以及危害安全、卫生或者健康、公共道德或者秩序的国家限制进出口货物;

(5) 存储法律、行政法规明确规定不能享受保税政策的货物;

(6) 其他与保税物流中心无关的业务。

3. 设立

1) 保税物流中心的设立

保税物流中心应当设在靠近海港、空港、陆路枢纽及内陆国际物流需要量较大,交通便利,设有海关机构且便于海关集中监管的地方。

经营企业需满足以下资格条件:

(1) 经工商行政管理部门注册登记,具有独立的企业法人资格;

(2) 注册资本不低于 5000 万元人民币;

(3) 具备对中心内企业进行日常管理的能力;

(4) 具有协助海关对进出保税物流中心的货物和中心内企业的经营行为实施监管的能力。

申请设立保税物流中心需满足以下条件:

(1) 符合海关对保税物流中心的监管规划建设要求;

(2) 仓储面积,东部地区不低于 10 万 m^2,中西部地区不低于 5 万 m^2;

(3) 经省级人民政府确认符合地方发展总体布局,满足加工贸易发展对保税物流的需求;

(4) 建立符合海关监管要求的计算机管理系统,提供海关查阅数据的终端设备,并按照海关规定的认证方式和数据标准,通过电子口岸平台与海关联网,以便海关在统一平台上与国税、外汇管理等部门实现数据交换及信息共享;

(5) 设置符合海关监管要求的安全隔离设施、视频监控系统等监管、办公设施。

设立物流中心的申请由直属海关受理,报海关总署审批,并由海关总署出具批准申请企业筹建保税物流中心的文件。

保税物流中心验收合格后,由海关总署向企业核发"保税物流中心验收合格证书"和"保税物流中心注册登记证书",颁发保税物流中心标牌。

2) 保税物流中心内企业的设立

企业进入保税物流中心的条件如下:

①具有独立的法人资格或者特殊情况下的中心外企业的分支机构;

②具有独立法人资格的企业,注册资本最低限额为 500 万元人民币,属企业分支机构的,该企业注册资本不低于 1 000 万元人民币;

③具备向海关缴纳税款和履行其他法律义务的能力;

④建立符合海关监管要求的计算机管理系统并与海关联网;

⑤在保税物流中心内有专门存储海关监管货物的场所。

企业申请进入保税物流中心应当向所在地主管海关提交书面申请,提供能够证明上述条件已经具备的有关文件。

主管海关受理后报直属海关审批。直属海关对经批准的企业核发"中华人民共和国海关保税物流中心企业注册登记证书"。

中心内企业需变更有关事项的,由主管海关受理后报直属海关审批。

二、保税物流中心进出货物报关程序

1. 保税物流中心与境外之间的进出货物报关

(1) 保税物流中心与境外之间进出的货物,应当在保税物流中心主管海关办理相关手续。保税物流中心与口岸不在同一主管海关的,经主管海关批准,可以在口岸海关办理相关手续。

（2）保税物流中心与境外之间进出的货物，除实行出口被动配额管理和中华人民共和国参加或者缔结的国际条约及国家另有明确规定的以外，不实行进出口配额、许可证件管理。

（3）从境外进入保税物流中心内的货物，凡属于规定存放范围内的货物，予以保税；属于保税物流中心企业进口自用的办公用品、交通运输工具、生活消费品等，以及保税物流中心开展综合物流服务所需进口的机器、装卸设备、管理设备等，按照进口货物的有关规定和税收政策办理相关手续。

2. 保税物流中心与境内之间的进出货物报关

保税物流中心内货物运往所在关区外，或者跨越关区提取保税物流中心内货物，可在保税物流中心主管海关办理进出中心的报送手续，也可以按照海关其他规定办理相关手续。

保税物流中心与境内之间的进出货物报送按下列规定办理：

1）出中心

（1）出中心进入境内的其他地区。

保税物流中心货物出中心进入境内的其他地区视同进口，按照货物进入境内的实际流向和实际状态填制进口货物报送单，办理进口报关手续；属于许可证管理的商品，企业还应当向海关出具有效的许可证件。

进口申报流程同保税仓库出库进入境内货物的报关流程相似，具体参照保税仓库有关内容。

从保税物流中心进入境内用于在保修期限内免费维修有关外国产品并符合无代价货物有关规定的零部件或者用于国际航行船舶和航空器的物料或者属于国家规定可以免税的货物，免征进口关税和进口环节海关代征税。

（2）出中心运往境外。

保税物流中心货物出中心运往境外填制出口货物报关单，办理出口报关手续，具体流程同保税仓库和出口监管仓库出库运往境外货物的报关流程相似。

2）进中心

货物从境内进入保税物流中心视同出口，办理出口报关手续。如需缴纳出口关税的，应当按照规定纳税；属于许可证管理的商品，还应当向海关出具有效的出口许可证。

从境内运入保税物流中心的原进口货物，境内发货人应当向海关办理出口报送手续，经主管海关验放；已经缴纳的关税和进口环节海关代征税，不予退还。

从境内运入保税物流中心已经办结报关手续的货物或者从境内运入中心供中心企业自用的国产机器设备、装卸设备、管理设备、检测检验设备等及转关出口货物（启运地海关在已收到保税物流中心主管海关确认转关货物进入物流中心的转关回执后），海关签发出口货物报关单退税证明联。

从境内运入保税物流中心的下列货物，海关不签发出口货物报关单退税证明联：

（1）供中心企业自用的生活消费品、交通运输工具；

（2）供中心企业自用的进口的机器设备、装卸设备、管理设备、检测检验设备等；

（3）保税物流中心之间，保税物流中心与出口加工区，保税物流园区和已经实行国内货物入仓环节出口退税政策的出口监管仓库等海关特殊监管区域或者海关保税监管场所往来的货物。

项目五 保税物流园区及其货物的报关程序

教学要点
1. 保税物流园区的含义、功能、设立条件及管理;
2. 保税物流园区的报关程序。

教学方法
可采用讲授、情境教学、案例教学和分组讨论等方法。

一、保税物流园区简介

1. 含义

保税物流园区是指经国务院批准,在保税区规划面积内或者毗邻保税区的特定港区内设立的、专门发展现代国际物流的海关特殊监管区域。

2. 功能

保税物流园区的主要功能是保税物流,可以开展以下保税物流业务:

(1) 存储进出口货物及其他未办结海关手续的货物;

(2) 对所存货物开展流通性简单加工和增值服务,如分级分类、分拆分拣、分装、计量、组合包装、打膜、印刷运输标志、改换包装、拼装等具有商业增值的辅助性服务;

(3) 国际转口贸易;

(4) 国际采购、分销和配送;

(5) 国际中转;

(6) 检测、维修;

(7) 商品展示;

(8) 经海关批准的其他国际物流业务。

3. 管理

保税物流园区是海关监管的特定区域。园区与境内其他地区之间应当设置符合海关监管要求的卡口、围网隔离设施、视频监控系统及其他海关监管所需的设施。

海关在园区派驻机构,依照有关法律、行政法规,对进出园区的货物、运输工具、个人携带物品及园区内相关场所实行24h监管。

1) 禁止事项

(1) 除安全人员和相关部门、企业值班人员外,其他人员不得在园区内居住。

(2) 园区内不得建立工业生产加工场所和商业性消费设施。

(3) 园区内不得开展商业零售、加工制造、翻新、拆解及其他与园区无关的业务。

(4) 法律、行政法规禁止进出口的货物、物品不得进出园区。

2) 企业管理

(1) 保税物流园区行政管理机构及其经营主体、在保税物流园区内设立的企业等单位的办公场所应当设置在园区规划面积内、围网外的园区综合办公区内。

（2）海关对园区企业实行电子账册监管制度和计算机联网管理制度。

（3）园区行政管理机构或者其经营主体应当在海关指导下通过电子口岸建立供海关、园区企业及其他相关部门进行电子数据交换信息共享的计算机公共信息平台。

（4）园区企业应当建立符合海关监管要求的电子计算机管理系统，提供海关查阅数据的终端设备，按照海关规定的方式和数据标准与海关进行联网。

（5）园区企业应当依照法律、行政法规的规定，规范财务管理，设置符合海关监管要求的账簿、报表，记录本企业的财务状况以及有关进出园区货物、物品的库存、转让、转移、销售、简单加工、使用等情况，如实填写有关单证、账册，凭合法、有效的凭证记账和核算。

3）物流管理

园区内设立仓库、查验场和必要的业务指挥高度操作场所。园区货物不设存储期限。但园区企业自开展业务之日起，应当每年向园区主管海关办理报核手续。园区主管海关应当自受理报核申请之日起30天内予以核库。企业有关账册、原始数据应当自核库结束之日起至少保留3年。园区企业应当编制月度货物进、出、转、存情况表和年底财务会计报告，并定期报送园区主管海关。

经主管海关批准，园区企业可以在园区综合办公区专用的展示场所举办商品展示活动。展示的货物应当在园区主管海关备案，并接受海关监管。

园区内货物可以自由流转。园区企业转让、转移货物时应当将货物的具体品名、数量、金额等有关事项向海关进行电子数据备案，并在转让、转移后向海关办理报核手续。

未经园区主管海关许可，园区企业不得将所存货物抵押、质押、留置、挪作他用或者进行其他处置。

园区与区外非海关特殊监管区域或者保税监管场所之间货物的往来，企业可以使用其他非海关监管车辆承运。承运车辆进出园区通道时应当经海关登记，海关可以对货物和承运车辆进行查验、检查。

4）特殊情况处理

除法律、行政法规规定不得声明放弃的货物外，园区企业可以申请放弃货物，放弃的货物由主管海关依法提取变卖，变卖收入由海关按照有关规定处理。依法变卖后，企业凭放弃该批货物的申请和园区主管海关提取变卖该货物的有关单证办理核销手续；确因无使用价值无法变卖并经海关核准的，由企业自行处理，园区主管海关直接办理核销手续。放弃货物在海关提取变卖前所需的仓储等费用，由企业自行承担。

对按照规定应当销毁的放弃货物，由企业负责销毁，园区主管海关可以派员监督。园区主管海关凭有关主管部门的证明材料办理核销手续。

因不可抗力造成园区货物损坏、损毁、灭失的，园区企业应当及时书面报告园区主管海关，说明理由并提供保险、灾害鉴定部门的有关证明。经主管海关核实确认后，按照下列规定处理：

（1）货物灭失，或者完全失去使用价值的，海关予以办理核销和免税手续。

（2）进境货物损坏、损毁，失去原使用价值但可再利用的，园区企业可以向园区主管海关办理退运手续，如不退运出境并要求运往区外的，由区内企业提出申请，并经主管海关核准，根据受灾货物的使用价值估价、征税后运出园区外。

（3）区外进入园区的货物损坏、损毁，失去原使用价值但可再利用，且需向出口企业进行退换的,可以退换为与损坏货物同一品名、规格、数量、价格的货物,并向园区主管海关办理退运手续。退运到区外的,如属于尚未办理出口退税手续的,可以向园区主管海关办理退税手续;如属于已经办理出口退税手续的,按照进境货物运往区外的有关规定办理。

因保管不善等非不可抗力因素造成货物损坏、损毁、灭失的,按下列规定办理:

(1)对于从境外进入园区的货物,园区企业应当按照一般进口货物的规定,以货物进入园区时海关接受申报之日适用的税率、汇率,依法向海关缴纳损毁、灭失货物原价值的关税、进口环节增值税和消费税。

(2)对于从区外进入园区的货物,园区企业应当重新缴纳因出口而退还的国内环节有关税收,海关据此办理核销手续。

二、保税物流园区进出货物的报关程序

1. 保税物流园区与境外之间进、出货物

海关对园区与境外之间进出的货物实行备案制管理,但园区自用的免税进口货物、国际中转货物或者法律、行政法规另有规定的货物除外。

园区与境外之间进出的货物应当向园区主管海关申报。园区货物的进出境口岸不在园区主管海关管辖区域的,经主管海关批准,可以在口岸海关办理申报手续。

园区内开展整箱进出等国际中转业务的,由开展此项业务的企业向海关发送电子舱单数据,园区企业向园区主管海关申请提箱、集运等,凭舱单等单证办理进出境申报手续。

保税物流园区与境外之间进、出货物的报关程序如下:

1)由境外运入园区

境外货物到港后,园区企业及其代理人可以先凭舱单将货物直接运到园区,再凭进境货物备案清单向园区主管海关办理申报手续。除法律、行政法规另有规定外,对由境外运入园区的货物不实行许可证件管理。

境外运入园区的下列货物保税:

(1)园区企业为开展业务所需的货物及其包装物料;

(2)加工贸易进口货物;

(3)转口贸易货物;

(4)外商暂存货物;

(5)供应国际航行船舶和航空器的物料、维修用零部件;

(6)进口寄售货物;

(7)进境检测、维修货物及其零配件;

(8)看样订货的展览品、样品;

(9)未办结海关手续的一般贸易货物;

(10)经海关批准的其他进境货物。

境外运入园区的下列货物免税:

(1)园区的基础设施建设项目所需的设备、物资等;

(2)园区企业为开展业务所需机器、装卸设备、仓储设施、管理设备及其维修用消耗品、零配件及工具;

（3）园区行政机构及其经营主体、园区企业自用合理数量的办公用品。

境外运入园区的园区行政机构及其经营主体、园区企业自用交通运输工具、生活消费品，按一般进口货物的有关规定和程序办理申报手续。

2）由园区运往境外

从园区运往境外的货物，除法律、行政法规另有规定外，免征出口关税，不实行许可证件管理。

进境货物未经流通性简单加工，需原状退运出境的，园区企业可以向园区主管海关申请办理退运手续。

2. 保税物流园区与境内区外之间进出货物

园区与外之间进出的货物，由区内企业或者区外的收发货人或其代理人在园区主管海关办理申报手续。

园区企业在区外从事进出口贸易且货物不实际进出园区的，可以在收发货人所在地的主管海关或者货物实际进出境口岸的海关办理申报手续。

除法律、行政法规规定不得集中申报的货物外，园区企业少批量、多批次进出货物的，经主管海关批准可以办理集中申报手续，并适用每次货物进出口时海关接受该货物申报之日实施的税率、汇率。集中申报的期限不得超过 1 个月，且不得跨年度办理。

保税物流园区与区外之间进出货物的报关程序如下：

1）园区货物运往区外

园区货物运往区外，视同进口。园区企业或者区外收货人或其代理人按照进口货物的有关规定向园区主管海关申报，海关按照货物出园区时的实际临客方式办理相关手续：

（1）进入国内市场的，按一般进口货物报关，提供相关的许可证件，照章缴纳进口关税，以及进口环节的增值税、消费税。

（2）用于加工贸易的，按保税加工货物报送，提供加工贸易手册（包括纸质的或电子的），继续保税。

（3）用于可以享受特定减免税的特定企业、特定地区或有特定用途的，按特定减免税货物报关，提供"进出口货物征免税证明"和相应的许可证件，免缴进口关税、进口环节的增值税。

（4）园区企业跨关区配送货物或者异地企业跨关区到园区提取货物的，可以在园区主管海关办理申报手续，也可以按照海关规定办理进口转关手续。

（5）供区内行政管理机构及其经营主体和区内企业使用的机器、设备和办公服务器等需要运往区外进行检测、维修的，应当向园区主管海关提出申请，经主管海关核准、登记后方可运往区外。

运往区外检测、维修的机器、设备和办公服务器等不得留在区外使用，并自运出之日起 60 天内运回区内。因特殊情况不能如期运回的，园区行政管理机构及其经营主体和园区内企业应当于期满前 10 天内，以书面形式向园区主管海关申请延期，延长期限不得超过 30 天。

检、维修完毕运进园区的机器、设备等应当为原物。有更换新零配件或者附件的，原零配件或者附件一并运回园区。

（6）对在区外更换的国产零配件或者附件，如需退税，由区内企业或者区外企业提出申请,园区主管海关按照出口货物的有关规定办理,并签发出口货物报关单退税证明联。

(7)园区企业在区外其他地方举办商品展示活动的,应当比照海关对暂准进境货物的管理规定办理有关手续。

2)区外货物运入园区

区外货物运入园区,视同出口,由区内企业或者区外的发货人或其代理人向园区主管海关办理出口申报手续。属于应当缴纳出口关税的商品,应当照章纳税;属于许可证件管理的商品,应当同时向海关出具有效的许可证件。

用于办理出口退税的出口货物报关单证明联的签发手续,按照下列规定办理:

(1)从区外运入园区,供区内企业开展业务的国产货物及其包装材料,由区内企业或者区外发货人及其代理人填写出口货物报关单,海关按照对出口货物的有关规定办理,签发出口货物报关单退税证明联;货物从异地转关进入园区的,启运地海关收到园区主管海关确认转关货物已进入园区的电子回执后,签发出口货物报关单退税证明联。

(2)从区外运入园区,供区内行政管理机构及其经营主体和区内企业使用的国产基建物资、机器、装卸设备、管理设备等,海关按照对出口货物的有关规定办理,属于取消出口退税的基建物资等,其他的予以签发出口货物报关单退税证明联。

(3)从区外运入园区,供区内行政管理机构及其经营主体和区内企业使用的生活消费品、办公用品、交通运输工具等,海关不予签发出口货物报关单退税证明联。

(4)从区外进入园区的原进口货物、包装物料、设备、基建物资等,区外企业应当向海关提供上述货物或者物品的清单,按照出口货物的有关规定办理申报手续,海关不予签发出口货物报关单退税证明联,原已缴纳的关税、进口环节增值税和消费税不予退还。

(5)除已经流通性简单加工的货物外,区外进入园区的货物,因质量、规格型号与合同不符等原因,需原状返还出口企业进行更换的,园区企业应当在货物申报进入园区之日起1年内向园区主管海关申请办理退换手续。更换的货物进入园区时,可以免领出口许可证件,免征出口关税,但海关不予签发出口货物报关单退税证明联。

保税物流园区与其他特殊监管区域、保税监管场所之间往来货物:

海关对于园区与海关其他特殊监管区域或者保管税监管场所之间往来的货物,继续实行保税监管,不予签发出口货物报关单退税证明联。但货物从未实行国内货物入区、入仓环节出口退税制度的海关特殊监管区域或者保税监管场所转入园区的,按照货物实际离境的有关规定办理申报手续,由转出地海关签发出口货物报关单退税证明联。

园区与其他特殊监管区域、保税监管场所之间的货物交易、流转,不征收进出口环节和国内流通环节的有关税收。

项目六 保税区及其货物的报关程序

教学要点

1. 保税区的含义、功能、设立条件及管理;
2. 保税区货物的报关程序。

教学方法

可采用讲授、比较分析、案例教学和分组讨论等方法。

一、保税区简介

1. 含义

保税区是指经国务院批准在中华人民共和国境内设立的由海关进行监管的特定区域。

2. 功能

保税区具有出口加工、转口贸易、商品展示、仓储运输等功能。

3. 管理

保税区与境内其他地区之间,设置符合海关监管要求的隔离设施。

1)禁止事项

(1)除安全保卫人员外,其他人员不得在保税区居住。

(2)国家禁止进出口的货物、物品,不得进出保税区。

(3)国家明令禁止进出口的货物和列入加工贸易禁止类商品目录的商品在保税区内也不准开展加工贸易。

2)物流管理

海关对进出保税区的货物、物品、运输工具、人员及区内有关场所,有权依照《海关法》的规定进行检查、查验。

在保税区内设立的企业,必须向海关办理注册手续。区内企业必须依照国家有关法律、行政法规的规定设置账簿,编制报表,凭合法、有效凭证记账并进行核算,记录有关进出保税区货物和物品的库存、转让、转移、销售、加工、使用和损耗等情况。

区内企业必须与海关实行电子计算机联网,进行电子数据交换。

进出保税区的运输工具的负责人,应当持保税区主管机关批准的证件连同运输工具的名称、数量、牌照号码及驾驶员姓名等清单,向海关办理登记备案手续。

未经海关批准,从保税区到非保税区的运输工具和人员不得运输、携带保税区内的免税、保税货物。出口退税必须在货物实际报关离境后才能办理。

保税区内的转口货物可以在区内仓库或者区内其他场所进行分级、挑选、印刷运输标志、改换包装等简单加工。

3)加工贸易管理

保税区企业开展加工贸易,除进口易制毒化学品、监控化学品、消耗臭氧层物质要提供进口许可证件,生产激光光盘要主管部门批准外,其他加工贸易料件进口免予交验许可证件。

保税区内企业开展加工贸易,不实行银行保证金台账制度。

区内加工企业加工的制成品及其在加工过程中产生的边角料运往境外时,应当按照国家有关规定向海关办理手续,除法律、行政法规另有规定外,免征出口关税。

区内加工企业将区内加工贸易料件及制成品,在加工过程中产生的副产品、残次品、边角料运往非保税区时,应当依照国家规定向海关办理进口报关手续,并依法纳税,免交缓税利息。

二、保税区进出货物报关程序

保税区货物报关分进出境报关和进出区报关。

1. 进出境报关

进出境报关采用报关制和备案制相结合的运行机制,即保税区与境外之间进出境货物,属自用的,采取报关制,填写进出口货物报关单;属非自用的,包括加工出口、转口、仓储和展示,采取备案制,填写进出境货物备案清单,即保税区内企业的加工贸易料件、转口贸易货物、仓储货物进出境,由收货人或其代理人填写进出境货物备案清单向海关报关;对保税区内企业进口自用合理数量的机器设备、管理设备、办公服务用品及工作人员所需自用合理数量的应税物品及货样,由收货人或其代理人填写进口货物报关单向海关报关。

保税区与境外之间进出的货物,除易制毒化学品、监控化学品、消耗臭氧层物质等国家规定的特殊货物外,不实行进出口许可证件管理,免予交验许可证。

为保税加工、保税仓储、转口贸易、展示而从境外进入保税区的货物可以保税。

从境外进入保税区的以下货物可以免税:

(1) 区内生产性的基础设施建设项目所需的机器、设备和其他基建物资;

(2) 区内企业自用的生产、管理设备和自用合理数量的办公用品及其所需的维修零配件,生产用燃料,建设生产厂房、仓储设施所需的物资、设备,但是交通工具和生活用品除外;

(3) 保税区行政管理机构自用合理数量的管理设备和办公用品及其所需的维修零配件。

免税进入保税区的进口货物,海关按照特定减免税货物进行监管,具体内容参见本任务项目五。

2. 进出区报关

进出区报关要根据不同的情况按不同的报关程序报关。

1) 保税加工货物进出区

进区,报出口,要有加工贸易纸质手册或者加工贸易电子账册、电子化手册,填写出口货物报关单,提供有关的许可证件。出口应当征收出口关税商品的,须缴纳出口关税;海关不签发出口货物报关单退税证明联。

出区,报进口,按不同的流向填写不同的进口货物报关单:出区进入国内市场的,按一般进口货物报关,填写进口货物报关单,提供有关的许可证件。

关于保税加工货物内销征税的完税价格,由海关按以下规定审查确定:

(1) 保税区内的加工企业内销的进口料件或其制成品(包括残次品),以接受内销申报的同时或者大约同时进口的相同或者类似货物的进口成交价格为基础确定完税价格。

(2) 保税区内的加工企业内销的进料加工制成品中,如果含有从境内采购的料件,以制成品所含有的从境外购入的料件的原进口成交价格为基础确定完税价格。料件的原进口成交价格不能确定的,以接受内销申报的同时或者大约同时进口的与料件相同或者类似货物的进口成交价格为基础确定完税价格。

(3) 保税区内的加工企业内销的来料加工制成品中,如果含有从境内采购的料件,以接受内销申报的同时或者大约同时进口的与料件相同或者类似货物的进口成交价格为基础确定完税价格。

(4) 保税区内的加工企业内销加工过程中产生的边角料或者副产品,以内销价格作为完税价格。

出区用于加工贸易的,按加工贸易货物报送,填制进口货物报关单,提供加工贸易纸质手册或者加工贸易电子账册、电子化手册。

出区用于可以享受特定减免税企业的,按特定减免税货物报关,提供进出口货物征免税证明和应当提供的许可证件,免缴进口税。

2) 进出区外发加工

保税区企业货物外发到区外加工,或区外企业货物外发到保税区加工,需经主管海关核准。

进区提交外发加工合同,向保税区海关备案。加工出区后核销,不填写进出口货物报关单,不缴纳税费。

出区外发加工的,须由区外加工贸易经营企业在加工企业所在地海关办理加工贸易备案手续,申领纸质手册,或者建立电子账册、电子化手册,需要建立银行保证金台账的,应当设立台账。加工期限最长 6 个月,情况特殊的,经海关批准可以延长,延长的最长期限是 6 个月。备案后,按保税加工货物出区进行报关。

3) 备进出区

不管是施工还是投资设备,进出区均需向保税区海关备案,设备进区不填写报关单,不缴纳出口税,海关不签发出口货物报关单退税证明联,设备系从国外进口已征进口税的,不退进口税;设备退出区外的,也不必填写报关单进行申报,但要报保税区海关销案。

思考练习

简 答 题

1. 保税仓库的设立条件有哪些?
2. 出口监管仓库货物的报关有哪几种?
3. 保税物流中心的功能有哪些?
4. 简述保税物流园区货物的报关程序。
5. 简述保税区进出货物的报关程序。

任务九 其他进出境货物的报关

内容简介

1. 特定减免税货物的报关程序;
2. 暂准进出境货物的报关程序;
3. 其他进出境货物的报关程序;
4. 转关运输货物的报关程序练习。

教学目标

通过完成本任务,要求学生具有:
1. 对特定减免税货物进行报关的能力;
2. 识别适应暂准进出口不同货物的报关能力;
3. 办理转关运输货物报关的能力;
4. 对过境货物、转运货物、通运货物进行报关的能力。

案例导入

上海市公安局邀请境外一无线电设备生产厂商到上海展览馆展出其价值100万美元的无线电设备,并委托上海红天公司办理一切手续。准备在上海展出后,生产厂商又决定把其中价值40万美元的设备运到杭州展出。设备从杭州返回后,上海市公安局决定购买其中的20万美元设备。境外厂商为了感谢上海市公安局,赠送了其5万美元的设备,其余设备退出境外。

引导思路

（1）什么是特定减免税货物与暂准进出境货物？它们之间有哪些区别？
（2）特定减免税货物的报关流程有哪些步骤？
（3）暂准进出境货物报关流程有哪些步骤？

项目一 特定减免税货物的报关程序

教学要点

1. 特定减免税进口货物的概念;
2. 特定减免税进口货物报关管理的特点;
3. 特定减免税货物报关;
4. 特定减免税货物报关应用。

教学方法

可采用讲授、情境教学、案例教学和分组讨论等方法。

一、特定减免税进口货物的概念

特定减免税是指依照国务院规定的范围和办法,对于进口货物给予的关税优惠。特定减免税制度是我国在改革开放初期为吸引外商投资而实施的一项政策性减免关税及其他进口环节税的制度,主要是对特定地区、特定企业和特定用途的进口货物予以减免关税和其他进口税。

"特定地区"是指我国关境内由行政法规规定的某一特别限定区域;享受减免税优惠的货物只能在这一专门规定的区域内使用。例如,对保税区、出口加工区、进口区内生产的基础性的设施建设任务所需的机器、设备和其他从建物资等自用物资予以免税等。

"特定企业"是指由《海关法》特别规定的企业,主要是中外合资经营企业、中外合作经营企业和外商独资经营企业,这三类企业统称为外商投资企业。外商投资企业在投资总额内进口的生产、管理设备属于特定企业的进出口货物。

"特定用途"的进出口货物主要包括:科学研究机构和学校进口的专用科教用品;残疾人专用及残疾人组织和单位进口的货物;国家重点任务进口货物;通信、港口、铁路、公路、机场建设进口设备等。

特定减免税进口货物只有在特定条件或规定范围内使用才可减免进口关税和增值税,且原则上受各项进出境管制规定的约束,货物进口验放后仍受海关监控。一旦脱离特定范围使用,便须补缴进口关税和增值税。

二、特定减免税进口货物报关管理的特点

1. 在特定条件或规定范围内使用可减免进口关税和增值税

特定减免税是我国海关关税优惠政策的重要组成部分,是国家无偿向符合条件的进口货物使用企业提供的关税优惠,其目的是优先发展特定地区的经济,鼓励外商在我国直接投资,促进国有大中型企业和科学、教育、文化、卫生事业的发展。因此,只能在国家行政法规规定的特定条件下,在特定条件或规定范围内使用方可减免进口关税和增值税。

2. 不豁免进口许可证

特定减免税货物是实际进口货物,按照国家有关进出境管理的法律、法规,凡属于进口需要交验许可证件的货物,除另有规定外,进口收货人或其代理人都应在进口申报时间内向海关提交进口许可证件。

3. 特定的海关监管期限

海关放行的特定减免税进口货物进入关境后,在规定的期限内,只能在规定的地区、企业内和规定的用途范围内使用,并接受海关的监管。表 9-1 是各类特定减免税货物的海关监管期限。

各类特定减免税货物的海关监管期限表 表 9-1

特定减免税货物种类	海关监管期限
船舶、飞机、建筑材料(包括钢材、木材、胶合板、人造板、玻璃等)	进口之日起 8 年
机动车辆(特种车辆)、家用电器	进口之日起 6 年
机器设备,其他设备、材料	进口之日起 5 年

特定减免税货物进口后,在海关监管期限内,未经海关许可,未补缴原减征或免征的税款,擅自在境内出售牟利的,属于走私行为。特定减免税进口货物监管期限到期时,进口收货人或其代理人应向海关申请解除对特定减免税货物的监管。

4. 超过特定适用范围应补税

特定减免税进口货物在海关监管期限内,将货物移至特定范围以外的,进口货物的收货人应事先向海关申请,经海关批准,按货物使用年限折旧后补缴原减征或免征的税款。

三、特定减免税货物报关

根据特定减免税报关的有关规定,特定减免税货物的基本报关手续由以下四个阶段性步骤组成。

1. 进口前减免税备案和审批

特定减免税货物的纳税人或其代理人应在货物进口前,向海关提出减免税申请,由海关审核货物的性状、用途、申请人的资格等。对符合规定、具备条件的,核发相应的"征免税证明",并由此取得合法享受减免税进口优惠。

外商投资企业向海关办理企业登记备案后,在货物进口前填写海关印制的减免税申请表,向企业所在地海关申请减免税。利用外国贷款或国内投资任务属于特定减免税范围的,货物进口单位在进口前向入境地海关办理申请减免税事项,交验法定的随附文件和单证等。海关经审核后认为符合国家有关规定的,签发《进出口货物征免税证明》,作为进口货物按特定减免税程序报关的凭证。

《进出口货物征免税证明》的有效期为 6 个月,持证人应在自海关签发《进出口货物征免税证明》的 6 个月内进口经批准的特定减免税货物。如果情况特殊,可以向海关申请延长,延长期限最长为 6 个月。

《进出口货物征免税证明》实行"一证一批"的原则,即一份《进出口货物征免税证明》上的货物只能在一个进口口岸一次性进口。如果一批特定减免税货物需要分两个口岸进口,或者分两次进口,持证人应事先分别申领《进出口货物征免税证明》。

2. 货物进口报关

特定减免税货物运抵口岸后,收货人或其代理人向入境地海关办理进口手续,填写进口货物报关单,交验相关单证,包括《进出口货物征免税证明》,海关按一般报关程序经有选择地查验无误后,免税放行,由货物收货人或其代理人提货。特定减免税货物报关由进口申请、陪同查验、缴纳税费和提取货物 4 个作业环节构成。

3. 使用期间内接受监督和核查

我国《海关法》规定,进口特定减免税货物的收货人负有用于特定企业、特定用途的义务,未经海关许可并办理相关手续,不得将特定减免税进口货物出售、转让或移作他用。特定减免税货物虽经海关放行，但仍属海关监管货物，在法律规定的使用年限内应接受海关的核查和监督。特定减免税货物在使用期间，收货人或使用单位应按照海关的要求，定期或不定期呈报反映减免税货物使用情况的报表，配合海关抽查账册或实存数，接受海关的监督。对监管期限内因故出售、转让和移作他用的，提前向海关报告并补缴进口税。

4. 期限届满后解除监管，核销结关

特定减免税货物的监管年限一旦到期，如货物由原使用单位或企业继续使用，通常即可自行结关。但对期满后需出售、转口的，则应在办理解除海关监管的手续后结关。

特定减免税进口货物由原使用企业使用的年限届满，又不作出售、转让处理的，可作自行结关，海关不再予以监管。原使用企业如要出售、转让特定减免税进口货物，应向主管海关报核，由海关核销后解除海关监管，使货物可自由流通。

四、特定减免税货物报关应用

1. 科教用品进口报关

科教用品免税进口只适用于4类单位：国务院各部、直属机构和省、自治区、直辖市、计划单列市所属专门从事科研开发的机构；国家教育部承认学历的大专以上全日制高等院校；财政部会同国务院有关部门批准的其他科研开发机构和学校；国家有关部门核定的技术中心、国家工程研究中心、国家重点实验室、国家工程技术研究中心等。

1）科教用品进口的减免税申请

凡首次申办科教用品免税进口的科教单位，应持上级主管部门的批准文件向所在地海关办理资格认定手续，经海关审核符合法定条件的，发给《科教用品免税进口登记手册》。申请进口的单位在每次进口前，应填写《进出口货物免税证明》，携带《科教用品免税进口登记手册》及有关单证向海关申请免税，海关审核后在《科教用品免税进口登记手册》上批注，并在《进出口货物征免税证明》上加盖章后退还给申请单位，作为货物进口免税的凭证。

2）科教用品进口的报关

科教用品进入关境后，由收货人或其代理人向海关办理进口报关手续，按一般报关规则在有选择地查验无误后，免税放行。按照《海关法》的有关规定，免税进口的科教用品必须用于特定用途，不得出售、转口或移作他用，在使用满法定期限后解除海关监管。

2. 残疾人专用品进口报关

1）残疾人专用品的报关

残疾人专用品是指：肢残者用的支辅具、假肢及其零部件、假眼、假鼻、内脏托带、矫形器、矫形鞋、非机动步行器、代步工具、生活自助工具、特殊卫生用品；视力残疾者用的盲杖、导盲镜、助视镜、盲人阅读器；语言、听力残疾者用的语言训练器；助力残疾者用的行为训练器、生活能力训练使用品。

对上述残疾人专用品，由进口收货人或其代理人直接填写《进出口货物征免税证明》并报关，由海关审核并在查验无误后予以免税放行。

2）残疾人专用设备的报关

残疾人专用设备是指：残疾人康复及专用设备，包括病房监护设备、中心监护设备、生化分析仪和超声诊断仪；残疾人特殊教育设备和职业教育设备；残疾人职业能力评估测试设备;残疾人专用劳动设备和劳动保护设备;残疾人文化活动专用设备;假肢专用生产、装配、检测设备等。

上述国内不能生产的残疾人专用设备,由民政部所属企业、事业单位,省、自治区、直辖市民政部所属福利机构、假肢厂、军医院及中国残疾人联合会和省、自治区、直辖市残疾所属福利、康复机构,报经民政部、中国残联批准,并报海关总署审核同意后,凭批准文件向货物入境地海关报关,经查验无误后免税放行。进口残疾人专用品和专用设备的单位,不得将其擅自移作他用。

项目二 暂准进出口货物的报关

教学要点

1. 暂准进出口货物概念;
2. 暂准进出境货物的报关。

教学方法

可采用讲授、情境教学、案例教学和分组讨论等方法。

一、暂准进出口货物概念

1. 暂准进出口货物的定义

暂准进出口货物是指为了特定的目的暂时进口或暂时出口,有条件免纳进口税并豁免进出口许可证,在特定的期限内除因使用中正常的损耗外,按原状复运出口或进口的货物。

2. 暂准进出口货物的范围

暂准进出口货物应向海关提供担保,进口后按照规定的用途使用,在规定期限原状复运出口或进口的货物,在暂准进口或出口时全额暂时免税。主要包括以下12类:

(1)进口或出口的展览会、交易会、会议及类似活动中展示或者使用的货物;
(2)文化、体育交流活动中使用的表演、比赛用品;
(3)进行新闻报道或者摄制电影、电视节目使用的仪器、设备及用品;
(4)开展科研、教学、医疗活动使用的仪器、设备及用品;
(5)上述所列活动中使用的交通工具及特种车辆;
(6)货样;
(7)慈善活动使用的仪器、设备及用品;
(8)供安装、调试、检测设备时使用的仪器及工具;
(9)盛装货物的容器(集装箱除外);
(10)旅游用自驾交通工具及其用品;
(11)工程施工中使用的设备、仪器及用品;
(12)海关批准的其他暂时进出境货物。

3. 暂准进出口货物的海关管理特征

暂准进出口货物是通过采取有条件地准予免纳关税和其他税收来体现《海关法》所给予的便利和优惠的一项单独的海关报关业务。暂准进出口货物的海关管理基本特征是：

1) 货物进出口是为了特定的目的

暂准进出口货物的申报人或其代理人负有将暂时进出口货物用于特定目的的法律义务，一旦预定的特定目的实现或达到后，货物将复运出境或复运进境。未经海关同意并办理相关海关手续，申报人或其代理人不得将暂准进出口货物移作他用或转让。海关会不定期对暂时进口货物进行检查，对此，申报人或其代理人应予接受和配合。

2) 暂准进出口货物应按原状复运出境或复运进境

暂准进出口货物报关的基本条件就是应按原状复运出境或复运进境。除了因为使用的原因使货物产生正常的耗损(如陈旧、粗糙)外，一般来说，货物不能发生物理形态的变化。

3) 在提供担保后暂时免纳关税

暂准进出口货物收发货人向海关提供担保后有条件地暂免予缴纳税费。这是暂准进出口货物暂时免纳关税进出口的前提条件和必要保障。

4) 在规定的期限内使用后复运出境或复运进境

暂准进出口货物应当在 6 个月的期限内复运出境或复运进境，特殊情况需要延长期限的，要向海关提出申请，经核准后方能延长期限。

5) 免予提交进出口许可凭证

不是实际进出口，按照暂准进出境有关法律、行政法规办理进出境手续的货物，可免予交验进出口许可证件；涉及公共道德、安全、卫生的暂准进出境货物应凭许可证进出境。

6) 按货物实际使用情况办结海关手续

在规定期限内，货物收发货人须根据货物的不同使用情况向海关办理核销手续。

二、暂准进出境货物的报关

1. ATA 单证册

1) ATA 单证册的概念

ATA 是由法文 Admission Temporaire 和英文 Temporary Admission 两词的首字母复合而成的，译为"暂时允许进入"。ATA 是《货物暂准进口公约》和《关于货物暂准进口的 ATA 单证册海关公约》中规定的专用于代替各缔约国海关暂准进出口货物报关单和税费担保的国际报关文件。

ATA 单证册一般由 8 页 ATA 单证册所组成：一页绿色封面、一页黄色出口单证、一页白色进口单证、一页白色复出口单证、两页蓝色过境单证、一页黄色复进口单证、一页绿色封底。我国海关只接受用中文或英文填写的单证册。

2) ATA 单证册的通关特点

ATA 单证册由各国的国际商会组织作为国家担保机构共同组成国际联保，所以，ATA 单证册既是一份各国通用的暂准进口报关单，又是一份具有国际效力的担保书。它通过提

供国际担保的形式,简化海关手续,便利暂准进出口货物的报关,被各缔约国广泛采用。其通关特点表现为以下几方面:

(1) 简化报关手续。持证人使用 ATA 单证册后,无须填写各国国内报关文件,并免交货物进口各税的担保,可极大地简化货物报关手续。

(2) 节约报关费用和时间。使用 ATA 单证册报关,使贸易商、销售人员、参展人员和专业工作者可以预先安排好去一个或多个国家的海关手续,并可以保证快捷报关,无须其他手续和费用。

(3) 降低持证人的风险。准备将货物带往国外,特别是去多个国家的货主,使用 ATA 单证册后,就不用再为交各国进口各税担保或携带高额外汇出国。

(4) 减少持证人的报关准备工作。ATA 单证册有效期为 1 年,持证人可以在有效期内使用一份单证册在本国多次进出口或去多个国家过境报关。

3) ATA 单证册的管理

(1) ATA 单证册的申报。

凭 ATA 单证册进出境的货物,通过货运渠道的,应委托有报关资格的单位向海关申报办理相关手续;属于随身携带进出境的,则可由持证人直接向海关申报并办理报关手续。

凭 ATA 单证册进口的货物在境内出售、转让或移作他用时,持证人声明放弃货物,以及由于灭失、损坏、被窃等原因而不能复运出境时,海关除依法办理相关手续外,还要在 ATA 单证册上签注上述情况。

(2) 单证册的核销。

凭 ATA 单证册进口的货物,在复运出境时由海关核销并在单证上签注核销情况。如因特殊情况未经海关核销,则应向海关提供另一缔约国提供的该国海关当局在单证上签注的进口或复进口情况证明,并须缴纳调整费。

(3) 税款追索。

凭 ATA 单证册进口的货物经海关发现不符合暂准进口或过境条件时,海关可以向担保人追索货物的进口关税、海关调整费和处以罚款。追索的期限为该单证册有效期满后 1 年内。海关处以罚款的金额一般不超过税费的 10%。在海关提出追索之日起 6 个月内,担保人应向海关提供货物已复出口或 ATA 单证册已注销的证据。

4) 我国 ATA 单证册的使用

我国于 1993 年加入了《关于货物暂准进口的 ATA 单证册海关公约》、《货物暂准进口公约》和《展览会和交易会公约》。自 1998 年 1 月起,我国开始实施 ATA 单证册制度。经国务院批准、海关总署授权,中国国际贸易促进委员会(中国国际商会)是我国 ATA 单证册的出证和担保商会,负责我国 ATA 单证册的签发和担保工作。

在我国,目前使用 ATA 单证册的范围仅限于展览会、交易会、会议及类似活动项下的货物。除此之外的货物,我国海关不接受持 ATA 单证册办理进出口申报。ATA 单证册项下货物暂准进出境期限为自货物进出境之日起 6 个月。超过 6 个月的,ATA 单证册持证人可向海关申请延期。延期最多不超过 3 次,每次延长期限不超过 6 个月。

2. 使用 ATA 单证册的暂准进出境展览品报关

1) 进境申报

进境货物收货人或其代理人持 ATA 单证册向海关申报进境展览品时,先在海关核准的出证协会即中国国际商会以及其他商会,将 ATA 单证册上的内容预录入海关与商会联网的 ATA 单证册电子核销系统,然后向展览会主管海关提交纸质 ATA 单证册、提货单等单证。海关在白色进口单证上签注,并留存白色进口单证(正联),退还其存根联和 ATA 单证册其他各联给货物收货人或其代理人。

2)出境申报

出境货物发货人或其代理人持 ATA 单证册向海关申报出境展览品时,向出境地海关提交国家主管部门的批准文件、纸质 ATA 单证册、装货单等单证。海关在绿色封面单证和黄色出口单证上签注,并留存黄色出口单证(正联),退还其存根联和 ATA 单证册其他各联给出境货物发货人或其代理人。

3)过境申报

过境货物承运人或其代理人持 ATA 单证册向海关申报,将货物通过我国转运至第三国参加展览会的,不必填制过境货物报关单。海关在两份蓝色过境单证上分别签注后,留存蓝色过境单证正联,退还其存根联和 ATA 单证册其他各联给运输工具承运人或其代理人。

4)异地复运出境、进境申报

使用 ATA 单证册进出境的货物异地复运出境、进境申报,ATA 单证册持证人应当持主管地海关签章的海关单证向复运出境、进境地海关办理手续。货物复运出境、进境后,主管地海关凭复运出境、进境地海关签章的海关单证办理核销结案手续。

5)结关

持证人在规定期限内将进境展览品、出境展览品复运出境、复运进境,海关在白色复出口单证和黄色复进口单证上分别签注,留存单证(正联),退还其存根联和 ATA 单证册其他各联给持证人,正式核销结关。

3. 不使用 ATA 单证册的展览品报关

1)进境申报

展览品进境 20 个工作日前,展览会主办单位应当将举办展览会的批准文件连同展览品清单一起送展出地海关,办理登记备案手续。展览品进境申报手续可以在展出地海关办理。从非展出地海关进境的,可以申请在进境地海关办理转关运输手续,将展览品在海关监管下从进境口岸转运至展览会举办地主管海关办理申报手续。展览品中涉及检验检疫等管制的,还应当向海关提交有关许可证件。展览会主办单位或其代理人应当向海关提供担保。海关一般在展览会举办地对展览品开箱查验。

对非 ATA 单证册项下的暂时进出境货物,报关单位在进出口前应向主管海关提交《货物暂时进/出境申请书》、货物清单、发票、合同或者协议及其他相关单据并提交担保,向主管海关申请批准备案,在货物进出境向进出境地海关办理报关手续时,应向海关提交以下单证:进出口货物报关单;暂时进出境货物清单;担保证明;《货物暂时进/出境申请批准决定书》;发票、装箱单;合同;其他相关单证。

进口展览品的暂准进境期限为 6 个月,即自展览品进境之日起 6 个月内复运出境。如果需要延长复运出境的期限,应当向主管海关提出申请,经批准,可以延长,延长期限最长不超过 6 个月。出口展览品的暂准出境期限为自展览品出境之日起 6 个月内复运进境。如果需要延长复运进境的期限,应当向主管海关提出申请。

2)出境申报

展览品出境申报手续应当在出境地海关办理。在境外举办展览会或参加国外展览会的企业应当向海关提交国家主管部门的批准文件、报关单、展览品清单一式两份等单证。

展览品属于应当缴纳出口关税的,向海关缴纳相当于税款的保证金;属于核用品、核两用品及相关技术的出口管制商品的,应当提交出口许可证。海关对展览品开箱查验,核对展览品清单。查验完毕,海关留存一份清单,另一份封入关封交还给出口货物发货人或其代理人,凭以办理展览品复运进境申报手续。

3) 核销结关

(1) 复运进出境。

进境展览品按规定期限复运出境,出境展览品按规定期限复运进境后,海关分别签发报关单证明联,展览品所有人或其代理人凭以向主管海关办理核销结关手续。展览品未能按规定期限复运进出境的,展览会主办单位或出国举办展览会的单位应当向主管海关申请延期,在延长期内办理复运进出境手续。

(2) 转为正式进出口。

进境展览品在展览后被人购买的,由展览会主办单位或代理人向海关办理进口申报、纳税手续,其中属于许可证件管理的,还应提交进口许可证件。出境展览品在境外参加展览会后被销售的,由海关核对展览品清单后要求企业补办有关正式出口手续。

(3) 放弃或赠送。

展览会结束后,进口展览品的所有人决定将展览品放弃交由海关处理的,由海关变卖后将款项上缴国库。有单位接受放弃展览品的,应当向海关办理进口申报、纳税手续。展览品的所有人决定将展览品赠送的,受赠人应向海关办理进口手续,海关根据进口礼品或经贸往来赠送品的规定办理。

(4) 展览品毁坏、丢失、被窃。

展览品因毁坏、丢失、被窃等原因,而不能复运出境的,展览会主办单位或其代理人应当向海关报告。对于毁坏的展览品,海关根据毁坏程度估价征税;对于丢失或被窃的展览品,海关按照进口类货物征收进口税。展览品因不可抗力遭受损毁或灭失的,海关根据受损情况,减征或免征进口税。

4. 其他暂准进出口货物报关

1) 其他暂准进出口货物概念

其他暂准进出口货物是指可以暂不缴纳税款的12项暂准进出境货物,除使用或不使用ATA单证册报关的展览品、集装箱箱体按各自的监管方式由海关进行监管外,按《中华人民共和国海关对暂时进出口货物监管办法》进行监管的货物。

暂准进出口货物进出境要经过海关的核准。暂准进出口货物进出境核准属于海关行政许可范围的,应当按照海关行政许可的程序办理。

其他暂准进出口货物应当自进境或出境之日起6个月内复运出境或者复运进境。因特殊情况不能在规定期限内复运出境或者复运进境的,应当向海关申请延期,经批准可以适当延期,延长期最长不超过6个月。

2) 其他暂准进出口货物的报关

(1) 进境申报。

暂准进口货物进境时,收货人或其代理人应当向海关提交主管部门允许货物为特定目的而暂准进境的批准文件、进口货物报关单、商业及货运单据等,向海关办理暂准进境申报手续。暂准进口货物在进境时,进口货物的收货人或其代理人免予缴纳进口税,但必须向海关提供担保。

(2)出境申报。

暂准出口货物出境,发货人或其代理人应当向海关提交主管部门允许货物为特定目的而暂时出境的批准文件、出口货物报关单、货运和商业单据等,向海关办理暂时出境申报手续。暂准出口货物除易制毒化学品、监控化学品、消耗臭氧层物质、有关核用品、核两用品及相关技术的出口管制条例管制的商品以及其他国际公约管制的商品按正常出口提交有关许可证件外,不需交验许可证件。

(3)结关。

其他暂准进口货物复运出境,或者转为正式进口,或者放弃后,暂准出口货物复运进境,或者转为正式出口后,收发货人向海关提交经海关签注的进出口货物报关单,或者处理放弃货物的有关单据以及其他有关单证,申请报核。海关经审核,情况正常的,退还保证金或办理其他担保销案手续,予以结关。

因不可抗力的原因受损,无法原状复运出境、进境的,收发货人应当及时向主管海关报告。可以凭有关部门出具的证明材料办理复运出境、进境手续,因不可抗力的原因灭失或者失去使用价值的,经海关核实后可以视为货物已经复运出境、进境。因不可抗力以外的其他原因灭失或者受损的,收发货人应当按照货物进出口的有关规定办理海关手续。

项目三　其他进出口货物的报关

教学要点

1. 过境、转运、通运货物的报关;
2. 无代价抵偿货物报关;
3. 退运货物的报关。

教学方法

可采用讲授、情境教学、案例教学和分组讨论等方法。

一、过境、转运、通运货物的报关

过境、转运和通运货物的共同性质都是从境外启运,通过我国境内继续运往境外的货物。这类货物,仅通过我国境内运输或短暂停留,不在境内销售、加工、使用以及贸易性储存。按照《海关法》第三十六条的规定:"过境、转运和通运货物,运输工具负责人应当向进境地海关如实申报,并应当在规定期限内运输出境。"从这个意义上说,这类货物也具有暂准进境的性质,但我国海关规定这三类货物不属暂准进出口通关制度的适用范围,适用特别通关制度,它们的异同主要表现见表9-2。

过境、转运、通运货物的异同　　　　　　表9-2

类别	运输形式	是否在我国境内换装运输工具	启运地	目的地
过境	通过我国境内陆路运输	不论是否换装运输工具	我国境外	我国境内
转运	不通过我国境内陆路运输	换装运输工具		
通运	随原航空器、船舶进出境	不换装运输工具		

1. 过境货物的报关

过境货物是指从国外启运,通过我国境内陆路运输,继续运往境外的货物。过境货物的过境期限为6个月,如有特殊原因可以向海关申请延期,经海关同意后,可延期3个月。过境货物超过规定的期限3个月仍未过境的,海关按规定依法提取变卖,变卖后的货款按有关规定处理。

1) 准许过境货物

(1) 与我国签有过境货物协定国家的过境货物,或与我国签有铁路联运协定的国家收、发货的过境货物,按有关协定准予过境。

(2) 对于同我国未签有上述协定国家的过境货物,应当经国家商务、运输主管部门批准,并向入境地海关备案后准予过境。

准许过境货物的装载过境运输工具,应当具有海关认可的加封条件或装置,海关认为必要时,可以对过境货物及其装载装置加封,未经海关许可,任何单位或个人不得开拆、提取、交付、发运、调换、抵押、转让或者更换标记。运输部门和经营人应当持主管部门的批准文件和工商行政管理部门颁发的营业执照,向海关申请办理报关注册登记手续,并负责保护海关封志的完整,任何人不得擅自开启或损毁。

2) 禁止过境货物

(1) 来自或运往我国停止或禁止贸易的国家和地区的货物。

(2) 各种武器、弹药、爆炸物品,以及军需品(通过军事途径运输的除外)。

(3) 各种烈性毒药、麻醉品和鸦片、吗啡、海洛因、可卡因等毒品。

(4) 我国法律、法规禁止过境的其他货物、物品。

过境货物海关监管的目的是为了防止过境货物在我国境内运输过程中滞留国内,或将我国货物混入过境货物出境;防止禁止过境货物从我国过境。

3) 过境货物的海关监管

(1) 一般过境货物的海关监管。

过境货物进境后因换装运输工具等原因须卸地储存时,应当经海关批准并在海关监管下存入经海关指定或同意的仓库或场所;过境货物在进境以后、出境以前,应当按照运输主管部门规定的路线运输,运输主管部门没有规定的,由海关指定;海关派员押运过境货物时,经营人或承运人应免费提供交通工具和执行监管任务的便利。

(2) 特殊过境货物的海关监管。

民用爆炸品、医用麻醉品等过境运输,应经海关总署的有关部门批准后,方可过境;有伪报货名和国别,借以运输我国禁止过境的货物以及其他违反我国法令的事情,货物将被海关依法扣留处理;海关在对过境货物的监管过程中,除发现有违法或者可疑情事外,一般在作外形查验后,即予以放行。海关查验过境货物时,经营人或承运人应当到场,负责搬移货物、开拆和重封货物的包装;过境货物在境内发生灭失和短少时(除不可抗力的原因外),经营人应当负责向出境地海关补办进口纳税手续。

4）过境货物报关

（1）进境报关。

过境货物进境时,经营人应当向进境地海关如实申报,并递交中华人民共和国海关过境货物报关单以及海关规定的其他单证,办理进境手续过境货物经进境地海关审核无误后,海关在运单上加盖"海关监管货物"戳记,并将过境货物报关单和过境货物清单制作关封后加盖"海关监管货物"专用章,连同上述运单一并交经营人。经营人或承运人应当负责将进境地海关签发的关封完整及时地代交出境地海关。

（2）过境货物复出境报关。

过境货物复出境时,经营人应当向出境地海关申报,并递交进境地海关签发的关封和海关需要的其他单证,经出境地海关审核有关单证、关封和货物无误后,由海关在运单上加盖放行章,在海关监管下出境。

2. 转运货物的报关

转运货物是指由境外启运,通过我国境内设立海关的地点换装运输工具,不通过境内陆路运输,继续运往境外的货物。

1）转运货物的条件

进境运输工具载运的货物必须具备下列条件之一,方可办理转运手续:

（1）持有转运或联运提货单的;

（2）进口载货清单上注明是转运货物的;

（3）持有普通提货单,但在起卸前向海关声明转运的;

（4）误卸的进口货物,经运输工具经理人提供确实证件的;

（5）因特殊情由申请转运,经海关批准的。

2）转运货物的海关监管

（1）外国转运货物在中国口岸存放期间,不得开拆、改换包装或进行加工;

（2）转运货物必须在3个月内办理海关手续并转运出境,超过限期的,海关将按规定提取变卖;

（3）海关对转运的外国货物有权检查,如果没有发现有违法或可疑情事,海关将只作外形查验。

3）转运货物的报关

海关对转运货物实施监管,主要是防止货物在口岸换装过程中混卸进口或混装出口。为此,海关规定转运货物的报关程序如下:

（1）转运货物承运人的责任就是确保其继续运往境外,载有转运货物的运输工具进境后,承运人应当在进口载货清单上载明转运货物的名称、数量、起运地和到达地,并向海关申报进境;

（2）转运货物换装运输工具时,申报经海关同意后,在海关指定的地点接受并配合海关的监装、监卸至货物装运出境为止;

（3）转运货物应当在规定时间内运送出境。

3. 通运货物的报关

通运货物是指从境外启运,不通过我国境内陆路运输,运进境后由原运输工具载运出境的货物。通运货物需要办理以下报关手续:

（1）运输工具进境时，运输工具的负责人应凭注明通运货物名称和数量的"船舶进口报告书"或国际民航机使用的"进口载货舱单"向进境地海关申报；

（2）进境地海关在接受申报后，在运输工具抵、离境时对申报的货物予以核查，并监管货物实际离境；

（3）运输工具因装卸货物需搬运或倒装货物时，应向海关申请并在海关的监管下进行。

二、无代价抵偿货物报关

1. 无代价抵偿货物的概念

1）无代价抵偿货物的含义

无代价抵偿货物是指进口货物在征税或免税放行之后，发现货物残损、短少、品质不良或规格不符，而由境外承运人、发货人或保险公司免费补偿或更换的与原货物相同或与合同相符的货物。

收发货人申报进出口的无代价抵偿货物，与退运出境或者退运进境的原货物不完全相同或者与合同规定不完全相符的，经收发货人说明理由，海关审核认为理由正当且税则号列未发生改变的，仍属于无代价抵偿货物范围。

收发货人申报进出口的免费补偿或者更换的货物，其税则号列与原进出口货物的税则号列不一致的，不属于无代价抵偿货物范围，属于一般进出口货物范围。

2）无代价抵偿货物的特征

（1）无代价抵偿是执行合同的过程中发生的损害赔偿，即买卖双方在执行交易合同中，买方根据货物损害的事实状态向卖方请求偿付，而由卖方进行的赔偿。对于违反进口管理规定而索赔进口的，不能按无代价抵偿货物办理。

（2）海关已经放行，即被抵偿进口的货物已办理了进口手续，并已按规定交纳了关税或者享受减免税的优惠，经海关放行之后发现损害而索赔进口的。

（3）仅抵偿直接损失部分。根据国际惯例，除合同另有规定外，抵偿一般只限于成交商品所发生的直接损失（如残损、短少、品质不良等）以及合同规定的有关方面（如对迟交货物罚款等）。对于所发生的间接损失（如因设备问题所发生的延误投产所造成的损失），一般不包括在抵偿的范围内。

3）无代价抵偿货物的抵偿形式

（1）补缺，即补足短少部分；

（2）更换错发货物，即退运错发货物，换进应发货物；

（3）换品质不良货物，即退运品质不良货物，改换质量合格的货物；

（4）贬值，即因品质不良而削价的补偿；

（5）补偿备件，即对残损的补偿，由买方自行修理；

（6）修理，即因残损，原货物运到境外修理后再进口。

2. 无代价抵偿货物的报关

1）无代价抵偿货物海关监管

（1）进出口无代价抵偿货物免予交验进出口许可证件。

（2）进口无代价抵偿货物，不征收进口关税和进口环节海关代征税；出口无代价抵偿货物，不征收出口关税。但是进出口与原货物或合同规定不完全相符的无代价抵偿货物，应当按规定计算与原进出口货物的税款差额,高出原征收税款数额的应当征收超出部分的税款,低于原征收税款,原进出口货物的发货人、承运人或者保险公司同时补偿货款的,应当退还补偿货款部分的税款,未补偿货款的,不予退还。

(3)现场放行后,海关不再进行监管。

2)申报办理无代价抵偿货物进出口手续的期限

向海关申报进出口无代价抵偿货物应当在原进出口合同规定的索赔期内,而且不超过原货物进出口之日起3年。

3)无代价抵偿货物报关应提供的单证

收发货人向海关申报无代价抵偿货物进出口时,除应当填制报关单和提供基本单证外,还应当提供其他特殊单证。

(1)进口申报单证。

①原进口货物报关单;

②原进口货物退运出境的出口货物报关单,或者原进口货物交由海关处理的货物放弃处理证明,或者已经办理纳税手续的单证(短少抵偿的除外);

③原进口货物税款缴纳书或者进出口货物征免税证明;

④买卖双方签订的索赔协议。

海关认为需要时,纳税义务人还应当提交具有资质的商品检验机构出具的原进口货物残损、短少、品质不良或者规格不符的检验证明书或者其他有关证明文件。

(2)出口申报单证。

①出口货物报关单;

②原出口货物退运进境的进口货物报关单或者已经办理纳税手续的单证(短少抵偿的除外);

③出口货物税款缴纳书;

④买卖双方签订的索赔协议。

海关认为需要时,纳税义务人还应当提交具有资质的商品检验机构出具的原出口货物残损、短少、品质不良或者规格不符的检验证明书或者其他有关证明文件。

4)残损、品质不良或规格不符引起的无代价抵偿货物进出口报关

残损、品质不良或规格不符引起的无代价抵偿货物,进出口前应当先办理被更换的原进出口货物中残损、品质不良或规格不符货物的有关海关手续。

(1)退运出境。

原出口货物的发货人或其代理人应当办理被更换的原出口货物中残损、品质不良或规格不符货物的退运进境的报关手续。被更换的原出口货物退运进境时,不征收进口关税和进口环节海关代征税。被更换的原进口货物退运出境时,不征收出口关税。

(2)不退运出境而交由海关处理。

放弃交由海关处理被更换的原进口货物中残损、品质不良或规格不符货物不退运出境,但原进口货物的收货人愿意放弃,交由海关处理的,海关应当依法处理并向收货人提供依据,凭以申报进口无代价抵偿货物。

(3)不退运出境,也不放弃交由海关处理或不退运进境。

被更换的原出口货物中残损、品质不良或规格不符的货物不退运进境,原出口货物的发货人应当按照海关接受无代价抵偿货物申报出口之日适用的有关规定申报出口,并按照海

关对原出口货物重新估定的价格计算的税额缴纳出口关税,属于许可证件管理的商品还应当交验相应的许可证件。

三、退运货物的报关

1. 退运货物的概念

退运货物是指货物因品质不良或交货时间延误等原因,被买方拒收退运或因错发、错运造成的溢装、漏卸而退运的货物。退运货物包括一般退运和直接退运。

一般退运货物是指已办理申报手续且海关已放行出口或进口,因各种原因造成退运进口或退运出口的货物。

直接退运货物是指进口货物收发货人、原运输工具负责人或者其代理人在有关货物进境后海关放行前,由于各种原因依法向海关申请将全部或者部分货物直接退运境外,或者海关根据国家有关规定责令直接退运的货物。

2. 一般退运货物报关

1) 退运出口

进口货物海关放行后,因故退运出口报关时,原收货人或其代理人应填写重要货物报关单申报出境,并提供原进境时的进口货物报关单,以及商品检验证书、保险公司、承运人溢装、漏卸证明、与国外发货人索赔的业务函电等有关资料,经海关核实无误后,验放有关货物出境。因品质或者规格原因,进口货物自进口之日起 1 年内原状复运出境的,不征收出口关税;已征进口关税的货物,因品质或者规格原因,原状退货复运出境的,纳税义务人自缴纳税款之日起 1 年内,可以向海关书面申请并提供原缴税款凭证及相关资料办理退税。

2) 退运进口

(1) 原出口货物已收汇。

被境外退运进口,若该批出口货物已收汇、核销,原出口货物的发货人应向海关申报进口时,应提供原出口货物报关单,并提供加盖已核销专用章的外汇核销单出口退税专用联正本或国税局"出口商品退运已补税证明",保险公司证明或境外收货人退运的业务函电、承运人溢装、漏卸的证明等资料,办理退运报关手续,同时海关签发进口货物报关单,经海关核查属实,验放货物进境。

已收汇、核销的原出口货物退运进口,报关时提交如下单证:进口货物报关单;原出口货物报关单;加盖已核销专用章的"外汇核销单出口退税专用联"正本;国税局出具的"出口商品退税已补税证明";境外收货人退运的业务函电;出口税缴款书;海关需要的其他单证。

(2) 原出口货物未收汇。

原出口货物退运进口时,若该批货物未收汇,原出口货物的发货人或其代理人在向海关办理退运进口报关手续时,应向海关提供原出口货物报关单、外汇核销单、报关单退税联、境外收货人退运的函电等资料,经海关核实,签发进口货物报关单,验放货物进境。

未收汇、核销的原出口货物退运进口,报关时提交如下单证:进口货物报关单;原出口货物报关单;原出口外汇核销单;原出口退税专用出口货物报关单;出口税缴款书,海关需要的其他单证。

3) 税收

因品质规格原因,进口货物自进口之日起 1 年内原状退运出境的,经海关核实,可不征收出口关税,已经征收进口税的,自缴纳进口税款之日起1年内退还。

3. 直接退运货物报关

申请办理直接退运手续的货物,一般应在运载该批货物的运输工具申报进境之日起或自运输工具卸货之日起3个月内,由货物的所有人或其代理人向海关提出书面申请,填写《直接退运货物审批表》,并向海关提交境外发货人错发错运的业务函电、境外发货人同意退运的业务函电等资料,申请海关批准。

经海关批准同意直接退运的货物,因为尚未向海关申报进口或中止进口报关手续,而向海关申请批准直接退运境外,所以,在办理退运手续时,应先填写出口货物报关单向海关申报,再填写进口货物报关单,并在进口货物报关单的"标记唛码及备注"栏填报联报关单(出口报关单)号。

对经海关审批同意直接退运的货物,在进出口货物报关单相关栏目内填报进出口报关单编号。属于承运人的责任造成错发错运、误卸,准予退运的,可免填报关单。

经海关审批同意直接退运的货物,在办理直接退运的出口和进口申报时,不需验证进出口许可证件,也不需缴纳税费及滞报金。

项目四 办理转关运输货物的报关

教学要点

1. 转关运输货物的概念;
2. 转关运输货物的报关。

教学方法

可采用讲授、情境教学、案例教学和分组讨论等方法。

一、转关运输货物的概念

转关运输货物是指由进境地入境后,运往另一设关地点办理进口海关手续的货物;在启运地已办理出口海关手续运往出境地,由海关放行的货物;由国内一设关地点转运到另一设关地点的,应受海关监管的货物。转关运输货物属海关监管货物。承运转关运输货物的国内运输工具也受海关监管。

一般进口商品经主管地海关和进境地海关同意并备案后均可以办理转关手续。属于《限制转关物品清单》范围之列的下列进出口货物不能办理转关运输手续:进口固体废物(废纸除外);进口易制毒化学品、监控化学品、消耗臭氧层物质;进口汽车整车,包括成套散件和二类底盘;国家检验检疫部门规定必须在口岸检验检疫的商品。

1. 转关运输货物的种类

(1)进口转关货物。进口转关货物是指货物由进境地入境后,向海关申请运往另一个设关地点(指运地)办理进口海关手续。其中,进境地是指货物进入关境的口岸;指运地是指进口转关货物运抵报关地点。

(2)出口转关货物。出口转关货物是指在境内一设关地点(启运地)办理出口海关手续,后运往出境地,由出境地海关监管放行。其中,出境地是指货物离开关境口岸的地点;启运地是指出口转关货物报关发运的地点。

(3)境内转关。境内转关是指海关监管货物从境内一设关地点运往另一设关地点。

2. 转关运输货物的条件

进出口货物经收发货人或其代理人向进境地海关提出申请,并具备下列条件者,可核准办理转关运输。

(1)指运地设有海关机构,或虽未设海关机构,但经分管海关同意的。

(2)在向海关交验的进境运输工具货运单据上列明的。

(3)运输工具和货物符合海关监管要求,并具有加封条件和装置的。

(4)因特殊情由,经海关核准的货物,也可以办理转关运输。如国家重点工程建设急需的物资;国家农业生产建设急需的物资;成套设备、精密仪器、仪表以及其他经开拆包装查验后不宜继续长途运输的货物;救灾物资等。

(5)其他特殊情况。例如,小汽车转关应符合下列条件:集装箱运输的;铁路运输的;使用专用运输工具运输的。

3. 转关运输的方式

1)提前报关转关

提前报关是指进口货物在指运地先申报再到进境地办理进口转关手续,出口货物在货物未运抵启运地监管场所前先申报,货物运抵监管场所后再办理出口转关手续的方式。

对于进口转关货物,应在电子数据申报之日起5日内,向进境地海关办理转关手续,超过期限的,进境地海关撤销提前报关的电子数据。出口转关货物应于电子数据申报之日起5日内,运抵启运地海关监管场所,办理转关和验放等手续,超过期限的,启运地海关撤销提前报关的电子数据。

2)直转转关

进口直转转关是指进境货物在进境地海关办理转关手续,货物运抵指运地再在指运地海关办理报关手续的转关。

出口直转转关是指出口货物在货物运抵启运地海关监管场所报关后,在启运地海关办理出口转关手续再到出境地海关办理出境手续的转关。

直转方式转关的进口货物应当自运输工具申报进境之日起14日内向进境地海关办理转关手续,在海关限定期限内运抵指运地之日起14日内,向指运地海关办理报关手续。逾期按规定征收滞报金。

3)中转转关

中转转关是指在收、发货人或其代理人向指运地或启运地海关办理进出口报关手续后,由境内承运人或其代理人统一向进境地或启运地海关办理进口或出口转关手续。具有全程提运单,须换装境内运输工具的进出口中转货物,适用中转方式转关运输。

4. 转关运输货物的海关监管

(1)转关运输货物未经海关许可,不得开拆、改装、调换、提取、交付;对海关加封的运输工具和货物,申请人和承运人应当保持海关封志完整,不得擅自开启或损坏。

(2)转关运输货物必须存放在经海关同意的仓库、场所。存放转关运输货物的仓库、场所的经营人应依法向海关负责,并按照海关规定办理收存、交付手续。

(3) 海关需要派员押运转关货物时,申请人应当按规定向海关缴纳规费,并为执行监管任务提供必要的方便。

(4) 保税仓库间的货物转关,应经海关核准,除应办理正常的货物进出保税仓库手续外,还应填写转关进境申报单,并在指运地栏内注明货物将要存入的保税仓库名称,不再填写进出口货物报关单。

(5) 转关运输货物在国内储运中发生损坏、短少、灭失情况时,承运人、申请人和保税仓库负责人应当及时向有关海关报告。对所损坏、短少、灭失的货物,除因不可抗力外,承运人、申请人和保税仓库负责人应承担纳税责任。

二、转关运输货物的报关

1. 进口货物转关
1) 提前报关货物转关
(1) 向指运地海关录入《进口货物报关单》电子数据。

进口货物的收货人或其代理人在进境地海关办理进口货物转关手续前,向指运地海关传送进口货物报关单电子数据。指运地海关提前受理电子申报,接受申报后,计算机自动生成进口转关货物申报单,向进境地海关传输有关数据。

提前报关的进口转关货物的收发货人或其代理人应在电子数据申报之日起5日内向进境地海关呈报《进口转关货物申报单》编号。

(2) 提前报关时提交的单证。
①《进口转关货物核放单》(广东省内公路运输的,提交进境汽车载货清单);
②汽车载货登记簿或船舶监管簿;
③提货单。

提前报关的进口转关货物,进境地海关因故无法调阅进口转关数据时,可以按直转方式办理转关手续。

2) 直转方式货物转关
(1) 在进境地海关录入转关申报数据。

货物的收货人或其代理人在进境地海关办理直转手续时,录入《进口转关运输货物申报单》并发送申报电子数据。

(2) 直转方式转关时提交的单证。
①进口转关货物申报单(广东省内公路运输的,提交进境汽车载货清单);
②汽车载货登记簿或船舶监管簿;
③提货单。

直转方式转关运输货物应在运输工具申报进境或运抵指运地之日起14天内向海关申报办理转关手续。逾期申报将缴纳滞报金。

3) 中转方式的转关

具有全程提运单、需要换装境内运输工具的中转转关货物的收货人或其代理人向指运地海关办理进口报关手续后,由境内承运人或其代理人向进境地海关提交进口转关货物申报单、"进口货物中转通知书"、按指运地目的港分列的纸质舱单(空运方式提交联程运单)等单证,办理货物转关手续。

2. 出口货物的转关
1）提前报关的转关
（1）《出口货物报关单》电子数据录入。
由货物的发货人或其代理人在货物未运抵启运地海关监管场所前，先向启运地海关传送出口货物报关单电子数据，由启运地海关提前受理电子申报，生成出口转关货物申报单数据，传输至出境地海关。
（2）提前报关货物转关时提交的单证。
①出口货物报关单；
②汽车载货登记簿或船舶监管簿；
③广东省内公路运输的，提交出境汽车载货清单。
货物到达出境地后，发货人或其代理人应持启运地海关签发的出口货物报关单；出口转关货物申报单或出境汽车载货清单；汽车载货登记簿或船舶监管簿等单据向出境地海关办理转关货物出境手续。
2）直转方式的转关
（1）《出口货物报关单》电子数据录入。
由发货人或其代理人在货物运抵启运地海关监管场所后，向启运地海关传送出口货物报关单电子数据，启运地海关受理电子申报，生成"出口转关货物申报单"数据，传输至出境地海关。
（2）直转报关货物转关时提交的单证。
①出口货物报关单；
②汽车载货登记簿或船舶监管簿；
③广东省内运输的，提交出境汽车载货清单。
直转的出口转关货物到达出境地后，发货人或其代理人应持启运地海关签发的出口货物报关单，出口转关货物申报单或出境汽车载货清单，汽车载货登记簿或船舶监管簿等单证，向出境地海关办理转关货物的出境手续。
3）中转方式的转关
具有全程提运单、需要换装境内运输工具的出口中转转关货物，货物的发货人或其代理人向启运地海关办理出口报关手续后，由承运人或其代理人向启运地海关传送并提交出口转关货物申报单，凭出境运输工具分列的电子或纸质舱单、汽车载货登记簿或船舶监管簿等单证，向启运地海关办理货物出口转关手续。
经启运地海关核准后，签发"出口货物中转通知书"，承运人或其代理人凭以办理中转货物的出境手续。
3. 境内转关
境内监管货物的转关运输，除加工贸易深加工结转按有关规定办理外，均应按进口转关方式办理，具体如下：
1）提前报关
由转入地（指运地）货物收货人或其代理人，在转出地（进境地）海关办理监管货物转关手续前，向转入地海关传送进口货物报关单电子数据报关。
由转入地海关提前受理电子申报，并生成"进口转关货物申报单"，向转出地海关传输。转入地货物收货人或其代理人应持进口转关货物核放单和汽车载货登记簿或船舶监管簿，并提供进口转关货物申报单编号,向转出地海关办理转关手续。

2)直转报关

由转入地货物收货人或其代理人在转出地录入转关申报数据,持进口转关货物申报单和汽车载货登记簿或船舶监管簿,直接向转出地海关办理转关手续。

货物运抵转入地后,海关监管货物的转入地收货人或其代理人向转入地海关办理货物的报关手续。

思考练习

一、案例分析

1. 某外商投资企业分别于2003年3月1日、2008年5月5日,免税进口两批,现企业提出解除两批免税进口生产设备海关监管的要求。请分析两批免税进口生产设备的海关监管要求。

2. 江苏连云港A公司向香港B公司出口叉车,经海关批准,该批货物运抵连云港海关监管现场前,先向该海关录入出口货物报关单电子数据。货物运至海关监管现场后,办理有关手续转关至上海吴淞口岸装运出境。请问:该批出口货物的转关运输应采用什么方式?海关对转关货物管理有什么规定?

3. 某加工贸易企业专业从事各种电脑显示器的研发、制造和销售业务,产品70%外销。该企业出口的彩色显示器保修期为3年,期间接受客户任何理由无条件退货。因此每年均有少量的外销显示器由于各种原因从欧美等国退回工厂维修。请问:退货的成品应如何办理报关手续?

二、简答题

1. 简述特定减免税货物的报关程序。
2. 简述暂准进出境货物的报关程序。
3. 简述其他进出境货物的报关程序。
4. 简述转关运输货物的报关程序。

三、实操训练

英国哈森公司为参加某市电子商品展览会货运进境整流器、变压器和开关供展览使用。英国哈森公司产品在某市的展出期间将整流器和变压器无偿赠送给该市的相关公司,其余货品在展览结束后退回英国。请你为这批货物办理报关手续。

任务十 运输工具报关

内容简介

在国际贸易中,货物的交付通常需要国际间的长途运输来实现,而作为这种运输行为的主体——承运人和运输工具,则根据买方或卖方的要求将相关货物运到指定地点,起着完成国际间买卖行为的纽带作用。离开了运输工具,就无法实现商品国际间的流通,买卖双方的货物不能进入对方关境,也就无法实现国际贸易。因此,当今世界各国海关在对国际贸易货物进出本国关境作出规定或限制的同时,也对载运国际贸易货物的运输工具进出本国关境的行为以法律形式予以界定,明确了相关的权利和义务,保证了国际贸易运输业的健康发展。

教学目标

1. 知识目标
（1）了解我国海关对进出境运输工具的监管规定；
（2）了解国际航行船舶、民航机、国际联运列车、进出境汽车报关程序及作业单证。
2. 技能目标
（1）熟悉国际航行船舶的报关程序,并掌握舱单的填制、递交与传输的流程；
（2）掌握海关对国际航行船舶的监管操作流程。

案例导入

李红是一名刚刚进入公司的高职毕业生,她所在的公司是国际某知名船公司在国内的船舶代理公司,刚到公司的第一天,部门张经理首先介绍了公司的基本情况,之后李红又通过阅读有关资料和网站信息全面掌握了公司的状况,通过接下来几天的培训以及和同事的相处,李红认识到自己的岗位职责主要是负责所代理的船公司船舶的进港和离港时的报关工作。张经理希望李红能够尽快熟悉业务,将自己所学的知识发挥出来,在事业上有所成绩。李红对即将进行的工作有些困惑。

引导思路

（1）船代的工作与货代的工作有什么不同？
（2）运输工具的报关与一般进出口货物的报关有什么不同？
（3）什么是纸质舱单和电子舱单,他们之间有何区别？
（4）海关对电子舱单数据的传输时限有何严格的规定？

项目一　进出境运输工具

教学要点

1. 了解海关对进出境运输工具的监管范围、监管目的；
2. 结合实际案例，掌握舱单的填制、递交和传输等流程。

教学方法

可采用讲授、情境教学、案例教学和分组讨论等方法。

一、海关对进出境运输工具监管范围

我国毗邻国家和地区较多，边境线、海岸线长，对外口岸多且经济发展不平衡。从具体承运工具来看，既有先进的民用航空器，也有大吨位的远洋船舶；既有现代化的列车、汽车等车辆，也有往返于边境的原始驮畜。

我国《海关法》规定的进出境运输工具，是指用以载运人员、货物、物品进出境的各种船舶、车辆、航空器和驮畜。根据该规定，海关对进出境运输工具的监管范围包括以下4个方面：

1. 船舶

船舶包括机动及非机动的进出关境的海上、国界江河上的来往船舶，转运、驳运进出境客货的船舶，兼营境内外客货运输的船舶，装载普通客货的军船。按用途可分为客轮、货轮、客货轮。其中，货轮又可分为杂货船、散装货船、冷藏船、木材船、油轮、集装箱船和滚装船等。

2. 车辆

车辆主要有铁路车辆和公路车辆。铁路车辆包括进出关境的客车、货车、行李车、邮车、机动车、发电车、轨道车和其他用途的车辆。公路车辆主要包括货柜车、罐装车及其他非机动车辆。

3. 航空器

航空器主要包括所有载运进出境旅客或进出口货物的进出关境的民用航空器。进出关境的军用航空器装载普通客货时，也受海关监管。

4. 驮畜

驮畜包括载运进出境客货的马、驴、牛、骆驼等用于驮运的牲畜。

二、监　管　目　的

在国际贸易中，买卖双方货物的交付通常需要国家间的长途运输来实现。承运人和运输工具作为这种运输行为的主体，需要根据货主的要求将相关的货物载运到指定的地点，起到完成国际间买卖行为的作用。海关对进出境运输工具监管的根本目的在于：维护国家主权和民族利益，贯彻国家对外贸易政策，方便进出口，促进国际交流。海关可通过审核单证、实地实物查验，确保运输工具及其所载货物合法进出境。

三、舱单管理

1. 舱单的概念

舱单是指进出境船舶、航空器、铁路列车负责人或其代理人向海关递交真实的、准确反映运输工具载货情况的纸质载货清单。

清洁舱单是指运输工具负责人或其代理人确认的运输工具实际所载货物的舱单。

预装舱单是指出境运输工具负责人或其代理人预先计划装载出境货物的舱单。

舱单电子数据是指进出境船舶、航空器、铁路列车负责人或其代理人按照《中华人民共和国海关舱单电子数据传输管理办法》要求的格式,以电子数据交换的方式向海关传输的进出境运输工具的载货清单数据,其内容应与纸质舱单数据一致。

2. 舱单的递交和电子舱单的传输

运输工具负责人或其代理人在运输工具进出境时,应向海关提交进出境运输工具负责人签章的舱单。海关应将此舱单与运输工具负责人或其代理人传输的舱单电子数据进行核对、审核。审核无误后,方可接受进口货物的申报。

已向海关传输的舱单电子数据需要更改的,由运输工具代理人向海关提出书面申请,海关审核同意后,凭准确的纸质舱单办理有关更改手续。

海关在出境运输工具实际离境后,应及时收取清洁舱单及其电子数据,出口报关单及清洁舱单核销后,方可办理出口退税证明联的签发手续。

海关应按规定办理所在地运输工具负责人或其代理人注册手续,海关应将其有关业务印模、签字文本和舱单录入、传输、保送、缮制人员名单等文件存档备案。

除不可抗力外,进境船舶的代理人应当在船舶抵港后 24 小时内,出境船舶的代理人应当在船舶离港后 72 小时内,按照海关的要求将舱单电子数据传送到海关。

项目二 进出境运输工具报关基本规则

教学要点

结合实际案例,了解并掌握进出境运输工具报关各基本规则。

教学方法

可采用讲授、情境教学、案例教学和分组讨论等方法。

一、如实申报规则

《海关法》规定:进出境运输工具到达或者驶离设立海关的地点时,运输工具负责人应当向海关如实申报,交验单证;并接受海关监管和检查。

运输工具在进境前所载和进境后所添装的物料、燃料应当向海关申报并接受海关监管,具体包括燃油、淡水、蔬菜、食品、船舶小卖部商品、船舶修理用品和零配件等。

如实申报主要体现在:

（1）申报的主体是作为进出境货物、物品承运人的进出境运输工具的负责人。

（2）申报的形式和要求较为简便，不规定运输工具负责人必须另行填写统一格式的报关单，而只需交验运输工具随附的、符合国际商业运输惯例、能反映运输工具合法性和所承运货物、物品真实性的证件、单据。

（3）进出境运输工具的申报与货物、物品的申报具有相同的法律效力，进出境运输工具的负责人必须对其交验单证的真实性负责。

二、接受监管和检查规则

海关在接受申报并对交验单证进行审核后，将根据申报事项和具体情况决定如何对运输工具进行实地、实物的监管和检查，其监管检查的方式则根据运输工具的种类、作业状态、风险程度及口岸监管条件等因素决定。

《海关法》规定：海关检查进出境运输工具时，运输工具负责人应当到场，并根据海关的要求开启舱室、房间、车门；有走私嫌疑的，并应当开拆可能藏匿走私货物、物品的部位，搬移货物、物料。

运输工具装卸进出境货物、物品或者上下进出境旅客，应当接受海关监管。货物、物品装卸完毕，运输工具负责人应当向海关递交反映实际装卸情况的交接单据和记录。上下进出境运输工具的人员携带物品的，应当向海关如实申报，并接受海关检查。海关据此进行征税和统计。

海关根据工作需要，可以派员随运输工具执行职务，运输工具负责人应当提供方便。海关对运输工具的检查方法一般有以下3种：

（1）例行抽查。通过对运输工具的表部检查，观察有无走私违法的迹象。

（2）重点抽查。通过对运输工具的某一特定部位进行较为详细的检查，确认有无走私违法的嫌疑。

（3）重点查抄。对运输工具可能藏匿走私货物、物品的所有部位进行彻底、仔细的检查，确认有无走私违法的事实。

对大多数合法进出境运输工具，在海关办理手续时；如未发现走私违法迹象，也可不予检查或实施例行抽查。

三、预报信息规则

船舶、火车、航空器是载运进出境货物、物品和人员的主要运输工具，具有业务量大以及停留靠泊时间和地点相对固定等特点，但同时也会遇到延误、变更等特殊情况。因此，《海关法》规定：进出境船舶、火车、航空器到达和驶离时间、停留时间、停留地点、停留期间更换地点以及装卸货物、物品时间，运输工具负责人或者有关交通运输部门应当事先通知海关，使海关能到位监管，及时办理运输工具进出境手续，保证货物、物品顺利装卸。

四、按指定路线行进规则

海关并不都设立在关境线上，进境运输工具在进境后还需继续驶往设关地点办理进境手续，出境运输工具在设关地办结海关手续后还需驶经关境线前往境外目的地。对这一行程，

《海关法》规定:"进境运输工具在进境以后向海关申报以前,出境运输工具在办结海关手续以后出境以前,应当按照交通主管机关规定的路线行进;交通主管机关没有规定的,由海关指定。"以使进境运输工具在到达设关地向海关申报时保持进境时原有状态,出境运输工具离境时保持办结海关手续时的原有状态,并确保行驶在境内的进出境运输工具遵守中国的交通管理法规、运输工具在指定的路线行进途中不得转道绕行、上下人员或装卸货物、物品。

五、遵守法律设限规则

对进出境运输工具,《海关法》除上述手续方面的规定外,还对移动、转让和移作他用、非进境运输工具载运等设置了监控限制。

1. 对运输工具驶离的限制

停留在设关地点的进出境运输工具置于海关监管下,所载货物、物品、物料均属于海关监管对象,因此,未经海关同意或办结海关手续,不得擅自驶离。

2. 对运输工具转关的限制

进出境运输因其营运需要,在尚未办结海关手续的情况下,从一个设立海关的地点驶往另一个设立海关的地点,应当符合海关监管要求,办理海关手续;未办结海关手续的,不得改驶境外。

3. 对运输工具用途的限制

进境的境外运输工具和出境的境内运输工具,未向海关办理手续并缴纳关税,不得转让或者移作他用。用于载运货物、物品及旅客的车、船、飞机等,海关原本将其作为进出境运输工具来实施监管,如发生转让或者移作他用,实质是使其法律属性由"运输工具"转变为"进出口货物",因此,只有按货物办理了相关手续,运输工具的用途才能变更。

4. 非国际营运船舶从事进出境活动的限制

"沿海运输船舶,渔船和从事海上作业的特种船舶,未经海关同意,不得载运或者换取、买卖、转让进出境货物、物品",按照《海关法》规定,只有具备以下条件之一的船舶才能载运进出境货物、物品:

(1)承担国际运输业务的境外或境内的船舶;

(2)经海关批准从事转关运输业务的沿海运输船舶或内河驳运船舶;

(3)具备合法证明,准予运输进出境货物、物品的运输船舶。

因此,沿海运输、船舶、渔船和从事海上作业的特种船舶,除非获得海关签发的"证明文件",否则,任何一种与进出境有关的经营活动,都将被视作非法。

六、兼营、改营规则

《海关法》规定:进出境船舶和航空器兼营境内客、货运输,需经海关同意,并应当符合海关监管要求。进出境运输工具改营境内运输,需向海关办理手续。

兼营是指从事国际运输的运输工具于同一航次在境内运输进出口货物、旅客的同时,利用空余舱位兼营境内两地间的境内货物和境内旅客运输业务。有兼营意向的进出境船舶和航空器应在向所在地海关办理兼营登记手续,获得海关签发的批准证明后,方能从事兼营业务。

改营是指原经营国际运输改为经营境内运输,包括三种情况:一是兼营船舶和航空器改营境内运输;二是原经营国际运输的船舶和航空器改营境内运输;三是其他进出境运输工具(包括火车、汽车等)因故经营境内运输。

七、不可抗力停降等规则

"不可抗力"是指当事人对某一事件的发生与后果不能避免并且不能克服的客观情况,包括因自然原因和社会原因所引起的。《海关法》规定:进出境船舶和航空器,由于不可抗力的原因,被迫在未设立海关的地点停泊、降落或者抛掷、起卸货物、物品,运输工具负责人应当立即报告附近海关。

项目三 进出境运输工具报关程序

教学要点

1. 了解各种进出境运输工具的报关程序;
2. 结合实际案例,熟练掌握国际航行船舶和民航机的进出境报关流程,能填制相关单据。

教学方法

可采用讲授、情境教学、案例教学和分组讨论等方法。

一、国际航行船舶的报关程序

国际航行船舶是指来自或开往国外、航行于世界各国港口之间的外国籍或中国籍海上运输工具,包括连续在我国港口停留后驶往国外的船舶;主要用于运载进出口货物和用于运载进出境旅客的船舶。

国际航行船舶在进出中国关境时,应按中国海关的规定提交相应的报关单证,并按照国际惯例提交有关船舶的证明文件,包括船舶登记证书、吨位证书和航海日记等。

1. 进境船舶的报关程序

国际航行船舶进境前,船舶代理人应按规定向海关传输舱单电子数据,数据包括运输工具名称、运输工具编号、国籍、装货港、指运港、提(运)单、收货人或者发货人、货物名称、货物件数和质量、集装箱号、集装箱尺寸等。在进入中国关境时,船舶负责人或其代理人应在船舶抵达口岸前或者抵达口岸后 24 小时内,按规定向进境地海关申报,并递交有关单证:《船舶进口报告书》、《进口载货清单》、《进境旅客清单》、《船员清单》等。国际航行船舶到港时,船舶负责人或其代理人如果不能及时提供齐全的《进口载货清单》,须向海关出具保函,并经海关同意后可以先行卸货,但应在卸货后 24 小时内将齐全的《进口载货清单》补交给海关。

简而言之,进入关境前,向海关传输舱单电子数据;进入关境时,向进境地海关申报。

2. 出境船舶的报关程序

国际航行船舶驶离我国关境时,船舶负责人或其代理人应在船舶驶离口岸前 24 小时通知海关,到海关办理出口岸手续,并递交有关单证如《出口载货清单》(无出口货物交《无货清单》)、《出境旅客名单》(无出境旅客免交)、《船员清单》、《船舶出境(港)海关监管簿》(外籍船舶免交)、《船舶吨税执照》及海关监管需要的其他单证,海关在接受上述有关申报单证并经审核符合监管条件后,可予以放行。

二、国际民航机进出境报关程序

海关监管的国际民航机的范围,包括进出我国关境的外国籍民用航空运输飞机、经我国政府批准进出我国关境执行商业性飞行的外国籍军用运输机和我国飞行于国际航线的民用航空机。但不包括国家元首和政府首脑乘坐的专机。

国际民航机除特准的以外,只准在设有海关的国际航空站降停或起飞。国际航空站应于飞机降停或起飞前2小时通知海关,经海关同意后,方可上下旅客,驳卸货物、邮件、物品。

1. 进境民航机的报关程序

进境航空器到港前,航空器代理人按规定向海关传输舱单电子数据。国际民航机在降停后,机长或其代理人应持有关单证向海关申报。其中申报单证有:入境、过境旅客和行李物品舱单,进口和过境的货物、邮件和其他物品舱单,进口货物货运单、机组人员及其自用物品、货币、金银清单等。

2. 出境民航机的报关程序

国际民航机在出境起飞前,机长或其代理人持有关单证向海关申报。其中,申报的单证有:出境旅客及行李物品舱单,出口货物、邮件和其他物品舱单,出口货运单、机组人员及其自用物品、货币、金银清单等。

飞机停站期间,海关监管货物、行李、邮件的装卸,监管旅客和机组人员的上下机和监管机用物料、燃料、金银和货币。

三、国际列车进出境报关程序

国际联运列车是指载运进出口或过境货物、物品,或者载运进出境或过境旅客的中国籍或外国籍列车,包括机车、客车、货车、邮政车、行李车、发电车和轨道车等。

我国与周边许多国家有铁路衔接。目前,我国与境外铁路相通的地方有9处。其中,有通过朝鲜的丹东、集安和图们三处;通往俄罗斯的满洲里、绥芬河两处;通往蒙古的二连浩特一处;通往越南的凭祥、山腰两处;通往哈萨克斯坦的阿拉山口一处。

目前我国的国际铁路运输均采用铁路联运方式。国际铁路联运方式的特点是:在相邻的两国或相连的国境铁路上,使用一份运单,办理全程运输,相邻两国边境车站由双方铁路交接货物,进出口货物所有人只需在本国办理发货或提货手续,无需负责中途运输、过境报关等作业。

国际联运列车须在中国境内设有海关的边境进出车站停留,接受海关的检查和监管。进境列车抵达边境车站后,列车负责人或其代理人应在4小时内向海关申报列车组成及所载货物和行李单据。列车代理人应按规定格式向海关传输舱单电子数据。如因特殊原因,未能在规定的期限内传输的,在列车进境后经向海关书面申请并核准,可在进境后24小时内完成电子舱单数据的传输。

进境列车自到达车站起至海关检查完毕止,出境列车自海关开始检查起至海关放行止,处于海关监管之下。未经海关许可不得移动、解体或擅自驶离进出境车站。

经出境车站应向海关递交反映进出境列车载运的货物、物品和上下经出境旅客等实际情况的交接单据及商务记录,同时将列车驶入或驶离进出境列车站的时间、车次、停发地点等事先通知海关。

四、国际汽车进出境报关程序

进出境汽车是我国与陆地毗邻国家和中国港、澳地区之间客、货运的重要工具,汽车运输不但能直接承运从一国或地区运往另一国或地区的进出口货物,而且能连接飞机、轮船、火车之间的驳运或向内地辐射门到门的运输,因此汽车运输日趋重要。

进出境汽车及境内汽车载运海关监管货物必须向海关办理注册登记手续,经海关审核批准,发给《来往香港、澳门汽车经出境签证簿》或《准载证书》和《载货登记簿》。

载运海关监管货物的汽车应具有海关认可的加封设备。经海关核准的装载特准进出口货物的车辆除外。

经海关签发的《来往香港、澳门汽车进出境签证簿》、《准载证书》和《载货登记簿》由原签发海关每年审核一次,未经审核不再有效。

汽车必须固定专人驾驶(特殊情况经海关同意可由本公司在海关备案的驾驶员驾驶),并按指定路线行驶。驾驶员如有变动,必须事先报海关注册备案。

五、驮畜进出境报关程序

《中华人民共和国西藏地区海关对进出国境驮运牲畜监管暂行办法》是我国海关对进出境驮运牲畜的监管依据,其规定:进境驮畜抵达后,或出境驮畜离境前,驮畜所有人或其代理人应向海关进行申报登记,注明驮畜的种类、数目。进境的外国牲畜要出具海关认可的保证书或缴纳保证金,保证复运出境;出境的中国牲畜要保证复运进境。登记后,海关即进行必要的检查。经海关核对无误后,发给登记证,凭此进出境。返回或出境时,交还登记证,由海关核销(发还保证金)。

海关已经发行的牲畜,在返回时如有短少应予追查,如因病死亡或被野兽所害,海关可核销放行。如转让出卖,海关则按违反海关监管规定行为处理。

项目四 监管运输操作流程

教学要点

1. 了解海关对各种进出境运输工具监管的操作流程;
2. 结合实际案例,熟练掌握海关对国际航行船舶的监管操作流程。

教学方法

可采用讲授、情境教学、案例教学和分组讨论等方法。

一、海关对运输工具监管的阶段

海关对运输工具的监管具体包括以下三个阶段。

1. 前期管理——注册登记

海关对我国经营国际运输的有关企业及有关运输工具在实际营运前采取注册登记制度,即我国运输企业经国家交通主管部门和商务主管部门的批准经营国际运输业务后,持有关证件到公司所在地海关办理企业的注册和有关运输工具的注册登记手续,由海关予以注册登记,并核发相应的批件和证书后,方可投入进出境运输。

2. 现场管理——进出境环节

海关对进出境运输工具的监管在这个阶段主要从接受申报、检查、放行3个环节开展。

3. 后续管理

此阶段主要对运输工具在境内停留期间、转港、转关等活动实施监督管理。

二、海关对国际航行船舶的监管

国际航行船舶停港期间,船舶要装卸货物,船员、其他登船人员和物料频繁上下,各种接触船舶、船员的活动也集中在这个期间进行,因此海关为加快客货运输,保障合法进出,应对船舶装卸货物及物品、上下旅客等情况进行监督管理。海关对国际航行船舶在停港期间的监管主要包括以下几个方面。

1. 海关对船舶停港期间的管理

(1)船舶停港期间移泊、变更国籍或拍(变)卖,应及时办理相应的手续。更换停泊的地点和时间,由港务主管部门事先通知海关。

(2)船舶抵达口岸前未办妥进境手续,或没有递交舱单,或未递交舱单保函的,不得装卸货物、物品。

2. 海关对货物、物品装卸作业期间的监管

(1)船舶停港期间装卸货物需经海关准许,货物必须卸在经海关同意的仓库、场所,海关根据需要,可以监督装卸作业,并对货物实施检查。

(2)海关对船舶停港期间添装、卸下、调拨、修理和放弃船用燃料、物料、食料监管,必要时可派员抽查核对,并负责对船用进出口物资进行监管,负责审单、收税、查验、放行、签发船用物资《进口报关单》。

(3)船舶服务人员携带物品上下船,应向海关如实申报,填写在《运输工具服务人员出入境携带物品登记证》上,并接受海关检查,经核准后放行。海关对其他登船人员携带的物品均进行监管。港口各单位工作人员上下船物品,除装卸工具外,应向海关申报。

三、海关对国际民航机进出境的监管

(1)国际民航机所载运的进出境货物、邮件、行李和其他物品,只有在办完海关手续,并由海关在有关单据上签印放行后,航空站才可以交付或收运。

(2)留置在飞机上的机用燃料、油料、零备件、正常设备、供应品及金银、货币,海关在认为必要时,可以检查或加封,机长应保护海关封志的完整,不准出售或移作他用。

(3)国际民航机因气候和其他原因经民航管理部门同意在指定的备用机场临时降停时,如不上下旅客、装卸货物等,可不向海关申报。但机长应采取必要措施保证机上物品完整无缺。

四、海关对国际列车进出境的监管

(1)国际联运列车载运的货物、物品进出境时,进出境车站持有关单证向海关申报。其中申报的单证有货物运单或行李、包裹运行报单及随附文件,货物交接单或行李、包裹交接单,以及海关需要的其他单证。

(2)海关查验出境货物、物品时,进出境车站应当派人按照海关的要求负责开拆车辆封印、开启车门。货物的收发货人或其代理人应当搬运或起卸货物,开拆或重封货物的包装。

(3)海关对准予放行的进出口货物、物品,在货物运单或行李包裹运行报单上加盖放行章,铁路凭海关盖章的货运单据给予交付或运往国外。

五、海关对汽车进出境的监管

(1)进出境汽车必须经由设立海关的地点通过,在海关规定的地点停留,接受海关的监管和检查。

(2)车辆驾驶员进出境时,应向海关如实申报,将《汽车经出境签证簿》所列项目填写清楚。装载进出口货物的车辆,还应向海关交验载货单;货物的收发货人必须在海关规定的时间内如实申报。

(3)进境车辆自进境起到办结该车辆及所载货物的海关手续之前,出境车辆自发车到该车辆及所载货物办结海关手续之前,非经海关许可,中途不得上下旅客、装卸货物或其他物品。

(4)进出口货物应接受海关检查。海关查验货物时,进出口货物收发货人或其代理人应到场,并负责搬移货物,开拆和重封货物的包装;海关认为必要时,可以径行开验、复验或者提取货物。

(5)转关运输货物在境内途中发生损坏、短少等,或运输工具出现故障,不能按时到达指运地或出境地时,货物所有人或其代理人或车辆驾驶员应立即向就近海关报告。

思考练习

一、简 答 题

1. 进出境运输工具报关的基本规则有哪些?
2. 舱单电子数据主要包括哪些内容?

二、思 考 题

1. 除不可抗力外,海关对进出境船舶舱单电子数据的传输时间有何规定?
2. 举例说明国际航行船舶进境的报关流程。

任务十一 报关单填制

内容简介

进出口货物报关单是办理货物进出口报关手续的主要单证,按照《中华人民共和国海关进出口货物申报管理规定》和《中华人民共和国海关进出口货物报关单填制规范》的要求,准确、完整、规范地填制进出口货物报关单是货物顺利通关的前提条件,也是报关员从事报关业务所必备的基本技能。

教学目标

1. 知识目标
(1)掌握进出口报关单的含义、内容和填制基本要求;
(2)掌握进出口货物报关单各个项目的具体填制规范和要求;
(3)掌握经营单位、贸易方式、征免性质等重要概念和它们之间的对应关系。
2. 技能目标
(1)熟练掌握报关单的填制技巧;
(2)会根据给出的商业单据和单证正确填制报关单。

案例导入

2008年9月,深圳某台商自美国进口一批150t的牛皮卡纸。由于该台商的工厂仓库容量有限,因此分为两批,装入6个12.2m(40ft)的货柜运抵深圳。9月底,首批三个货柜运抵深圳某海关,该公司的报关员带齐所有的单证(美国公司寄来的原始发票、装箱单、海运提单)和填好的报关单、司机簿及进境汽车载货清单,向海关报关。但是报关时发现此批货物共有3辆货柜车,而美国的原始发票是整批货物共6个货柜,海关关员不同意该公司进行报关。该公司立即电告美国公司,要求美国公司赶填两份发票及装箱单,一份为3个货柜,另一份也为3个货柜。次日,该公司报关员再次报关,海关拒绝接收美国方面开来的原始发票,因为美国开来的发票只有签名而没有印鉴。该公司只得再与美国公司进行联系,但由于时差的关系,等收到美国公司传真已是第三天的清晨了,该公司报关员又进行申报,但又出现了新问题,该公司报关单注明的是牛皮卡纸,而司机载货清单上填的是白板纸。海关认为,报关单注明的牛皮卡纸是每吨300美元的,但实际可能进口的是每吨900美元的白板纸;涉嫌逃漏国家关税,有走私嫌疑。

海关要求开箱查验,查验中报关员将每一箱纸的外层捅破,虽然最后证明是牛皮卡纸,货物得以放行,但三个货柜耽搁了两夜,共损失租箱费以及检查费、纸的破坏费约2万多元,且包括司机的过夜费、停车费等。

引导思路

(1) 分批运输时,报关单据、发票等各类单据一定要分门别类列出,进出口货物的名称、数量一定要与所提交的单据一致。

(2) 要注意中西方商业习惯的区别,在中国报关就一定要尊重中国的法律、习俗。美方注重的是签名,而我国报关是以印鉴为主。

(3) 货物名称要填报清楚,否则海关会以企业涉嫌走私论处。

项目一 进出口货物报关单

教学要点

1. 掌握进出口报关单的概念、各联样式及用途;
2. 掌握填制报关单的一般要求。

教学方法

可采用讲授、情境教学、案例教学和分组讨论等方法。

一、进出口货物报关单的概念和分类

1. 概念

进出口货物报关单是指进出口货物的收发货人或其代理人,按照海关规定格式对进出口货物的实际情况作出书面申明,以此要求海关对其货物按适用的海关制度办理通关手续的法律文书。

《海关法》规定:进口货物的收货人、出口货物的发货人应当向海关如实申报,交验进出口许可证和有关单证。

2. 报关单的结构

进出口货物报关单共有51个项目。

(1) 进出口货物报关单的编号部分包括2个项目:预录入编号和海关编号。

(2) 进出口货物报关单表头部分包括30个栏目:从"进(出)口岸"到"标记唛码及备注"。

(3) 进出口货物报关单表体部分包括从"项号"开始到"征免"9个栏目。

(4) 进出口货物报关单表尾部分包括从"税费征收情况"开始到"海关审单批注放行日期(签章)"10个栏目。

报关单填制主要是掌握进出口货物报关单表头部分和表体部分,其他不作要求。报关单表头部分和表体部分主要是根据随附单证来填制的,如发票、装箱单、提运单等。

3. 报关单的类别

按货物的流转状态、贸易性质和海关监管方式的不同,进出口货物报关单可分为以下几种类型。

(1) 按进出口状态分。

①进口货物报关单;

②出口货物报关单。

(2) 按表现形式分。

①纸质报关单;

②电子数据报关单。

(3) 按使用性质分。

①进料加工进出口货物报关单(粉红色);

②来料加工及补偿贸易进出口货物报关单(浅绿色);

③一般贸易及其他贸易进出口货物报关单(浅蓝色);

④需国内退税的出口货物报关单(浅黄色);

⑤进出口收(付)汇证明联(浅灰色)。

(4) 按用途分。

①报关单录入凭单,是指申报单位按海关规定的格式填写的凭单,用作报关单预录入的依据。

②预录入报关单,是指预录入单位录入、打印,并联网将录入数据传送到海关,由申报单位向海关办理申报手续的报关单。

③电子数据报关单,是指申报单位通过电子计算机系统,按照《中华人民共和国海关进出口货物报关单填制》的要求,向海关申报的电子报文形式的报关单及事后打印、补交备核的纸质报关单。

④报关单证明联,是指海关在核实货物实际进、出境后按报关单格式提供的证明,用作企业向税务、外汇管理部门办理有关手续的证明文件。

二、报关单的各联及用途

纸质进口货物报关单一式五联,分别是:海关作业联、海关留存联、企业留存联、海关核销联、进口付汇证明联。

纸质出口货物报关单一式六联,分别是:海关作业联、海关留存联、企业留存联、海关核销联、出口收汇证明联、出口退税证明联。

不同的贸易下,具体使用的联数有所不同。基本联三联,即海关作业联、海关留存联、企业留存联。一般贸易进口货物(需要付汇的)增加一联——进口付汇证明联;出口货物(需要收汇和退税的)增加出口收汇证明联和出口退税证明联。来料加工贸易和进料加工贸易进出口货物会增加一联——海关核销联。

1. 海关作业联和海关留存联

进出口货物报关单海关作业联和海关留存联是报关员配合海关查验、缴纳税费、提取或装运货物的重要单据,也是海关查验货物、征收税费、编制海关统计以及处理其他海关事务的重要凭证。

2. 收、付汇证明联

进口货物报关单付汇证明联和出口货物报关单收、汇证明联,是海关对已实际进出境的货物所签发的证明文件,是银行和国家外汇管理部门办理售汇、付汇和收汇及核销手续的重要依据之一。

对需办理进口付汇核销或出口收汇核销的货物,进出口货物的收、发货人或其代理人应当在海关放行货物或结关以后,向海关申领进口货物报关单进口付汇证明联或出口货物报关单出口收汇证明联。

3. 加工贸易核销联

进出口货物报关单海关核销联是指口岸海关对已实际申报进口或出口的货物所签发的证明文件,是海关办理加工贸易合同核销、结案手续的重要凭证。加工贸易的货物进出口后,申报人应向海关领取进出口货物报关单海关核销联,并凭以向主管海关办理加工贸易合同核销手续。

4. 出口退税证明联

出口货物报关单出口退税证明联是海关对已实际申报出口并已装运离境的货物所签发的证明文件,是国家税务部门办理出口货物退税手续的重要凭证之一。

对可办理出口退税的货物,出口货物发货人或其代理人应当在载运货物的运输工具实际离境,海关收到载货清单(俗称"清洁舱单")、办理结关手续后,向海关申领出口货物报关单出口退税证明联。对不属于退税范围的货物,海关不予签发该联。

三、进口报关单与出口报关单样式

进口报关单与出口报关单样式见表 11-1、表 11-2。

四、海关对填制报关单的一般要求

(1)报关单位必须按照《中华人民共和国海关法》、《中华人民共和国进出口货物申报管理规定》和《中华人民共和国海关进出口货物报关单填制规范》的有关规定和要求,向海关如实申报。

(2)报关单的填报必须真实,做到"两个相符":一是单、证相符,即所填报关单各栏目的内容必须与合同、发票、装箱单、提单以及批文等随附单据相符;二是单、货相符,即所填报关单各栏目的内容必须与实际进出口货物情况相符,不得伪报、瞒报、虚报。

(3)报关单中填报的项目要准确、齐全。报关单所列各栏要逐项详细填写,内容无误;填报项目若有更改,必须在更改项目上加盖校对章。

(4)不同批文或合同的货物、同一批货物中不同贸易方式的货物、不同备案号的货物、不同提运单的货物、不同征免税性质的货物、不同运输方式或相同运输方式但不同航次的货物,均应分别填写报关单。

(5)在反映进出口商品情况的项目中,须分别填报的主要有以下几种情况:商品编号不同的;商品名称不同的;原产国(地区)不同的。

中华人民共和国海关进口货物报关单　　　　　　表 11-1

预录入编号：①　　　　　　　　　　　　　　　　　　　　海关编号：②

进口口岸③		备案号④		进口日期⑤	申报日期⑥
经营单位⑦		运输方式⑧		运输工具名称⑨	提运单号⑩
收货单位⑪		贸易方式⑫		征免性质⑬	征税比例⑭
许可证号⑮		启运国（地区）⑯		装货港⑰	境内目的地⑱
批准文号⑲	成交方式⑳		运费㉑	保费㉒	杂费㉓
合同协议号㉔	件数㉕		包装种类㉖	毛重（kg）㉗	净重（kg）㉘
集装箱号㉙		随附单据㉚			用途㉛
标记唛码及备注 ㉜					

项号　　商品编码　　商品名称、规格型号　　数量及单位　　原产国(地区)　　单价　　总价

币制　　征免

㉝　　　㉞　　　　㉟　　　　　　　㊱　　　　　　㊲　　　　　㊳　　㊴

㊵　㊶

税费征收情况

　　　　　　　㊷

录入员㊸　录入单位㊹	兹声明以上申报无误并承担法律责任 报关员 ㊻ 单位地址 ㊽ 邮编　㊽　　电话　㊾　填制日期 ㊿	海关审单批注及放行日期 （签章） ㊿① 审单　　　审价 征税　　　统计 查验　　　放行

中华人民共和国海关出口货物报关单

表 11-2

预录入编号：①   海关编号：②

出口口岸 ③		备案号 ④		出口日期 ⑤		申报日期 ⑥
经营单位 ⑦		运输方式 ⑧		运输工具名称 ⑨		提运单号 ⑩
收货单位 ⑪		贸易方式 ⑫		征免性质 ⑬		结汇方式 ⑭
许可证号 ⑮		运抵国（地区）⑯		指运港 ⑰		境内货源地 ⑱
批准文号 ⑲	成交方式 ⑳		运费 ㉑	保费 ㉒		杂费 ㉓
合同协议号 ㉔	件数 ㉕		包装种类 ㉖	毛重（kg）㉗		净重（kg）㉘
集装箱号 ㉙		随附单据 ㉚				生产厂家 ㉛

标记唛码及备注

㉜

项号	商品编码	商品名称、规格型号	数量及单位	原产国(地区)	单价	总价
币制	征免					
㉝	㉞	㉟	㊱	㊲	㊳	㊴
㊵	㊶					

税费征收情况

㊷

录入员 ㊸ 录入单位 ㊹	兹声明以上申报无误并承担法律责任	海关审单批注及放行日期
报关员 ㊻ 单位地址 ㊼	（签章） 申报单位(签章) ㊺	（签章） ㊿
		审单 审价
		征税 统计
邮编 ㊽ 电话 ㊾ 填制日期 ㊿		查验 放行

项目二　进出口货物报关单填制内容及规范

教学要点

1. 掌握进出口货物报关单各个项目的具体填制规范和要求；
2. 结合实际案例，根据给出的已知单据，熟练填制报关单。

教学方法

可采用讲授、情境教学、案例教学和分组讨论等方法。

一、预录入编号

1. 含义

预录入编号是指申报单位或预录入单位对该单位填制录入的报关单的编号，用于该单位与海关之间引用其申报后尚未批准放行的报关单。

2. 填报要求

报关单预录入凭单的编号规则是由申报单位自行决定的、预录入报关单及 EDI 报关单的预录入编号由接受申报的海关决定编号规则，计算机自动打印。

二、海　关　编　号

1. 含义

海关编号是指海关接受申报时给予报关单的编号。

2. 填报要求

报关单海关编号由 18 位数字组成。海关编号由各直属海关在接受申报时确定，并标志在报关单的每一联上。一般来说，海关编号就是预录入编号，由计算机自动打印，不需填写。其中前 4 位为接受申报海关的编号（关区代码表中相应的关区代码），第 5~8 位为海关接受申报的公历年份，第 9 位为进出口标志（"1"为进口，"0"为出口），第 10~18 位为报关单顺序编号。如"530220090215514049"。

三、进（出）口口岸

1. 含义

进（出）口口岸亦称关境口岸，本指国家对外开放的港口及边界关口，在进出口货物报关单中，特指货物申报进（出）口的口岸海关的名称。

2. 填报要求

（1）在进口货物报关单的"进口口岸"栏应填报货物实际进入我国关境的口岸海关的名称及代码；在出口货物报关单的"出口口岸"栏应填报货物实际运出我国关境的口岸海关的名称及代码。

①口岸海关名称及代码是指国家正式对外公布并已编入海关"关区代码表"的海关的中文名称及四位代码。

例如：广州海关的关区代码为5100，广州新风的关区代码为5101，清远海关的关区代码为5103，南海海关的关区代码为5110，其中5100表示整个广州海关关区，5101、5103、5110表示为广州海关的隶属海关代码。

②"关区代码表"中有隶属海关关别及代码时，则应填报隶属海关名称及代码。

例如：货物由天津新港进境，"进口口岸"栏不能填报为"天津关区"+"0200"，而应申报为"新港海关"+"0202"。

③若"关区代码表"中只有直属海关关别及代码的，填报直属海关名称及代码。

例如：在太原海关办理货物进出口报关手续，本栏目可填报"太原海关"+"0500"。

（2）特殊情况下，"进口口岸"栏或"出口口岸"栏按以下方式填报：

①加工贸易货物，填报货物限定或指定进出口岸的口岸海关名称及代码。限定或指定口岸与货物实际进出境口岸不符的，应向合同备案主管海关办理变更手续后填报。

②进口转关运输货物，填报货物进境地海关名称及代码；出口转关运输货物，填报货物出境地海关名称及代码。

③按转关运输方式监管的跨关区深加工结转货物，出口报关单填报转出地海关名称及代码，进口报关单填报转入地海关名称及代码。

④其他未实际进出境的货物，填报接受申报的海关名称及代码。

四、备 案 号

1. 含义

备案号是指进出口货物收发货人办理报关手续时，应向海关递交的备案审批文件的编号，如加工贸易手册编号、加工贸易电子账册编号、征免税证明编号、实行优惠贸易协定项目下原产地证书联网管理的原产地证书编号、适用ITA税率的商品用途认定证明编号等。

备案号的字头为备案或审批文件的标记，如表11-3所示。

备案审批文件代码表说明　　　　　　　　　　　　　表11-3

首位代码	备案审批文件	首位代码	备案审批文件
B	加工贸易手册（来料加工）	RZ	减免税进口货物结转联系函
C	加工贸易手册（进料加工）	H	出口加工区电子账册
D	加工贸易不作价设备	J	保税仓库记账式电子账册
E	加工贸易电子账册	K	保税仓库备案式电子账册
F	加工贸易异地报关分册	Y	原产地证书
G	加工贸易深加工结转异地报关分册	Z	征免税证明
RT	减免税进口货物同意退运证明	RB	减免税货物补税通知书

2. 填报要求

（1）备案号栏目包括以下5种：加工贸易手册编号、进出口货物征免税证明、出入出口加工区的保税货物的电子账册备案号、实行原产地证书联网管理的原产地证书编号、其他有关备案审批文件的编号。

（2）一份报关单只允许填报一个备案号。

（3）加工贸易项下货物,除少量低值辅料按规定不使用《加工贸易手册》及以后续补税监管方式办理内销征税的外,填报《加工贸易手册》编号。

使用异地直接报关分册和异地深加工结转出口分册在异地口岸报关的,本栏目填报分册号;本地直接报关分册和本地深加工结转分册限制在本地报关的,本栏目填报总册号。

加工贸易成品凭《征免税证明》转为减免税进口货物的,进口报关单填报《征免税证明》编号,出口报关单填报《加工贸易手册》编号。

（4）涉及征、减、免税备案审批的报关单,填报《征免税证明》编号。

（5）实行原产地证书联网管理的,此栏填报原产地证书编号,格式为"Y"+11位原产地证书编号。未实行原产地证书联网管理的货物,本栏目免予填报。

（6）减免税货物退运出口,填报《减免税进口货物同意退运证明》的编号;减免税货物补税进口,填报《减免税货物补税通知书》编号;减免税货物结转进口（转入）,填报《征免税证明》编号;相应的结转出口（转出）,填报《减免税进口货物结转联系函》的编号。

五、进口日期/出口日期

1. 含义

进口日期是指运载所需申报货物的运输工具申报进境的日期。本栏目填报的日期必须与相应的运输工具进境日期一致。

出口日期是指运载所申报的运输工具办结出境手续的日期。本栏目供海关打印报关单证明联用,预录入报关单及 EDI 报关单免予填报。

2. 填报要求

（1）本栏目为 8 位数,顺序为年 4 位,月、日各 2 位,如 2008.08.12。

（2）无实际进出境的报关单填报办理申报手续的日期。

（3）对集中申报的报关单,进口日期以海关接受申报的日期为准。

六、申报日期

1. 含义

申报日期是指海关接受进（出）口货物的收发货人或其代理人申请办理货物进（出）口手续的日期。

2. 填报要求

本栏目为 8 位数,顺序为年 4 位,月、日各 2 位。

以电子数据报关单方式申报的,申报日期为海关计算机系统接受申报数据时记录的日期。以纸质报关单方式申报的,申报日期为海关接受纸质报关单并对报关单进行登记处理的日期。

一般情况下,进口申报日期不能早于进口日期,出口申报日期不能晚于出口日期。

七、经营单位

1. 含义

经营单位是指对外签订并执行进出口贸易合同的我国境内企业、单位或者个人。进出口报关单中的经营单位须在海关办理注册登记手续,获得海关给予的10位数企业代码,如表11-4所示。

经营单位编码(企业10位数海关注册登记编码)　　　　　　表11-4

第1、2位			省、自治区、直辖市代码
第3、4位			省辖市(地区、直辖行政单位)代码
第5位	经济区划代码	1	经济特区
		2	经济技术开发区和上海浦东新区、海南洋浦经济开发区
		3	高新技术产业开发区
		4	保税区
		5	出口加工区
		6	保税港区
		7	保税物流园区
		9	其他
第6位	企业性质代码	1	国有企业(表示有进出口权)
		2	中外合作企业
		3	中外合资企业
		4	外商独资企业
		5	有进出口经营权的集体企业
		6	有进出口经营权的私营企业
		7	有进出口经营权的个体工商户
		8	有报关权而无进出口经营权的企业
		9	其他
第7~10位			顺序代码(临时报关代码为0000或9999)

2. 填报要求

本栏目填写海关给予的10位数海关注册登记编码,特殊情况下,确定经营单位的原则如下:

(1)援助、赠送、捐赠的货物,填报直接接受货物的单位。

(2)进出口企业之间互相代理进出口的,或没有进出口经营权的企业委托有进出口经营权的企业代理进出口的,填报代理方。

(3)合同签订、执行者不是同一企业的,按执行合同的企业填报。

(4)外商投资企业(编码第6位为"2"、"3"、"4")委托外贸企业进口投资设备、物品,填报外商投资企业,但要在报关单备注栏注明"委托××公司进口"字样。

(5)经营单位编码第6位数为"8"的单位是只有报关权而没有进出口经营权的企业,不得作为经营单位填报。

（6）进口溢卸货物由对外贸易公司或外轮代理公司接受并办理报关纳税手续的,上述报关单位为经营单位,如原收货人接受,则以原收货人为经营单位。

八、运输方式

1. 含义

运输方式是指载运货物进出关境所使用的运输工具的分类。

2. 填报要求

本栏目应根据实际运输方式按照海关规定的《运输方式代码表》选择填报,运输方式和其对应的代码见表11-5。

运输方式代码表及说明　　　　　　　　　　　　　　　　　表11-5

代码	名称	运输方式说明
0	非保税区	境内非保税区运入保税区和保税区退区(退运境内)货物
1	监管仓库	境内存入出口监管仓库和出口监管仓库退仓
2	水路运输	
3	铁路运输	
4	公路运输	
5	航空运输	
6	邮件运输	
7	保税区	保税区运往境内非保税区
8	保税仓库	保税仓库转内销
9	其他运输	人扛、驮畜、输水管道、输油管道、输电网等方式
W	物流中心	从境内保税物流中心外运入保税物流中心或从保税物流中心运往境内非保税物流中心
X	物流园区	从境内特殊监管区域之外运入园区内或从保税物流园区运往境外
Y	保税港区	保税港区(不包括直通港区)运往区外和区外运入保税港区
Z	出口加工区	出口加工区运往区外和区外运入出口加工区(区外企业填报)
H	边境特殊海关作业区	境内运入深港西部通道港方口岸区

特殊情况下,运输方式的填报原则如下:

（1）非邮政方式进出口的快递货物,按实际运输方式填报。

（2）旅客随身携带的货物,按旅客实际进出境时所乘运输工具申报。

（3）进口转关运输货物,按载运货物抵达进境地的运输工具填报;出口转关运输货物,按载运货物驶离出境地的运输工具填报。

（4）同一出口加工区内或不同出口加工区的企业之间相互结转(调拨)的货物,出口加工区与其他海关特殊监管区域之间、不同保税区之间、同一保税区不同企业之间、保税区与出口加工区等海关特殊监管区域之间转移(调拨)的货物,以及加工贸易余料结转、深加工结转和内销货物,填报"9"。

(5)出境加工区与区外之间进出的货物,区内企业填报"9",区外企业填报"Z"。

(6)无实际进出境的,根据实际情况选择填报"0"(非保税区运入保税区和保税区退仓)、"1"(境内存入出口监管仓库和出口监管仓库)、"7"(保税区运往非保税区)、"8"(保税仓库转内销)或"9"(其他运输)。

九、运输工具名称

1. 含义

运输工具是指载运货物进出境的运输工具的名称或运输工具编号。

2. 填报要求

本栏目填制内容应与运输部门向海关申报的载货清单所列相应内容一致。一份报关单只允许填报一个运输工具名称。具体填报要求见表11-6。

"运输工具名称"栏填写要求　　　　　表11-6

代码	运输方式	运输工具名称填写要求
0	非保税区	
1	监管仓库	
2	水路运输	船名+"/"+航次号
3	铁路运输	车次或车厢号+"/"+进出境日期
4	汽车运输	国内行驶车牌号+"/"+进出境日期
5	航空运输	航班号+进出境日期+"/"+总运单号
6	邮件运输	邮政包裹单号+"/"+进出境日期
7	保税区	
8	保税仓库	
9	其他运输	具体运输方式,如管道、驮畜运输等
Z	出口加工	

转关运输货物报关单填报要求:进口转关运输填报转关标记"@"+转关运输申报单编号,出口转关运输只填报转关运输标记"@"。

其他无实际进出境的报关单,本栏免予填报。

十、提运单号

1. 含义

提运单号是指进出口货物提单或运单的编号。

2. 填报要求

(1)一份报关单只允许填报一个提运单号,一票货物对应多个提运单号,应分单填报。具体要求见表11-7。

"提运单号"栏填写要求　　　　　　　　表 11-7

代码	运输方式	"提运单号"栏输入格式
2	水路运输	进口提单或出口运单号,有分提单的,填报进出口提单号+"*"+分提单
3	铁路运输	运单号
4	汽车运输	免
5	航空运输	总运单号+"_"(下划线)+分运单号,无分运单号的填报总运单号
6	邮件运输	邮政包裹单号
	无实际进出境	空

（2）进出境转关运输货物的报关单本栏的填报：

①进口。

水路运输：直转、中转填报提单号,提前报关免予填报。

铁路运输：直转、中转填报铁路运单号,提前报关免予填报。

航空运输：直转、中转填报总运单号+"_"+分运单号,提前报关免予填报。

其他运输方式：免予填报。

②出口。

水路运输：中转货物填报提单号,非中转货物免予填报。

其他运输方式：免予填报。

十一、收货单位/发货单位

1. 含义

收货单位是指已知的进口货物在境内的最终消费、使用单位,如自行从境外进口货物的单位、委托有外贸进出口经营权的企业进口货物的单位等。

发货单位是指出口货物在境内的生产或销售单位,包括自行出口货物的单位、委托有外贸进出口经营权的企业出口货物的单位等。

2. 填报要求

（1）本栏目必须"单填",有海关注册编码的填编码,无编码的填其中文名称,编码优先。

（2）加工贸易报关单的收发货单位,应与加工贸易手册的"经营单位"或"加工企业"一致。

（3）减免税货物报关单的收发货单位,应与征免税证明的申请单位一致。

（4）进口货物的最终消费和使用单位难以确定的,应以货物进口时预知的最终收货单位为准填报,出口货物的生产或销售单位难以确定的,以最早发运该出口货物的单位为准填报。

（5）进口构成整车特征的汽车零部件,收货单位栏应填报汽车生产企业名称,加工贸易报关单的收发货单位应与《登记手册》的"货主单位"一致。

十二、贸易方式（监管方式）

1. 含义

进出口货物报关单上所列的贸易方式是专指以国际贸易中进出口货物的交易方式为基础，结合海关对进出口货物监督管理综合设定的对进出口货物的管理方式，即海关监管方式。

2. 填报要求

（1）一份报关单只允许填报一种贸易（监管）方式。

（2）根据实际情况，按海关规定的"贸易方式代码表"选择填报相应的贸易（监管）方式简称或代码。常用的贸易方式代码表见表11-8。

海关贸易方式代码表　　　　　　　　　　　　　　表11-8

代码	简称	贸易方式简要说明
0110	一般贸易	单边进口或单边出口的贸易
0214	来料加工	来料加工装配贸易进口料件及加工出口货物
0245	来料料件内销	来料加工料件转内销
0255	来料深加工	来料深加工结转货物
0258	来料余料结转	来料加工余料结转
0265	来料料件复出	来料加工复运出境的原进口料件
0300	来料料件退换	来料加工料件退换
0320	不作价设备	加工贸易外商提供的不作价进口设备
0345	来料成品减免	来料加工成品凭征免税证明转减免税
0420	加工贸易设备	加工贸易项下外商提供的进口设备
0615	进料对口	进料加工（对口合同）
0644	进料料件内销	进料加工料件转内销
0654	进料深加工	进料深加工结转货物
0657	进料余料结转	进料加工余料结转
0664	进料料件复出	进料加工复运出境的原进口料件
0700	进料料件退换	进料加工料件退换
0744	进料成品减免	进料加工成品凭征免税证明转减免税
0815	低值辅料	5000美元以下，78种以内的低值辅料
2025	合资合作设备	合资合作企业作为投资进口设备物品
2225	外资设备物品	外资企业作为投资进口的设备物品
3010	货样广告品A	有经营权单位进出口的货样广告品
3039	货样广告品B	无经营权单位进出口的货样广告品
3100	无代价抵偿	无代价抵偿进出口货物
3339	其他进出口免费	其他进出口免费提供货物

续上表

代码	简称	贸易方式简要说明
4400	来料成品退换	来料加工成品退换
4500	直接退运	放行结关前直接退运货物
4561	退运货物	已放行结关后的退运货物
4600	进料成品退换	进料加工成品退换

（3）特殊情况下加工贸易货物监管方式填报要求。

①进口少量低值辅料（即5000美元以下,78种以内的低值辅料）按规定不使用《加工贸易手册》的,填报"低值辅料"。使用《加工贸易手册》的,按《加工贸易手册》上的监管方式填报。

②外商投资企业为加工内销产品而进口的料件,属非保税加工的,填报"一般贸易"。外商投资企业全部使用国内料件加工的出口成品,填报"一般贸易"。

③加工贸易料件结转或深加工结转货物,按批准的监管方式填报。

④加工贸易料件转内销货物以及按料件办理进口手续的转内销制成品、残次品、半成品,应填制进口报关单,填报"来料料件内销"或"进料料件内销";将贸易成品凭《征免税证明》转为减免税进口货物的,应分别填制进、出口报关单,出口报关单本栏目填报"来料成品减免"或"进料成品减免",进口报关单本栏目按照实际监管方式填报。

⑤加工贸易出口成品因故退运进口或复运出口的,填报"来料成品退换"或"进料料件退换";加工贸易进口料件因换料退运出口及复运进口的,填报"来料料件退换"或"进料料件退换";加工贸易过程中产生的剩余料件、边角料退运出口,以及进口料件因品质、规格等原因退运出口且不再更换同类货物进口的,分别填报"来料料件复出"、"来料边角料复出"、"进料料件复出"、"进料边角料复出"。

⑥备料《加工贸易手册》中的料件结转转入加工出口《加工贸易手册》的,填报"来料加工"或"进料加工"。

⑦保税工厂加工贸易进出口货物,根据《加工贸易手册》填报"来料加工"或"进料加工"。

⑧加工贸易边角料内销和副产品内销,应填制进口报关单,填报"来料边角料内销"或"进料边角料内销"。

⑨加工贸易进口料件不再用于加工成品出口,或生产的半成品（折料）、成品因故不再出口,主动放弃交由海关处理时,应填制进口报关单,填报"料件放弃"或"成品放弃"。

⑩合资合作企业进口投资额以内设备物品的,填"合资合作设备",外资企业（第6位为4）填"外资设备物品"。外商有偿提供的加工设备,填"加工贸易设备（作价）"。

十三、征免性质

1. 含义

征免性质是指海关根据《海关法》、《关税条例》及国家有关政策对进出口货物实施的征、减、免税管理的性质类别。征免性质共有47种。

2. 填报要求

（1）一份报关单只允许填报一种征免性质。

（2）本栏目应按照海关核发的征免税证明中批注的征免性质填报，或根据进出口货物的实际情况，参考"征免性质代码表"（表11-9）选择填报相应的征免性质简称或代码。

征免性质代码表　　　　　　　　　　　　　　　　表11-9

代码	简称	全称
101	一般征税	一般征税进出口货物
201	无偿援助	无偿援助进出口物资
299	其他法定	其他法定减免税进出口货物
301	特定区域	特定区域进口自用物资及出口货物
307	保税区	保税区进口自用物资
399	其他地区	其他执行特殊政策地区出口货物
401	科教用品	大专院校及科研机构进口科教用品
403	技术改造	企业技术改造进口货物
406	重大项目	国家重大项目进口货物
412	基础设施	通信、港口、铁路、公路、机场建设进口设备
413	残疾人	残疾人组织和企业进出口货物
417	远洋渔业	远洋渔业自捕水产品
418	国产化	国家定点生产小轿车和摄像机企业进口散件
419	整车特征	构成整车特征的汽车零部件进口
420	远洋船舶	远洋船舶及设备部件
421	内销设备	内销远洋船舶用设备及关键部件
422	集成电路	集成电路生产企业进口货物
423	新型显示器件	"新型显示器件"生产企业进口货物
499	ITA产品	非全税号信息技术产品
501	加工设备	加工贸易外商提供的不作价进口设备
502	来料加工	来料加工装配和补偿贸易进口料件及出口成品
503	进料加工	进料加工贸易进口料件及出口成品
506	边境小额	边境小额贸易进出口货物
601	中外合资	中外合资经营企业进出口货物
602	中外合作	中外合作经营企业进出口货物
603	外资企业	外商独资企业进出口货物
605	勘探开发煤层气	勘探开发煤层气
606	海洋石油	勘探、开发海上石油进口货物
608	陆上石油	勘探、开发陆上石油进口货物
609	贷款项目	利用贷款进口货物
611	贷款中标	国际金融组织贷款和外国政府贷款项目中标机电设备零部件
789	鼓励项目	国际鼓励发展的内外资项目进口设备

续上表

代码	简称	全称
799	自有资金	外商投资额度外利用自有资金进口设备、备件、配件
801	救灾捐赠	救灾捐赠进口物资
802	扶贫慈善	境外向我境内无偿捐赠用于扶贫慈善的免税进口物资
888	航材减免	经批准的航空公司进口维修用航空器材
898	国批减免	国务院特准减免税的进出口货物
993	自贸协定	
998	内部暂定	享受内部暂定税率的进出口货物
999	例外减免	例外减免税进出口货物

几种常用贸易方式与征免性质的对应关系见表11-10。

几种常用贸易方式与征免性质对应关系　　　　表11-10

贸易方式	征免性质
一般贸易(0110)	一般征税(101)
	内部暂定(998)
	鼓励项目(789)
	国批减免(898)
	自有资金(799)
暂时进出货物(2600)	其他法定(299)
修理物品(1300)	
租赁不满一年(1500)	
租赁征税(9800)	
展览品(2700)	
进料料件复出/退换(0664/0700)	
退运货物(4561)	
合资合作设备(2025)	中外合资(601)
	中外合作(602)
	鼓励项目(789)
外资设备物品(2225)	外资企业(603)
	鼓励项目(789)
进料对口(0615)	进料加工(503)
进料非对口(0715)	

(3)加工贸易报关单本栏目应按照海关核发的《登记手册》中批注的征免性质填报相应的征免性质简称或代码。

(4)特殊情况下填报要求如下:

①保税工厂经营的加工贸易,根据《登记手册》填报"进料加工"或"来料加工"。

②三资企业按内外销比例为加工内销产品而进口料件,填报"一般征税"或其他相应征

免性质。

③加工贸易转内销货物,按实际应享受的征免性质填报(如一般征免、科教用品征免、其他法定征免等)。

④料件退运出口、成品退运进口货物填报"其他法定"。

⑤加工贸易结转货物本栏目为空。

十四、征税比例/结汇方式

1. 含义

征税比例用于原"进料非对口"(0715)贸易方式下进口料件的进口报关单,现该栏不需填报。

结汇方式是指出口货物的发货人或其代理人收结外汇的方式。

2. 填报要求

出口报关单填报结汇方式,按照海关规定的结汇方式代码表(表11-11)选择填报的结汇方式名称或代码或英文缩写。

结汇方式代码表　　　　　　　　　　表11-11

代码	结汇方式	英文缩写	英 文 名 称
1	信汇	M/T	Mail Transfer
2	电汇	T/T	Telegraphic Transfer
3	票汇	D/D	Remittance by Banker's Demand Draft
4	付款交单	D/P	Documents against Payment
5	承兑交单	D/A	Documents against Acceptance
6	信用证	L/C	Letter of Credit
7	先出后结		
8	先结后出		
9	其他		

十五、许 可 证 号

1. 含义

进出口货物许可证是指一国根据其进出口管制法令由商务主管部门签发的允许管制商品进出口的证件。

许可证号是指由商务部及其授权发证机关签发的进出口货物许可证号的编号。

2. 填报要求

(1)本栏填报进出口货物许可证的编号,长度为10位字符。例如,09-AB-101888,第1、2位代表年份,第3、4位代表发证机关(AA代表部级发证,AB、AC等代表特派员办事处发证,01、02等代表地方发证),后6位为顺序号。

(2)对于非许可证管理商品,本栏目为空,一般情况下都为空。

(3)一份报关单只允许填报一个许可证号。

十六、起运国(地区)/运抵国(地区)

1. 含义

起运国(地区)是指进口货物起始发出的国家(地区)。

运抵国(地区)是指出口货物直接运抵的国家(地区)。

2. 填报要求

(1)本栏目应按海关规定的"国别(地区)代码表"(表11-12)选择填报相应的起运国(地区)或运抵国(地区)中文名称或代码。

主要国别(地区)代码表　　　　　　　　表11-12

代码	中文名称	代码	中文名称
110	中国香港	307	意大利
116	日本	331	瑞士
121	中国澳门	344	俄罗斯联邦
132	新加坡	501	加拿大
133	韩国	502	美国
142	中国内地	601	澳大利亚
143	中国台澎金马关税区	609	新西兰
303	英国	701	国(地)别不详的
304	德国	702	联合国机构和国际组织
305	法国	999	中性包装原产国别

(2)对发生运输中转的货物,如中转地未发生任何商业性交易,则起、抵地不变,如中转地发生商业性交易,则以中转地作为起运/运抵国(地区)中文名称或代码。

(3)无实际进出境的,本栏目填报"中国"(代码"142")。

十七、装货港/指运港

1. 含义

装货港是指进口货物在运抵我国关境前的最后一个境外装运港。

一般情况下,装货港所属国家应与起运国一致;在运输中转地换装运输工具,但未发生商业性交易的货物,装货港所在国家可与起运国不一致。

指运港是指出口货物运往境外的最终目的港,最终目的港不可预知的,可按尽可能预知的目的港填报。

2. 填报要求

(1)本栏目应根据实际情况按海关规定的"港口航线代码表"选择填报相应的港口中文名称或代码。

(2)无实际进出境的,本栏目填报"中国境内"(代码0142)。

十八、境内目的地和境内货源地

1. 含义

境内目的地是指已知的进口货物在境内消费、使用地区或最终运抵的地点。

境内货源地是指出口货物在境内的生产地或原始发货地(包括供货地点)。

2. 填报要求

(1)"境内目的地"栏和"境内货源地"栏均按"国内地区代码表"选择填报相应的国内地区名称和代码,代码含义与收、发货单位代码前5位的定义相同。

(2)境内目的地以进口货物在境内的消费、使用地或最终运抵地为准,一般是进口货物的收货单位所属的国内地区。

(3)境内货源地以出口货物的生产地为准,往往是出口货物生产厂家或发货单位所属的国内地区。如出口货物在境内多次周转,不能确定生产地的,应以最早发运该出口货物的单位所在地为准。

十九、批准文号

1. 含义

本栏目仅填报出口收汇核销单上的编号,进口货物报关单免予填报。

2. 填报要求

(1)无长度要求。

(2)出口报关单填报出口收汇核销单编号。

(3)一份报关单允许填报一份出口收汇核销单编号。

(4)出口不需要使用出口收汇核销单贸易方式的货物,本栏目无须填报。

二十、成交方式

1. 含义

成交方式是指在进出口贸易中进出口商品的价格构成和买卖双方各自承担的责任、费用和风险,以及货物所有权转移的界限。

2. 填报要求

(1)本栏目应根据实际成交价格条款按海关规定的"成交方式代码表"选择填报相应的成交方式代码。

(2)无实际成交进出境的,进口填报 CIF 价,出口填报 FOB 价(表11-13)。

成交方式代码表 表11-13

代码	名称	代码	名称
1	CIF	4	C&I
2	CFR(C&F)	5	市场价
3	FOB	6	垫仓

13 种贸易术语与报关单"成交方式"对应关系见表 11-14。

13 种贸易术语与报关单"成交方式"对应关系　　　　表 11-14

组别	E组	F 组			C 组				D 组				
术语	EXW	FCA	FAS	FOB	CFR	CPT	CIF	CIP	DAF	DES	DEQ	DDU	DDP
成交方式		FOB			CFR				CIF				

实际操作中,出口按 FOB 填报,因此,如果出口合同成交条款是 CIF 或 CFR 的话,为与出口收汇核销单金额相符,还需要在报关单备注栏内注明合同金额。

二十一、运　　费

1. 含义

运费是指进出口货物从始发地至目的地的国际运输所需要的各种费用。

2. 填报要求

(1) 本栏目用于:

① 进口:成交价格中不包含运费(FOB)。

② 出口:成交价格中含有运费(CIF、CFR)。

(2) 运费可按单价、总价或运费率三种方式之一填报,用时注明运费标记,并按海关规定的"货币代码表"选择填报相应的币种代码。

运费标记:

"1"表示运费率;"2"表示每吨货物的运费单价;"3"表示运费总价。

运费的三种格式如下:

① 总价运费:币种/总价/3,如 4000 美元的运费总价填报为"502/4000/3"。

② 单价运费:币种/单价/2,如 25 美元的运费单价填报为"502/25/2"。

③ 运费率:费率/1,如 5% 的运费率填报为"5/1"。

(3) 运保费合并计算的,运保费填报在本栏目。

二十二、保　险　费

1. 含义

保险是被保险人允许承保某种损失、风险而支付给保险人的对价或报酬。

2. 填报要求

(1) 本栏目用于:

① 进口:成交价格中不包含保险费(CFR、FOB)。

② 出口:成交价格中含有保险费(CIF)。

(2) 可按保险费总价或保险费率两种方式之一填报,同时注明保险费标记,并按海关规定的"货币代码表"选择填报相应的币种代码。

保险费标记:

"1"表示保险费率;"3"表示保险费总价。

保险费的两种格式如下:
① 总价保费:币种/总价/3,如 10000 港元保险费总价填报为"110/10000/3"。
② 保险费率:费率/1,费率按百分比填报,如 3‰ 的保险费率填报为"0.3/1"。

二十三、杂　　费

1. 含义

杂费是指成交价格以外的,应计入完税价格或应从完税价格中扣除的费用,如手续费、佣金、回扣等。

2. 填报要求

(1)本栏目用于填报成交价格以外的,应计入完税价格或应从完税价格中扣除的费用,如手续费、佣金、折扣等费用。

(2)可按杂费总价或杂费率两种方式之一填报,同时注明杂费标记,并按海关规定的"货币代码表"选择填报相应的币种代码。

(3)应计入完税价格的杂费填报为正值或正率,应从完税价格中扣除的杂费填报为负值或负率。

杂费标记:
"1"表示杂费率;"3"表示杂费总价。

杂费的两种格式如下:
①杂费率:费率/1。如应计入完税价格的 2.5% 的杂费率填报为"2.5/1",应从完税价格中扣除的 1.5% 的回扣率填报为"－1.5/1"。

②杂费总价:币制/总价/3。如应计入完税价格的 5000 英镑杂费总价填报为"301/5000/3",应从完税价格中扣除 2000 英镑杂费总价填报为"301/－2000/3"。

二十四、合同协议号

1. 含义

合同协议号是指在进出口贸易中,买卖双方或数方当事人根据国际贸易惯例或国家的法律、法规,自愿按照一定的条件买卖某种商品所签署的合同或协议的编号。

2. 填报要求

填报进出口货物合同(包括协议或订单)的全部字头和号码。例如原始单据上的合同号表示为"Contract No.:ABC－1001",则本栏填报为"ABC－1001"。

二十五、件　　数

1. 含义

件数是指有外包装的单件进出口货物的实际件数,货物可以单独计数的一个包装称为一件。

2. 填报要求

(1)本栏目应填报有外包装的进出口货物的实际件数,不得填报"0",裸装、散装货物填报为"1"。

(2)舱单件数为集装箱(TEU)的填报集装箱个数。

(3)舱单件数为托盘的,填报托盘数。

(4)舱单显示件数为"1",而该批货物有两家单位申报,则两家单位分别制单,件数均填报为"1"。

二十六、包装种类

1. 含义

包装种类是指进出口货物在运输过程中外表所呈现的状态,包括包装材料、包装方式等。一般情况下,应以装箱单或提运单所反映的货物处于运输状态时的最外层包装或运输包装作为"包装种类"向海关申报。

2. 填报要求

(1)本栏目应根据进出口货物的实际外包装种类,选择填报相应的包装种类,如木箱、纸箱、散装、裸装、托盘、包、捆、袋等(包装种类代码见表11-15)。

包装种类代码表　　　　　　　　　　　　　　表11-15

代码	名称	代码	名称
1	木箱	5	托盘
2	纸箱	6	包
3	桶装	7	其他
4	散装		

(2)"包装种类"栏一般填除集装箱以外的最大外包装;"件数"栏填"包装种类"所对应的实际件数。

(3)若集装箱上显示"2 UNIT & 5 WOODEN CASES",由于"UNIT"和"WOODEN CASE"都是单件包装,所以件数应填报"7",包装种类应填报"其他"。

(4)有关单据既列明集装箱个数的,又列明托盘件数、单件包装件数的,按以上要求填报。若仅列明集装箱个数,未列明托盘或单件包装件数的,件数应填报集装箱个数,包装种类应填报"其他"。

二十七、毛　重

1. 含义

毛重是指商品质量加上商品的外包装物料的质量。

2. 填报要求

(1)本栏填报进出口货物的实际毛重,以千克计,不足1kg的填报为"1",本栏不得为空。

(2)应以合同、发票、提运(单)、装箱单等有关单证所显示的质量确定进出口货物的毛重填报。

(3)如货物的毛重在1kg以上且非整数,其小数点后保留4位,第5位及以后略去。例如,毛重9.56789kg填报为"9.5678",毛重123456.789kg填报为"123456.789"。

二十八、净　　重

1. 含义

净重是指货物的毛重扣除外包装材料后所表示出来的纯商品重量。部分商品的净重还包括直接接触商品的销售包装物料的重量(如罐头装食品)。

2. 填报要求

(1)本栏填报货物的实际净重,以千克计,不足1kg的填报为"1"。

(2)如货物的净重在1kg以上且非整数,其小数点后保留4位,第5位及以后略去。

(3)以毛重作为净重计价的,可填毛重。

二十九、集装箱号

1. 含义

集装箱号是在每个集装箱箱体两侧标示全球唯一的编号,其组成规则是:箱主代号(3位字母)+设备识别号(1位字母,海运集装箱为"U")+顺序号(6位数字)+校验码(1位数字),例如"EASU9809490"。

2. 填报要求

(1)本栏不得为空。非集装箱货物,填报为"0"。

(2)集装箱货物,在填制纸质报关单时,集装箱号为集装箱号+"/"+规格+"/"+自重。例如"TEXU3605231/20/2275",表明这是一个20英尺集装箱,箱号为"TEXU3605231",自重2275kg。

多个集装箱的,第一个集装箱号填报在本栏内,其余的依次填报在"标记唛码及备注"栏内。

三十、随附单据

1. 含义

随附单据是指随进出口货物报关单一并向海关递交的单证或文件,包括发票、装箱单、提单、运单等基本单证,监管证件、征免税证明、外汇核销单等特殊单证和合同、信用证等预备证件。

2. 填报要求

(1)在填制报关单时,本栏仅填报除进出口许可证以外的监管证件代码及编号,合同、发票、装箱单、进出口许可证等随附单证不在本栏填报。

(2)填写规范。格式为"监管证件的代码"+":"+"监管证件编号"。所申报货物涉及多个监管证件的,第一个监管证件代码和编号填报在本栏,其余监管证件代码和编号填报在"标记唛码及备注"栏中,多个监管证件中若有"入(出)境货物通关单",优先填在本栏。

监管证件代码见表11-16。

监管证件代码表　　　　　　　表 11-16

代码	监管证件名称	代码	监管证件名称
1	进出许可证	2	两用物项和技术进口许可证
3	两用物项和技术出口许可证	4	出口许可证
6	旧机电产品禁止进口	7	自动进口许可证
8	禁止出口商品	9	禁止进口商品
A	入境货物通关单	B	出境货物通关单
D	出/入境货物通关单(毛坯钻石用)	E	濒危物种允许出口证明书
F	濒危物种允许进口证明书	G	两用物项和技术出口许可证(定向)
H	港澳 OPA 纺织品证明	I	精神药物进(出)准许证
J	金产品出口证或人总行进口批件	L	药品进出口准许证
M	密码产品和设备进口许可证	O	自动进口许可证(新旧机电产品)
P	固体废物进口许可证	Q	进口药品通关单
R	进口兽药通关单	S	农药进出口登记管理放行通知单
T	银行调运现钞进出境许可证	U	合法捕捞产品通关证明
W	麻醉药品进出口准许证	X	有毒化学品环境管理放行通知单
Y	原产地证明	Z	音像制品进口批准单或节目提取单
E	关税配额外优惠税率进口棉花配额证	q	国别关税配额证明
S	适用 ITA 税率的商品用途认定证明	t	关税配额证明
V	自动进口许可证(加工贸易)	x	出口许可证(加工贸易)
Y	出口许可证(边境小额贸易)		

三十一、用途/生产厂家

1. 含义

用途是指进口货物在境内实际应用的范围。

生产厂家是指出口货物的境内生产企业的名称。

2. 填报要求

(1)进口货物应根据进口货物的实际用途,按海关规定的《用途代码表》选择相应的用途名称或代码、常用的包括外贸自营内销(01),其他内销(03),企业自用(04),加工返销(05)。用途栏目与贸易方式有相对固定的对应关系。

(2)外贸自营内销和其他内销的区别:外贸自营内销(01)是指有外贸进出口经营权的企业,在其经营范围内以正常方式成交的进口货物。其他内销(03)是指进料加工转内销部分、来料加工转内销货物以及外商投资企业进口供加工内销产品的料件。

(3)"生产厂家"栏指出口商品在境内的生产企业的名称,该栏仅供必要时填报。

三十二、标记唛码及备注

1. 含义

标记唛码是指运输标志的俗称。其英文表示为 Marks、Marking、MKS、Marks & NO、Shipping Marks 等。一般包括收货人、文件号(如合同号等)、目的地和包装件号。

2. 填报要求

(1)标记唛码栏。

标记唛码在各种原始单据中都可能体现,只要把单据中体现的标记唛码中除图形以外的文字、数字,全部照样填报在标记唛码栏目即可,注意照搬时不要随意改变其排列结构。

(2)备注栏。

①外商投资企业委托外贸企业代理进口投资设备、物品的,在"经营单位"栏填报"外商投资企业中文名称及企业代码",在"备注"栏填报"委托×××进出口公司进口"。

②互相结转,一家报进口,另一家报出口,涉及关联备案号的,"备案号"栏填报各自拥有"手册"的备案号,并在各自的报关单的"备注"栏填报"转自(至)××××手册"。

③一份报关单涉及多个集装箱号的,填报除第一个集装箱号以外的集装箱号。格式为"箱号/规格/自重"。

④一份报关单需呈验多个监管证件的,其中一个监管证件按"代码:编号"填报在"随附单据"栏,其余的监管证件亦按"代码:编号"格式填报在"备注"栏。

⑤一进一出,且进出之间是有关联关系的,在备注栏需填报有关联报关单号,如加工贸易结转类的报关单,应先办理进口报关,并将进口报关单号填入出口报关单的"备注"栏。

三十三、项　　号

1. 含义

项号是指申报货物在报关单中的商品排列序号。一张纸质报关单最多打印5项商品,一项商品占据表体的一栏;可另外附带3张纸质报关单,合计一份纸质报关单(即一个报关单编号)最多可打印20项商品,一张电子报关单(对应一份纸质报关单)表体共有20栏。

2. 填报要求

(1)本栏目分两行填报及打印。第一行打印报关单中的商品排列序号;第二行专用于加工贸易等已备案的货物,填报和打印该项货物在《登记手册》中的项号。

(2)加工贸易合同项下进出口货物,必须填报与《登记手册》一致的商品项号,所填报项号用于核销对应项号下的料件或成品数量。

特殊情况下填报要求如下:

①深加工结转货物,分别按照《登记手册》中的进口料件项号和出口成品项号填报。

②料件结转货物,出口报关单按照转出《登记手册》中进口料件的项号填报;进口报关单按照转进《登记手册》中进口料件的项号填报。

③料件复出口货物,出口报关单按照《登记手册》中进口料件的项号填报。

④成品退运货物,退运进境报关单和复运出境报关单按照《登记手册》原出口成品的项号填报。

⑤加工贸易料件转内销货物(及按料件补办进口手续的转内销成品)应填制进口报关单,本栏目填报《登记手册》进口料件的项号。

⑥加工贸易成品凭《征免税证明》转为享受减免税进口货物的,应先办理进口报关手续。进口报关单本栏填报《征免税证明》中的项号,出口报关单本栏目填报《登记手册》原出口成品项号,进、出口报关单货物数量应一致。

三十四、商 品 编 号

1. 含义

商品编号是指由进出口货物的税则号列及符合海关监管要求的附加编号组成的10位编号。

2. 填报要求

(1)本栏应填报8位税则号列,以及第9位、第10位附加编号。

(2)加工贸易《登记手册》中商品编号与实际商品编号不符的,按实际商品编号填报。

(3)条件中给出商品编号的,按照给出的商品编号填写;条件中没有给出商品编号,只给出商品名称的,则自己查找商品编号。

三十五、商品名称、规格型号

1. 含义

商品名称,即商品品名,是指进出口货物规范的中文名称。

商品的规格型号是指反映商品性能、品质和规格的一系列指标,如等级、成分、含量、纯度、大小、长短和粗细等。

2. 填报要求

(1)本栏目分两行填报及打印。第一行打印进(出)口货物规范的中文商品名称;第二行打印规格型号,必要时可加注原文。

(2)商品名称及规格型号应据实填报,并与所提供的商业发票相符。

(3)商品名称应当规范,规格型号应当足够详细,以能满足海关归类、审价以及监管的要求为准。禁止、限制进出口等实施特殊管制的商品,其名称必须与交验的批准证件上的商品名称相符。

(4)加工贸易等已备案的货物,本栏目填报录入的内容必须与备案登记中同项号下货物的名称与规格型号一致。

(5)对需要海关签发《货物进口证明书》的车辆,该栏应填"车辆 + 排气量(注明cc) + 车型"。

(6)加工贸易边角料和副产品内销、边角料复出口,应填其报验状态的名称和规格型号。

（7）同一商品编号、多种规格型号的商品,可归并为一项商品的,按照归并后的商品名称和规格型号填报。

（8）成套设备、减免税货物如需分批进口,货物实际进口时,按照实际状态确定商品名称填报。

（9）一份报关单最多填报 20 项商品。

三十六、数 量 及 单 位

1. 含义

数量及单位指进出口商品的实际数量及计量单位。计量单位分为成交单位和海关法定计量单位,成交计量单位是指买卖双方在交易过程中所确定的计量单位,可根据发票来确定。法定计量单位又分为第一法定计量单位和第二法定计量单位。海关法定计量单位以《统计商品目录》中规定的计量单位为准。

2. 填报要求

（1）本栏目分三行填报及打印。

（2）进出口货物必须按海关法定计量单位填报。法定第一计量单位及数量打印在本栏目第一行。

（3）凡海关列明第二计量单位的,必须报明该商品第二计量单位及数量,打印在本栏目第二行。无第二计量单位的,本栏目第二行为空。

（4）成交计量单位与海关法定计量单位不一致时,还需填报成交计量单位及数量,打印在商品名称、规格型号栏下方(第三行)。成交计量单位与海关法定计量单位一致时,本栏目第三行为空。

加工贸易等已备案的货物,成交计量单位必须与备案登记中同项号下货物的计量单位一致,不相同时必须修改备案或转换一致后填报。

三十七、原产国(地区)/最终目的国(地区)

1. 含义

原产国(地区)指进口货物的生产、开采或加工制造国家(地区)。对经过几个国家或地区加工制造的进口货物,以最后一个对货物进行经济上可以视为实质性加工的国家或地区作为该货物的原产国(地区)。

最终目的国(地区)指已知的出口货物的最终实际消费、使用或进一步加工制造国家(地区)。

2. 填报要求

本栏目应按海关规定的《国别(地区)代码表》选择填报相应的国家(地区)名称或代码。特殊情况下,加工贸易报关单填报要求如下:

（1）料件结转货物,出口报关单填报"中国"(代码"142"),进口报关单填报原料件生产国;

（2）深加工结转货物,进出口报关单均填报"中国"(代码"142");

(3)料件复运出境货物,填报实际最终目的国;加工出口成品因故退运境内的,填报"中国"(代码"142"),复运出境时填报实际最终目的国。

三十八、单　　价

1. 含义
单价是指进出口货物实际成交的商品单位价格的金额部分。
2. 填报要求
(1)本栏目填报同一项号下进出口货物实际成交的商品单位价格。
(2)单价如非整数,其小数点后保留4位,第5位及以后略去。无实际成交价格的,本栏目填报货值。

三十九、总　　价

1. 含义
总价是指进出口货物实际成交的商品总价金额部分。
2. 填报要求
(1)本栏目应填报同一项号下进出口货物实际成交的商品总价。
(2)总价如非整数,其小数点后保留4位,第5位及以后略去。无实际成交价格的,本栏目填报货值。

货值 = 进出口货物的完税价格 + 关税税额 + 进口环节海关代征税税额

四十、币　　制

1. 含义
币制是指进出口货物实际成交价格的计价货币的名称。
2. 填报要求
本栏目应根据实际成交情况按海关规定的《货币代码表》(表11-17)选择填报相应的货币名称或代码,如《货币代码表》中无实际成交币种,需转换后填报。

主要货币代码表　　　　　　　　　　　表11-17

币制代码	币制符号	币制名称	币制代码	币制符号	币制名称
110	HKD	港币	116	JPY	日本元
132	SGD	新加坡元	142	CNY	人民币
133	KRW	韩国元	300	EUR	欧元
302	DKK	丹麦克朗	303	GBP	英镑
330	SEK	瑞典克朗	331	CHF	瑞士法郎
344	RUB	俄罗斯卢布	501	CAD	加拿大元
502	USD	美元	601	AUD	澳大利亚元

四十一、征　　免

1. 含义

征免是指海关依照有关法律、法规对进(出)口货物进行征税、减税、免税或特案处理的实际操作方式。同一份报关单上可以有不同的征减免税方式。

2. 填报要求

(1)本栏目应按照海关核发的《征免税证明》或有关政策规定,对报关单所列每项商品选择填报海关规定的《征减免税方式代码表》(表11-18)中相应的征减免税方式的名称。常用的是"照章征税"和"全免"。

征减免税方式代码表　　　　　　　　　　　　　　　表11-18

代　码	名　　称	代　码	名　　称
1	照章征税	5	随征免性质
2	折半征税	6	保证金
3	全免	7	保函
4	特案		

(2)加工贸易报关单应根据《登记手册》中备案的征免规定填报。

四十二、税费征收情况

本栏目供海关批注进出口货物税费征收及减免情况,由海关填写。

四十三、录　入　单　位

录入单位是指录入预录入报关单和 EDI 报关单的单位。在录入单位栏打印该单位名称。

四十四、录　入　员

本栏目用于预录入和 EDI 报关单,打印录入人员的姓名。

四十五、申　报　单　位

申报单位是指对申报内容的真实性直接向海关负责的企业或单位。自理报关的,应填报进(出)口货物的经营单位名称及代码;委托代理报关的,应填报经海关批准的专业或代理报关企业名称及代码。

四十六、报　关　员

本栏目填写申报单位的报关员名称,由申报单位的报关员填写。

四十七、单位地址

本栏目填写申报单位的地址,由申报单位的报关员填写。

四十八、邮　　编

本栏目填写申报单位的邮编,由申报单位的报关员填写。

四十九、电　　话

本栏目填写申报单位的电话,由申报单位的报关员填写。

五十、填制日期

填制日期是指报关员填制报关单的日期。预录入和 EDI 报关单位由计算机自动打印。本栏目为 6 位数,以年、月、日各 2 位为顺序填写。

五十一、海关审查批注

本栏目指供海关内部作业时签注的总栏目,由海关关员手工填写在预录入报关单上。其中"放行"栏填写海关对接受申报的进出口货物作出放行决定的日期。

项目三　附属报关单证填制规范

教学要点

1. 了解各种附属报关单证的填制规范;
2. 结合实际案例,能正确填制发票、运输单据、装箱单和产地证明。

教学方法

可采用讲授、情境教学、案例教学和分组讨论等方法。

一、进出口货物商业发票的填制

商业发票(Commercial Invoice),简称发票(Invoice),是卖方向买方开立的发货价目清单,是装运货物的总说明。它既是买卖双方收付货款、记账、收发货物、办理报关、清关、纳税时的依据,也是买卖双方索赔、理赔以及保险索赔的依据。

发票无统一格式(表 11-19),但它的内容必须符合合同的规定,文字描述必须与信用证完全一致。制作时注意以下几点。

发 票 格 式　　　　　　　　表 11-19

中国丝绸公司上海进出口分公司 CHINA SILK CORP. ,SHANGHAI IMP. & EXP. BRANCH CABLE ADDRESS：CHISICORP TELEX 33059 CTSSB CN 17 ZHONG SHAN ROAD(E.1) SHANGHAI. CHINA	发　票 INVOICE	上海，日期 Shanghai, 发票编号 Invoice No. 销售编号 Sales No.
To： 承运轮名　　　　　　　　　　　　　　　至 Shipped per s. s　　　　　　　　　　　　to 开证行银行 Drawn Under 信用证号码 L/C No.		
唛头及包/箱号 MARKS & NUMBERS	数量与货品名称 QUANTITY AND DESCRIPTIONS	金额 AMOUNT
	MANUFACTURER	
CERTIFICATE OF ORIGIN We hereby certify that the above mentioned goods are manufactured in The People's Republic of China		中国丝绸公司上海进出口分公司 CHINA SILK CORPORATION SHANGHAIIMPORT & EXPORT BRANCH

(1)出口商的名称、地址。

一般出口企业自己使用的固定格式的发票上都预先印有本公司的名称、地址和电话、传真等,在信用证支付方式下,该名称必须与信用证的受益人名称一致,受益人名称、地址有变动,单据也要相应更改。

(2)发票名称。

在出口商名称和地址下面,应用粗体字书写"COMMERCIAL INVOICE"或"IN-VOICE"。

(3)发票抬头人。

在托收支付方式下,发票的抬头应按合同中的买方或指定的直接买主的名称填写。在信用证支付方式下,应严格按信用证规定填写,除信用证另有规定外,一般应填写信用证申请人(Applicant)。填写时应注意名称不能换行,地址应合理分行。

(4)发票号码、签发日期。

发票号码由出口企业按习惯编排,签发日期可以早于信用证开证日期,但不能迟于提单签发日期,更不得迟于信用证规定的交单日或信用证有效期。

(5)合同号码。

在托收支付方式下,发票应填写合同号码;在信用证支付方式下,发票应与信用证所列内容一致。

(6)发运地与目的地。

按合同和信用证的规定填写,注意应与贸易术语后的起运地(港)和目的地(港)一致。如货物需要转运,转运地点也应明确的表达出来。

(7)信用证号码。

在信用证支付方式下,应填写信用证号码,尤其在不使用汇票的即期信用证方式下,更有必要。

(8)货物内容。

这是发票的主要部分,应全面描述有关商品的名称、规格、数量、质量和包装,一般先填写商品的名称和数量,然后再根据信用证或合同的规定填写详细规格、单位及合同号码等。填写的内容必须与信用证所列各项要求完全相同;如来证未规定详细的品质和规格,可不填写;若有必要,可按合同加注一些说明,但不能与来证的内容有抵触;如果信用证中品名有误,应要求对方改正,否则在填写发票时应将错就错,也可在错误的名称后,另注正确的品名,并加括号;如果规格、品种较多,可采用列表的形式,将同类项集中并列填写,最后填写包装方式和件数数量,以及毛重、净重和尺码。

(9)价格条件、单价、总值。

这也是发票的主要内容,价格条件(贸易术语)应在总值栏内列出,单价、总值应按合同和信用证规定准确计算,正确填写。佣金和折扣是价格的又一组成部分,但不是每笔交易都有。在实际业务中,一般来证总金额是含佣价或含折价的总值,在制作发票时,都应在总值中扣除,因为体现在价格中的佣金或折扣都应视为卖方给予买方或中间商的优惠。

假设来证的价格总额是 CIFC5 Hong Kong USD145935.00。填写在发票的总值栏中的金额应计算如下:

CIFC5 Hong Kong USD 145935.00

```
– C5              USD   7296.75
CIF Hong Kong    USD 138638.25
```

如果来证的价格总额是 CIF Hong Kong HKD147550.00，要求分别列出运费 HKD 10560.00、保险费 HKD140.00，并显示 FOB 价格额，制单时应填写：

```
CIF Hong Kong    HKD 147550.00
Less F           HKD  10560.00
Less I           HKD    140.00
FOB              HKD 136850.00
```

(10) 唛头。

合同或信用证指定唛头的，必须严格按照指定的唛头填写。如无指定，出口商可自行设计唛头，其内容由进口商名称缩写、合同号（或发票号等）、目的港（地）和件号组成。

(11) 加注声明文句。

由于各国法令或习惯不同，有的国家或地区开来的信用证要求在发票上加注一些声明文句或特定的号码等，应根据情况酌情办理。只要不伤害卖方的利益，一般都照办。加注的内容一般打在发票商品栏以下的空白处。

(12) 签发人的签字或盖章。

商业发票上习惯由出口公司的法人代表或经办制单人员代表公司签字，并注公司名称，但根据《UCP500》的规定，除非信用证另有规定，"无多页签署"。这是由于商品发票主要用于使银行和开证人了解货物的概貌，是买卖双方有记账的依据。它与汇票不同，不具备价值，不能被转让，即使遗失也可由卖方重制，但报关、报检等许多方面都需要发票，有时进口人需要 10 余份发票。为减少签发人的负担，《UCP500》增加了发票无需签署的内容，但信用证中要求手签时，必须手签。

二、运输单据的填制

运输单据是指证明货物已装上运输工具，或已发运，或已由承运人接受监管的单据，是承运人与托运方之间运输契约的证明。如以可转让的形式开立，它还具有物权凭证的效用，是出口商要求银行议付或要求进口商付款的必备单据之一。所以，它是进出口贸易中买卖双方最为关注的单据。

运输单据种类繁多，名目不一。按运输方式可将其归纳为几大类，即海运提单，不可转让海运单，租船提单，多式联运单据，空运单，公路、铁路、内河运输单据，专递或邮局收据。《UCP500》要求运输单据上必须标明其单据的名称，但不要求名称与信用证规定的运输单据名称绝对相符，只要内容符合信用证上有关运输单据的要求，银行就可接受。

我国进出口贸易大部分采用海洋运输，所以，这里主要介绍海运提单（格式见表 11-20）的有关内容。

海运提单（Ocean Bill of Lading）是海洋运输时使用的运输单据。因海运方式不同，提单种类也名目繁多。主要有：直运提单、转运提单、联运提单、集装箱出口运输提单。从各船公司的角度来说,因各自使用自己签发的提单,不论是内容还是格式都有差异,但基本内容还是相同的。海运提单的格式见表 11-20。

海 运 提 单   表 11-20

Shipper				
Consignee				
Notify Party				
Pre-carriage by		Place of Receipt		
Ocean Vessel Voy. No.		Port of Loading		
Port of Discharge		Place of Delivery	Final Destination (of the goods – not the ship) See Article 7 paragraph (2)	
Marks & Nos. Container. Seal No.	No of Containers or P′kgs	Kind of Packages: Description of Goods	Gross Weight kgs	Measurement
TOTAL NO. OF CONTAINERS OR PACKAGES (IN WORDS)				
FREIGHT & CHARGES	Revenue Tons	Rate	Per	Prepaid	Collect
Ex. Rate:	Prepaid at	Payable at	Place and date of issue	
	Total Prepaid	No. of Original B(s)/L	Signed for the Carrier	

LADEN ON BOARD THE VESSEL
　　DATE BY　　　　　　　　(TERMS PLEASE FIND ON BACK OF ORIGINAL B/L) Printed in 2004 (COSCO STANDARD FORM 11)

以下只对提单中具有共性的内容加以说明。

提单有正副本之分。正本提单可流通、交单、议付;副本则不可。对正、副本提单要求的权力在收货人一方,出口方应正确判断来证中的要求。如"Full set of B/L"是指"全套提单",按习惯作两份正本解释。

如"Full set (3/3) plus 2 N/N copies of original forwarded through bills of lading"。

(3/3):分子位置的数字指交银行的份数,分母位置的数字指应制作的正本份数,这里要求向银行提交全部制作的 3 份正本。

N/N:Non-Negotiation 的缩写,意为不可转让,即使是副本,也不可转让流通,不得议付,这里要求根据正本复制两份副本。

如:2/3 original clean on board ocean bills of lading。

意思是制作 3 份正本提单,其中 2 份向银行提交。提交内容包括签发应填写的正面内容和背面印的有关规定承运人免责事项两部分。正面内容在我国许多口岸都由出口公司填制,以下详细介绍填制方法和注意事项。

1. 填制方法

1)托运人(Shipper/Consigner)

托运人指委托运输的人,一般即出口公司,也就是信用证中的受益人,如果开证人为了贸易上的需要,要求做第三者提单(Third Party's B/L),也可照办,如请运输公司作托运人。《UCP500》允许银行接受第三者提单。

2)收货人(Consignee)

收货人应严格按信用证规定填写,一般有两种。

(1)记名式。直接填写收货人名称,如:来证要求"Consigned to ABC Co."收货人栏中应填写"Consigned to ABC Co.",这样,这份提单的收货人已确定,不得转让。

(2)指示式。即在收货人栏内有指示(Order)字样的,意为承运人凭指示付货,这种提单可通过指示人的背书而进行转让。

如:来证要求"Full set of B/L made out to order",收货人一栏填"To Order"。转让时应由托运人背书。

如:来证要求"B/L issued to order of applicant",意为凭开证人指示,查开证人为"Big A. Co.",则收货人一栏填"To Order of Big A. Co.",不可填"To Order of Applicant"

如:来证要求"Full set of B/L made out to our order",这里的"our"指本证开证行,意为凭开证行指示,查开证行名称为"Small B Bank",则收货人一栏内填"To order of Small B Bank",或"To Small B Bank's order"。

提单的背书也有两种,一种为空白背书,如来证要求"Blank Endorsed",背书时只要书写背书人的名称、地址即可;另一种是记名背书,如来证要求"Endorsed to BBB Co. HK.",背书时既要书写背书人的名称、地址,还要书写背书人的名称、地址,即在提单背面注明"Delivery to the Order of BBB Co. HK.",并签上背书人的名称。

3)被通知人(Notify)

此栏按信用证规定填写,一般是货物进口人或其代理人,被通知人的地址一定要详细。如信用证未规定,则正本提单这一栏空白,在副本提单这一栏填上信用证申请人的名称、地址;如来证要求两个或两个以上的公司为被通知人,则必须把这两个或两个以上的公司的名称、地址都填上;如是记名提单或收货人指示提单且收货人有详细地址的,这一栏可不填。

4)前程运输(Pre-carriage by)

此栏为"多式联运"方式而设,不能作为转船提单时打明第一程海轮名称的栏目,单式海运提单不必填注。

5) 收货地点(Place of Receipt)

此栏为"多式联运"方式而设,单式海运不必填注。

6) 船名航次(Ocean Vessel Voy No.)

如货物需转运,填写第二程船的船名;如货物不需转运,填写第一程船的船名。

7) 装货港(Port of Loading)

填写装运港(起运港)的名称。

8) 卸货港(Port of Discharge)

填写卸货港(目的港)的名称。

9) 交货地点(Place of Delivery)

填写最终目的地的名称,如果货物的目的地是目的港的话,这一栏空白。如果货物在某国港口卸货后,还要使用其他运输工具转运进口国,则卸货港名称(过境国港口)后面必须有"In Transit"(过境)字样,否则将被征收额外的税金。此栏为"联合运输"方式而设,单式海运不必填注。

10) 集装箱号(Container No.)

填写集装箱箱号。

11) 封志号、标记与号码(Seal No. Marks & Nos.)

按信用证规定填写,如信用证未规定,则按发票上所列内容填写;如不使用唛头,注明"N/M"字样。

12) 商品名称、包装件数、运费条款

这几个栏目按顺序填写,商品名称应与托运单上完全一样,与信用证用字严格相符;包装件数应按实际包装情况填写,包装材料、包装方式、最后包装的件数,应包括数字、文字两种写法;运费一般只填支付情况,不填运费具体数额及计算,除非信用证明确规定。在CIF和CFR支付条件下,填运费预付(Freight Prepaid);在FOB条件下,填运费到付(Freight Collect或Freight Payable at Destination)。

13) 毛重(Gross Weight)

一般毛重以吨为单位,小数点后保留3位。

14) 尺码(Measurement)

一般体积以立方米为单位,小数点后保留3位。

15) 正本提单份数[No. of Original B(s)/L]

应按信用证规定签发,并用大写数字填写,如ONE、TWO、THREE。

16) 提单日期及签发地点(Place and Date of Issue)

提单的签发日期应为货物交付承运人或货物装船完毕的日期,所以提单的签单日期不能晚于合同或信用证规定的装运期。提单的签发地点应按装运地点填写。日期、地点如有不符,构成单证不符,直接影响安全收汇。

2. 注意事项

正确缮制提单还须注意以下要求。

(1) 提单正面是否打明承运人的全名及"承运人(CARRIER)"一词,以表明其身份。

如提单正面已作如上表示,在承运人自己签署提单时,签署处无须再打明承运人一词及其全名。

如提单正面已作如上表示,但由货代公司(FORWARDER)签署提单时,则在签署处必须打明签署人的身份,如 ABC FORDWARDING CO. as agents for the carrier 或 as agents for/on behalf of the carrier。

(2)提单有印就"已装船"(Shipped in apparent good order and condition on board…)字样的,无须加"装船批注"(On board notation)。若印就"收妥待运"(Received in apparent good order and condition for shipment…)字样的,则必须再加"装船批注"并加上装船日期。

(3)提单印有"Intended vessel"、"Intended port of loading"、"Intended port of discharge"及/或其他"Intended…"等不肯定的描述字样者,则必须加注"装船批注",其中须把实际装货的船名、装货港口、卸货港口等项目打明,即使预期(Intended)的船名及装卸港口并无变动,也需重复打出。

(4)单式海运及港对港(装运港到卸货港)运输方式下,只需在装货港(Port of Loading)、船名(Ocean Vessel)及卸货港(Port of Discharge)三栏内正确填写;如在中途转船(Transshipment)、转船港(Port of transshipment)的,港名不能打在卸货港(Port of Discharge)栏内,需要时,只可在提单的货物栏空间打明"在××(转船港)转船"(with transshipment at ××)。

(5)"港口"(Port)和"地点"(Place)是不同的概念。有些提单印有"收货地点"(Place of receipt/taking in charge)和"交货地点/最后目的地"(Place of delivery/final destination)等栏目,供提单用作"多式联运"(Multimodal Transport)或"联合运输"(Combined Transport)运输单据时用。单式海运时不能填注。否则会引起对运输方式究竟是单式海运抑或是多式联运的误解。

(6)提单上印有"前程运输由"(Pre-carriage by)栏也为"多式联运"方式所专用,不能作为转船提单时打明第一程海轮名称的栏目。

只有作多式联运运输单据时,方在该栏内注明"铁路"、"卡车"、"空运"或"江河"(Rail、Truck、Air、River)等运输方式。

(7)提单不能有"不洁净"批注(Unclean clause),即对所承载的该批货物及其包装情况有缺陷现象的批注。

(8)除非信用证许可,提单不能注有"Subject charter party",即租船契约提单。

(9)提单上关于货物的描述不得与商业发票上的货物描述有所不一致。

如提单上货物用统称表示时,该统称须与信用证中货物描述一致,且与其他单据有共通联结(Link)特征,例如唛头等。

(10)提单上的任何涂改、更正须加具提单签发者的签章。

(11)提单必须由受益人及装货人(Shipper)背书。

三、装箱单的填制

装箱单(Packing List)又称花色码单或包装单,是标明出口货物的包装形式、规格、数量、毛重、净重、体积的一种单据。在结汇中,除散装货物外,一般都要求提供装箱单。装箱单的作用在于:补充商业发票内容之不足,通过表内的包装件数、规格、唛头等项目的填制,明确阐明商品的包装情况,便于买方对进口商品包装及数量的了解和掌握,也便于买方在货物到达目的港时,供海关检查和核对货物。装箱单无统一格式,所包含的内容也不尽相同,但一般有合同号码或发票号码、唛头及件数、货名及品质、数量、毛重和净重等。填制时应注意以下事项(格式见表 11-21)。填制方法参照发票。

（1）装箱单的内容须与货物实际包装相符，并与商业发票、提单、信用证规定等内容相一致。

（2）毛、净重应列明每件的毛、净重及总的毛、净重数字。

（3）装箱单一般不显示货物的单价、总价，因为进口商把商品转售给第三者时只要交付包装单和货物，而不愿泄露其购买成本。

（4）装箱单编号和制单日期、运输标志应与商业发票一致。

装 箱 单

表 11-21

上海康健进出口公司
中国上海浦东东园一村 139 号 1006 室
SHANGHAI KJ IMPORT & EXPORT CORP
Room 1006, No. 139, Dong Yuan Yi Cun, PuDong, Shanghai 200120 china
TEL:63217148 TLX:30189 SPEIC Cn   FAX:63206379

装箱单(重量单) PACKING LIST (Weight Memo)				发票日期： Date：
				发票号码 Invoice No.
唛头及包/箱号 MARKS & NOS.	货品名称 DESCRIPTION	数量 QUANTITY	毛重 G.W.	净重 N.W.
TOTAL:				

四、产地证的填制

产地证明书(Certificate of Origin)，简称产地证，是指由一定的单位或机构签发的证明货物产地或制造地的书面证明，其作用是实行差别关税、分配和控制进口配额。

在出口业务中作用的产地证，根据出具单位分类，可分为四种：普惠制产地证、出口商产地证、贸促会产地证、商检局产地证。选择哪一种产地证，应根据信用证或合同规定确定。

如无确切规定,出口商可出具任何一种。

1. 普遍优惠制产地证明书

普遍优惠制产地证明书(Generalized System of Preferences Certificate of Origin),简称普惠制产地证(Certificate of Origin for GSP)。它是享受普遍优惠制待遇国家的受惠商品要得到该待遇时,向给惠国提供的,证明出口商品原产地的书面凭证。目前,共有28个发达国家向发展中国家或地区提供普惠制待遇。这些国家尽管实行不同的普惠制方案,但对受惠商品要求提供的产地证书,除澳大利亚可使用发票加注有关声明文字代替以外,其他国家均要求提供统一格式的产地证,即普惠制产地证格式A(G.S.P. FORM A),该证由出口单位自行填制,然后由商检局审核后签发。在一套Form A中有两份副本和一份正本,副本仅供寄单参考和留存之用,正本是可以议付的单据。普惠制产地证——FORM A的格式如表11-22所示。

普遍优惠制产地证明书　　　　　表11-22

普惠制产地证——FORM A
COPY

1. Goods consigned from (Exporter's business name, address, country)	Reference No. GENERALIZED SYSTEM OF PREFERENCES CERTIFICATE OF ORIGIN (Combined declaration and certificate) FORM A Issued in THE PEOPLE'S REPUBLIC OF CHINA (country) See Notes overleaf			
2. Goods consigned to (Consignee's name, address, country)				
3. Means of transport and route (as far as known)	4. For official use			
5. Item number	6. Marks and numbers of packages	7. Number and kind of packages; description of goods	8. Origin criterion (see Notes over-leaf)	9. Gross weight or other quantity	10. Number and date of invoices
11. Certification It is hereby certified, on basis of control carried out, that the declaration by the exporter is correct. Place and date, signature and stamp of certifying authority	12. Declaration by the exporter The undersigned, hereby declares that the above details and statements are correct; that all the goods were produced in (Country) And the they comply with the origin requirements specified for those goods in the Generalized System of Preferences for goods exported to (importing country) Place and date, signature of authorized signatory				

普惠制产地证——FORM A 的主要内容和填写方法有以下几种：

1）证书号（Reference No.）

填写商检局所编的号码，签发地点须填"中华人民共和国"外文全称，填在"Issued in"后面。

2）出口商名称、地址和所在国家（Exporter's Business Name，Address，Country）

此栏是带强制性的，必须填上出口商的全称和详细地址，包括街道、门牌号码等。

3）收货人名称、地址、国家（Consignee's Name，Address，Country）

一般应该填给惠国的收货人名称，也即信用证上指定的收货人，如收货人不明确，可填发票抬头人或提单的被通知人，但不要填证件转口商的名称。

4）运输工具及路线（Means of Transport and Route）

应填启运地与目的地、启运日期及运输工具，如：BY Vessel/Air/Trail 等，如中途转运，应加上转运地，如"Via Hong Kong"。

5）供发证机关使用（For Official Use）

出口公司制单时，不必在此栏内填写，由商检局根据需要作批注用。

6）商品顺序号（Item No.）

如本证书下货物有不同品种，可按不同品种分 1、2、3…，如只有单项商品，此栏只填 1。

7）唛头及包装号码（Marks and Numbers of Packages）

唛头及包装号码须与发票上的唛头及包装号一致。如货物无唛头，则填"N/M"。

8）包装件数、种类及商品品名（Number and Kind of Packages，Description of Goods）

包装件数应包括大、小写两种方式，小写数字加括号，如"（100）One Hundred Packages"；商品名称应填写具体品种名称及规格，但商标、牌号或货号可不填。此栏内容填完后应在次行加上表示结束的符号，如"＊＊＊"，以防被人添加其他内容。国外信用证如要求注明合同、信用证号码等，也可加在此栏空白处。

9）原产地标准（Origin Criterion）

此栏是国外海关审核的重点项目，必须按规定如实填写，具体要求如下：

完全自产、无进口成分，填写"P"；含有进口成分，但符合原产地标准，填写"W"；发往加拿大的出口商品，含有进口成分（占产品出厂价的 40% 以下），填写"F"；发往澳大利亚及新西兰的出口商品，只需在第 13 栏内作适当申报即可，不必填写第 9 栏。

10）毛重或其他数量（Gross Weight or Other Quantity）

此栏应填商品的正常数量，以重量计算的只填毛重（应与提单上的一致），只有净重的填净重也可以。但要标明 N·M（Net Weight），并在此行打上结束的符号"＊＊＊"，以防被人添加。

11）发票号及日期（Number and Date of Invoice）

此栏不得留空，必须按照正式商业发票填写。为避免月份、日期的误解，月份一律用英文缩写，日期和年份用数字。例：

SK530016

Dated 18 JAN - 2006

12）签证当局的证明（Certification）

此栏由商检局加盖公章，并由授权的签证人手签。商检局原则上只签正本一份，副本概不签章。本栏签发日期不得早于第 11 栏发票日期和第 13 栏申报日期,并应早于提单日期。

13)出口商的申述(Declaration By the Exporter)

生产国的横线上应填"China"。进口国一般应与收货人和目的港的国别一致,进口国应是给惠国。如货物运往欧联盟成员国而具体国别不明确,可填"EEC"。此栏底部应盖出口公司印章,并由公司指派的专人手签,手签人的名单应事先在商检局备案,正副本均需有签章。最后填写出口公司所在地及制单日期,日期不得迟于第 12 栏商检局签发日期,也不得早于发票日期。

普惠制产地证作为一种官方签发的证明文件不应随便涂改,尤其是数字、日期、唛头和包装号、原产地标准等不允许更改,其他项目允许更改一次,由商检局加盖校正章。

2. 一般原产地证明书

一般原产地证,简称产地证。它是由各地商检局或贸促会签发的证明中国出口货物符合"中华人民共和国出口货物原产地规则",货物确系中国原产地的证明文件。该证书具有法律效力,是报关结汇、进行贸易统计的重要证明文件。该证书除证书名称和证书号码外,需填写的内容有 12 个栏目,填写方法大多与普惠制产地证差不多。一般原产地证明书的格式,如表 11-23 所示。

一般原产地证明书　　　　　　　　表 11-23

COPY

1. Exporter(full name and address)		Certificate No. CERTIFICATE OF ORIGIN OF THE PEOPLE'S REPUBLIC OF CHINA		
2. Consignee(full name, address, country)				
3. Means of transport and route		5. For certifying authority use only		
4. Destination port				
6. Marks and numbers of packages	7. description of goods; number and kind of packages	8. H. S. Code	9. Quantity or weight	10. Number and date of invoices
11. Declaration by the exporter 　The undersigned, hereby declares that the above details and statements are correct; that all the goods were produced in china and that they comply with the Rules of Origin of the People's Republic of China.		12. Certification It is hereby certified that the declaration by the exporter is correct.		
Place and date, signature and stamp of authorized signatory		Place and date, signature and stamp of certifying authority		

这里只把一般原产地证与普惠制产地证填写方法不同的以及应注意的问题介绍如下。

1) 出口商名称、地址(Exporter Full Name and Address)

一般是有效合同的卖方或发票签发人,地址要详细。注意:此栏不得留空,并必须用打字机填打,不得用印章。

2) 运输方式和路线(Means of Transport and Route)

一般填装货港、到货港及运输方式,如经转运的必须注明转运地。

3) 目的港(Destination Port)

目的港是指货物最终运抵港,注意不要填中间商国家的名称,最终港及最终进口国,一般与最终收货人或最终目的港国别一致。

4) 商品 H.S. 税目号(H.S. code)

此栏要求填打四位数的 H.S. 税目号,例如:出口商品为电风扇,其 H.S. 税目号为84.14,即照打"84.14",注意必须填写准确。

5) 出口商声明、签字、盖章(Declaration by the Exporter)

出口商声明内容为"下列签署人在此声明:上述货物详细情况和声明是正确的,所有货物均在中国生产,完全符合中华人民共和国原产地规则"。证书手签人员应是企业法人代表指定的其他人员,即具法人资格。企业盖章要使用中英文对照章,手签人签名与公章的位置不得重合,此栏还要填写申报地点、时间。

6) 签证机构证明、签字、盖章(Certification)

签证机构证明内容为"兹证明出口商声明是正确的"。签证机构审核人员审核该证无误后,由授权的签证人在此栏手签姓名及盖公章,注明签署地点、时间。注意此栏日期不得早于发票日期和申报日期。由于 G.S.P. 证书申报单位和签证机构签证位置正好与本产地证位置相反,因此,申请单位应注意不要填错位置。

7) 证书的缮制

中国原产地证书一律用打字机缮制,证面要求整齐、清洁,一般要求用英文,如信用证有特殊要求而使用其他文字的,也可接受。

思考练习

一、简 答 题

1. 报关单填制中,主要的征减免税方式有哪些?
2. 举例说明进出口货物中哪些是成交计量单位?哪些是海关法定计量单位?

二、思 考 题

1. 某租赁有限公司从事国内租赁业务。该公司委托深圳某对外贸易公司从德国进口30台水泥搅拌车,用于租赁给国内的建筑公司。由深圳某对外贸易公司对外订货,向海关办理进口报关手续时,该批用于租赁货物的贸易方式应填报什么?为什么?

2. 某制衣有限公司向某海关办理进料加工合同的登记备案手续,在领到的加工贸易手册上有三项商品,第一项为尼龙面料,第二项为衬里棉布,第三项为拉链,如果在填写报关单商品项号和名称时,按进口商品的排列序号,第一项为衬里棉布,第二项为拉链。这样填写是否正确?有什么问题?为什么?

3. 在日本纺成的纱线,运到中国台湾织成棉织物,并进行冲洗、烫、漂白、染色、印花。上述棉织物又被运往新加坡制成睡衣,后又经中国香港更换包装转销我国内地。我国海关应以哪个国家(地区)作为该货物的原产地?为什么?

三、实 操 题

1. 根据下列资料填写一张出口货物报关单。

上海兰生股份有限公司
SHANGHAI LANSHENG CORPORATION
HEADQUARTER:1230 - 1240 ZHONGSHAN ROAD NO. 1 SHANGHAI 200437
P. R. CHINA
COMMERCIAL INVOICE

TO:GOLDEN MOUNTAIN TRADING LTD. ROOM 611   INVOICE NO:07 A702758
TWER B, HUNG HOM COMM CENTER, 37 - 39MA   INVOICE DATE:07. 12. 10
TAU WAI ROAD,   S/C NO:07 A3272
HUNG HOM, KOWLOON, HONGKONG.   B/L NO:HJSHB142939
FROM:SHANGHAI   TO:LOSANGELES
Letter of Credit No. : T/T   Issued By:

Vessel:HANGJING DALINAN/014E

Marks and Numbers	Number and kind of package Description of goods	Quantity	Unit Price	Amount
RSN NO:7290 MADE IN CHINA PORT: LOS ANGELES C/NO:1 - 117	FOOWARE 皮鞋(胶底) ART. NO. CC10758 - 112 ORDER NO. RNS7920 COL: WHITE SZ:5 - 10 HS CODE:64039900 计量单位:双 G. W:1638.00 KGS N. W:1404.00 KGS MEATS:5.616M3 PACKEN IN 117 CARTONS ONLY 手册:C22077100502 列手册第 2 项,非对口合同 外汇核销单编号:28/1555451 出口商检证:07 - 12 - 020E 上海兰生股份有限公司(黄浦区)发货,注册编号:3109915020 该货于 2007 年 12 月 20 日出口,委托上海久盛报关公司于 2007 年 12 月 18 日向上海吴淞海关申报	2 166 双	CIF LOS ANGELES@ USD3.15 F:USD 800 I:0.72%	USD 6 633.90

中华人民共和国海关出口货物报关单

预录入编号：　　　　　　　　　　　　　　　　　　　　　　　海关编号：

出口口岸		备案号		出口日期		申报日期	
经营单位		运输方式		运输工具名称		提运单号	
收货单位		贸易方式		征免性质		结汇方式	
许可证号		运抵国（地区）		指运港		境内货源地	
批准文号		成交方式		运费		保费	杂费
合同协议号		件数		包装种类		毛重(kg)	净重(kg)
集装箱号			随附单据			生产厂家	

标记唛码及备注

项号　商品编码　商品名称、规格型号　数量及单位　原产国（地区）　单价　总价　币制
征免

税费征收情况

录入员	录入单位	兹声明以上申报无误并承担法律责任	海关审单批注及放行日期	
报关员			（签章）	
单位地址		申报单位（签章）	审单	审价
			征税	统计
邮编	电话	填制日期	查验	放行

2. 根据下列4个资料填写一张进口货物报关单。

资料1：番禺对外贸易集团有限公司进口加工贸易合同项下白板纸材料一批,该货于2008年9月24日运抵深圳皇岗海关(关区代码5301),于9月25日转关,由该公司向广州番禺海关(关区代码5160)报关。进料加工手册号:C51639300245(该商品列手册第8项)。经营单位与收货单位相同(经营单位编码:4401928006),商品编码:4805.8000,法定计量单位:kg,集装箱自重:4800kg。

资料2：发票

丰田物流(香港)有限公司
FENGTIAN LOGISTICS(H. K.) CO., LTD.
INVOICE

Contract　　　　　No. QHDI02-18 HH028
Date:SEP. 22,2008
FROM:HONGKONG　　TO:PANGYU
Tel:020-87253468
收货单位:番禺对外经济贸易集团有限公司(广州番禺) Fax:020-87253466

名称 DESCRIPTION	数量 QUANTITY	单价 UNIT PRICE	金额 AMOUNT
白纸板350g 31cm×43cm(三山牌)	19 850kg	USD 0.37	CIF 番禺 USD 7 344.50
Goods Sold Are Not Returnable Per		总计:USD 柒仟叁佰肆拾肆元伍角整 TOTAL:	

资料3：装箱单

丰田物流(香港)有限公司
FENGTIAN LOGISTICS(H. K.) CO., LTD.
PACKING LIST

Date:SEP. 22,2008
Tel:020-87253468
Fax:020-87253466
Contract No. : QHDI02-18 HH028

收货单位:番禺对外经济贸易集团有限公司(广州番禺)

名称 DESCRIPTION	件数 PACKAGES	净重 NET WEIGHT	毛重 GROSS WEIGHT	备注 REMARK
白纸板 350g 31cm×43cm(三山牌)	30 托	19850kg	20750 kg	
CONTAINERS NO: HNNK0282509	1 CONTAINERS (40′)			

Goods Sold Are Not Returnable Per

资料4:载货清单

中华人民共和国海关进境汽车载货清单

进境日期:2008.09.24　　　　　　　　　　　　清单编号:100011791083

发货人(盖章):丰田物流香港有限公司		贸易性质:进料加工		
收货人:番禺对外经济贸易集团有限公司		贸易国别(地区):		
合同协议号:QHDI02-18 HH028		原产国别(地区):印度尼西亚		
货名及规格	件数	重量	成交价格		进境地/指运地
			单价	价值	
白纸板 350g 31cm×43cm(三山牌)	30 托	毛重:20750kg 净重:19850kg	CIF 番禺 USD 0.37	USD 7 344.50	皇岗—番禺海关
车辆牌号	境内:021 68689	海关关锁号(条形码)NO:			
	境外:HK 48669				
货柜箱体号 NO:HNNK0282509*1(2)					
上列货物总计30件 20750kg,由丰田公司 委托我公司承运,保证无讹。 　　此致 　　海关 　　　　运输公司(盖章) 粤海运输有限公司 驾驶员:　海关编号: 敬礼		海关批注:Y3018 关员签名: 海关签章: 　年　　月　　日			

中华人民共和国海关进口货物报关单

预录入编号： 　　　　　　　　　　　　　　　　　海关编号：

进口口岸		备案号		进口日期		申报日期	
经营单位		运输方式		运输工具名称		提运单号	
收货单位		贸易方式		征免性质		征税比例	
许可证号		起运国（地区）		装货港		境内目的地	
批准文号		成交方式		运费		保费		杂费	
合同协议号		件数		包装种类		毛重(kg)		净重(kg)	
集装箱号		随附单据				用途	
标记唛码及备注							

项号　商品编码　商品名称、规格型号　　数量及单位　原产国(地区)　单价　　总价　币制　征免

税费征收情况

录入员　　　　录入单位	兹声明以上申报无误并承担法律责任	海 关 审 单 批 注 及 放 行 日 期 （签章）
报关员		
单位地址	申报单位(签章)	审单　　　　审价
		征税　　　　统计
邮编	电话　　　　填制日期	查验　　　　放行

213

任务十二 货物、交通工具和人员的报检

内容简介

本任务主要介绍货物、交通工具和人员报检的内容和基本规范。

教学目标

1. 知识目标
（1）了解报检的一般规定；
（2）掌握报检的基本程序。
2. 技能目标
根据检验检疫的对象完成操作流程。

案例导入

广州某进出口公司从美国进口一批化妆品，试描述该公司应如何办理货物的进境报检手续？

引导思路

1. 化妆品报检的规定；
2. 货物报检的流程。

项目一　出入境货物的报检

教学要点

了解货物报检的一般规定。

教学方法

可采用讲授、情境教学、案例教学和分组讨论等方法。

一、出境货物的报检

出境货物是先检验后通过放行。检验合格的，出具"出境货物通关单"。

1. 出境货物报检范围

（1）国家法律、行政法规规定必须由出入境检验检疫机构实施检验检疫的；
（2）对外贸易合同约定须凭检验检疫机构签发的证书进行结算的；
（3）有关国际条约规定必须经检验检疫的。

2. 出境货物检验检疫工作程序

法定检验检疫的出境货物,在报关时必须提供出入境检验检疫机构签发的《出境货物通关单》,海关凭报关地出入境检验检疫机构出具的《出境货物通关单》验放。对产地和报关地相一致的出境货物,经检验检疫合格的,出具《出境货物通关单》。对产地和报关地不一致的出境货物,出具《出境货物换证凭单》,由报关地检验检疫机构换发《出境货物通关单》。出境货物经检验检疫不合格的,出具《出境货物不合格通知单》。

3. 出境货物报检的时限和地点

出境货物最迟应在出口报关或装运前7天报检,对于个别检验检疫周期较长的货物,应留有相应的检验检疫时间;需隔离检疫的出境动物,在出境前60天预报,隔离前7天报检。法定检验检疫货物,除活动物需由口岸检验检疫机构检验检疫外,原则上应坚持产地检验检疫。

4. 报检时应提供的单据

(1)出境货物报检时,应填写《出境货物报检单》,并提供外贸合同或销售确认书或订单,信用证、有关函电,生产经营部门出具的厂检结果单原,检验检疫机构签发的《出境货物运输包装性能检验结果单》正本。

(2)凭样品成交的,须提供样品。

(3)经预检的货物,在向检验检疫机构办理换证放行手续时,应提供该检验检疫机构签发的《出境货物换证凭单》(正本)。

(4)产地与报关地不一致的出境货物,在向报关地检验检疫机构申请《出境货物通关单》时,应提交产地检验检疫机构签发的《出境货物换证凭单》(正本)。

(5)按照国家法律、行政法规的规定实行卫生注册和质量许可的出境货物,必须提供经检验检疫机构批准的注册编号或许可证编号。

(6)出口危险货物时,必须提供《出境货物运输包装性能检验结果单》(正本)和《出境危险货物运输包装使用鉴定结果单》(正本)。

(7)出境特殊物品的,根据法律法规规定应提供有关审批文。

二、入境货物的报检

入境货物的检验检疫是先放行通关后再进行检验检疫。检验检疫合格才能流入境内。

1. 入境货物报检范围

(1)国家法律、行政法规规定必须由出入境检验检疫机构实施检验检疫的;

(2)对外贸易合同约定须凭检验检疫机构签发的证书进行结算的;

(3)有关国际条约规定必须经检验检疫的;

(4)国际贸易关系人申请的其他检验检疫、鉴定工作。

2. 入境货物检验检疫工作程序

法定检验检疫的入境货物,在报关时必须提供报关地出入境检验检疫机构签发的《入境货物通关单》,海关凭出入境检验检疫机构签发的《入境货物通关单》验放。入境货物的检验检疫工作程序是先放行通关后进行检验检疫,即:法定检验检疫入境货物的货主或其代理人首先向卸货口岸或到达站的出入境检验检疫机构报检;检验检疫机构受理报检,转施检部门签署意见,计收费,对来自疫区的、可能传播检疫传染病、动植物疫情及可能夹带有害物质的入境货物的交通工具或运输包装实施必要的检疫、消毒、卫生除害处理后,签发《入境货物通关单》(入境废物、活动物等除外)供报检人办理海关的通关手续;货物通关后,入境货物的货主或其代理人需在检验检疫机构规定的时间和地点到指定的检验检疫机构联系对货物实施检验检疫,对经检验检疫合格的入境货物签发《入境货物检验检疫证明》放行,对经检验检疫不合格的货物签发检验检疫处理通知书,需要索赔的签发检验检疫证书。

3. 入境货物检验检疫报检方式

(1)入境一般报检。

进境一般报检是指法定检验检疫入境货物的货主或其代理人,持有关单证向卸货口岸检验检疫机构申请取得《入境货物通关单》,并对货物进行检验检疫的报检。对进境一般报检业务而言,签发《入境货物通关单》和对货物的检验检疫都由口岸检验检疫机构完成,货主或其代理人在办理完通关手续后,应主动与检验检疫机构联系落实施检工作。

(2)入境流向报检。

进境流向报检亦称口岸清关转异地进行检验检疫的报检,指法定入境检验检疫货物的收货人或其代理人持有关单证在卸货口岸向口岸检验检疫机构报检,获取《入境货物通关单》并通关后由进境口岸检验检疫机构进行必要的检疫处理,货物调往目的地后再由目的地检验检疫机构进行检验检疫监管。申请进境流向报检货物的通关地与目的地属于不同辖区。

(3)异地施检报检。

异地施检报检是指已在口岸完成进境流向报检,货物到达目的地后,该批进境货物的货主或其代理人在规定的时间内,向目的地检验检疫机构申请进行检验检疫的报检。因进境流向报检只在口岸对装运货物的运输工具和外包装进行了必要的检疫处理,并未对整批货物进行检验检疫,只有当检验检疫机构对货物实施了具体的检验、检疫,确认其符合有关检验检疫要求及合同、信用证的规定,货主才能获得相应的准许进口货物销售使用的合法凭证,完成进境货物的检验检疫工作。异地施检报检时应提供口岸局签发的《入境货物调离通知单》。

4. 入境货物报检的地点和时限

(1)审批、许可证等有关政府批文中规定检验检疫地点的,在规定的地点报检;

(2)大宗散装商品、易腐烂变质商品、废旧物品及在卸货时发现包装破损、质量数量短缺的商品,必须在卸货口岸检验检疫机构报检;

(3)需结合安装调试进行检验的成套设备、机电仪器产品以及在口岸开件后难以恢复包装的商品,应在收货人所在地检验检疫机构报检并检验;

(4)其他入境货物,应在入境前或入境时向报关地检验检疫机构办理报检手续;

(5)入境的运输工具及人员应在入境前或入境时向入境口岸检验检疫机构申报;

(6)入境货物需对外索赔出证的,应在索赔有效期前不少于20天内向到货口岸或货物到达地的检验检疫机构报检;

(7)输入微生物、人体组织、生物制品、血液及其制品或种畜、禽及其精液、胚胎、受精卵的,应当在入境前30天报检;

(8)输入其他动物的,应在入境前15天报检;

(9)输入植物、种子、种苗及其他繁殖材料的,应在入境前7天报检。

5. 入境货物报检应提供的单据

(1)入境报检时,应填写《入境货物报检单》,并提供外贸合同、发票、提(运)单、装箱单等有关单证。

（2）凡实施安全质量许可、卫生注册、强制性产品认证、民用商品验证或其他需经审批审核的货物,应提供有关审批文件。

（3）报检品质检验的,还应提供国外品质证书或质量保证书、产品使用说明书及有关标准和技术资料;凭样成交的,须加附成交样品;以品级或公量计价结算的,应同时申请质量鉴定。

（4）报检入境废物时,还应提供国家环保部门签发的《进口废物准证书》、废物利用风险报告和经认可的检验机构签发的装运前检验合格证书等。

（5）报检入境旧机电产品的,还应提供与进口旧机电产品相符的进口许可证明。

（6）申请残损鉴定的,还应提供理货残损单、铁路商务记录、空运事故记录或海事报告等证明货损情况的有关证单。

（7）申请质(数)量鉴定的还应提供质量明细单、理货清单等。

（8）货物经收、用货部门验收或其他单位检测的,应随附验收报告或检测结果以及质量明细单等。

（9）入境的动植物及其产品,在提供贸易合同、发票、产地证书的同时,还必须提供输出国家或地区官方的检疫证书;需办理入境审批手续的,还应提供入境动植物检疫许可证。

（10）过境动植物及其产品报检时,应持分配单和输出国家或地区官方出具的检疫证书;运输动物过境时,还应提交国家质检总局签发的动植物过境许可证。

（11）入境旅客、交通员工携带动物的,应提供进境动物检疫审批单及预防接种证明。

（12）入境食品报检时,应按规定提供《进出口食品标签审核证书》或《标签审核受理证明》。

（13）入境化妆品报检时,应按规定提供《进出口化妆品标签审核证书》或《标签审核受理证明》。

（14）来自美国、日本、欧盟和韩国的入境货物报检时,应按规定提供有关包装情况的证书和声明。

（15）因科研等特殊需要,输入禁止入境物的,必须提供国家质检总局签发的特许审批证明。

（16）入境特殊物品的,应提供有关的批件或规定的文件。

项目二　交通运输工具的报检

教学要点

掌握出入境船舶、航空器、列车、车辆和集装箱等交通运输工具报检的一般流程。

教学方法

可采用讲授、情境教学、案例教学和分组讨论等方法。

根据《中华人民共和国国境卫生检疫法》第四条规定:入境、出境的人员、交通工具、运输设备以及可能传播检疫传染病的行李、货物、邮包等物品,都应当接受检疫,经国境卫生检疫机关许可,方准入境或出境。

一、国际航线船舶出入境检疫

1. 国际航行船舶入境检疫流程

第一步：申报。船方或者其代理人应当在船舶预计抵达口岸24h前（航程不足24h的，在驶离上一口岸时）向检验检疫机构申报，填报入境检疫申报书。如船舶动态或者申报内容有变化，船方或者其代理人应当及时向检验检疫机构更正。在航行中发现检疫传染病、疑似检疫传染病，或者有人非因意外伤害而死亡并死因不明的，船方必须立即向入境口岸检验检疫机构报告。

第二步：检疫方式确定。检验检疫机构对申报内容进行审核，确定船舶检疫方式并及时通知船方或者其代理人。

第三步：办理船舶入境检疫手续。办理入境检验检疫手续时，船方或者其代理人应当向检验检疫机构提交《航海健康申报书》、《总申报单》、《货物申报单》、《船员名单》、《旅客名单》、《船用物品申报单》、《压舱水报告单》及载货清单，并应检验检疫人员的要求提交《卫生控制/免予卫生控制证书》、《交通工具卫生证书》、《预防接种证书》、《健康证书》以及《航海日志》等有关资料。检验检疫机构实施检疫查验后符合有关规定的，由检验检疫人员签发船舶入境检疫证书。

2. 国际航行船舶出境检疫流程

第一步：申报。出境的船舶、船方或者其代理人应当在船舶离境前4h内向检验检疫机构申报，办理出境检验检疫手续。已办理手续但出现人员、货物的变化或者因其他特殊情况24h内不能离境的，须重新办理手续。船舶在口岸停留时间不足24h的，经检验检疫机构同意，船方或者其代理人在办理入境手续时，可以同时办理出境手续。对装运出口易腐烂变质食品、冷冻品的船舱，必须在装货前申请适载检验，取得检验证书。未经检验合格的，不准装运。装载植物、动物产品和其他检疫物出境的船舶，应当符合国家有关动植物防疫和检疫的规定，取得《运输工具检疫证书》。对需实施除害处理的，作除害处理并取得《运输工具检疫处理证书》后，方可装运。

第二步：办理船舶出境检疫手续。船方或者其代理人应当向检验检疫机构提交《航海健康申报书》、《总申报单》、《货物申报单》、《船员名单》、《旅客名单》及载货清单等有关资料（入境时已提交且无变动的可免于提供）。有第一步所列情况的，应当提交相关检验检疫证书。经审核船方提交的出境检验检疫资料或者经登轮检验检疫，符合有关规定的，检验检疫机构签发《交通工具出境卫生检疫证书》，并在船舶出口岸手续联系单上签注。

二、航空器出入境检疫

1. 航空器入境检疫流程

第一步：申报。实施卫生检疫机场的航空站，应当在受入境检疫的航空器到达以前，尽早向卫生检疫机关通知下列事项：

（1）航空器的国籍、机型、号码、识别标志、预定到达时间；

（2）出发站、经停站；

（3）机组和旅客人数。

受入境检疫的航空器,如果在飞行中发现检疫传染病、疑似检疫传染病,或者有人非因意外伤害而死亡并死因不明时,机长应当立即通知到达机场的航空站,向卫生检疫机关报告下列事项:

(1)航空器的国籍、机型、号码、识别标志、预定到达时间;
(2)出发站、经停站;
(3)机组和旅客人数;
(4)病名或者主要症状、患病人数、死亡人数。

第二步:办理航空器入境检疫手续。受入境检疫的航空器到达机场以后,检疫医师首先登机。机长或者其授权的代理人,必须向卫生检疫机关提交总申报单、旅客名单、货物仓单和有效的灭蚊证书,以及其他有关检疫证件。在检疫没有结束之前,除经卫生检疫机关许可外,任何人不得上下航空器,不准装卸行李、货物、邮包等物品。入境旅客必须在指定的地点,接受入境查验,同时用书面或者口头回答检疫医师提出的有关询问,在此期间,入境旅客不得离开查验场所。对入境航空器查验完毕以后,根据检查结果,对没有染疫的航空器,检疫医师签发入境检疫证或者在必要的卫生处理完毕以后,再发给入境检疫证。

2. 航空器出境检疫流程

第一步:申报。实施卫生检疫机场的航空站,应当在受出境检疫的航空器起飞以前,尽早向卫生检疫机关提交总申报单、货物仓单和其他有关检疫证件,并通知下列事项:

(1)航空器的国籍、机型、号码、识别标志、预定起飞时间;
(2)经停站、目的站;
(3)机组和旅客人数。

第二步:办理航空器出境检疫手续。对出境航空器查验完毕以后,如果没有染疫,检疫医师签发出境检疫证或者在必要的卫生处理完毕以后,再发给出境检疫证。

三、出入境列车及其他车辆出入境检疫

1. 出入境列车的卫生检疫申报及查验程序

出入境列车在到达或者出站前,车站有关人员应向检验检疫机构提前预报列车预定到达时间或预定发车时间、始发站或终点站、车次、列车编组情况、行车路线、停靠人数、司乘人员人数、车上有无疾病发生等事项。

客运列车到达车站后,检疫人员首先登车,列车长或者其他车辆负责人应当口头申报车上人员的健康情况及列车上鼠、蚊、蝇等卫生情况。由检疫人员分别对软包、硬包、软座、硬座、餐车、行李车及邮车进行检查。检查结束前任何人不准上下列车,不准装卸行李、货物、邮包等物品。货运列车重点检查货运车厢及其货物卫生状况,可能传播传染病的病媒昆虫和啮齿动物的携带情况。

入境、出境检疫的列车,在查验中发现检疫传染病或疑似检疫传染病,或者因卫生问题需要卫生处理时,应将延缓开车时间、须调离便于卫生处理的行车路线、停车地点等有关情况通知车站负责人。

2. 出入境汽车及其他车辆的卫生检疫申报及其查验程序

边境口岸出入境车辆是指汽车、摩托车、手推车、自行车、牲畜车等。

固定时间客运汽车在出入境前由有关部门提前通报预计到达时间、旅客人数等;装载的

货物应按规定提前向检验检疫机构申报货物种类数量及质量、到达地等。

检验检疫机构对大型客车应派出检疫人员登车检查,旅客及其携带的行李在候车室或检查厅接受检查。

对入境货运汽车,根据申报实施卫生检疫查验或必要的卫生处理,检疫完毕后签发《运输工具检疫证书》。

四、出入境集装箱检验检疫

出入境集装箱是指国际标准化组织所规定的集装箱,包括入境、出境和过境的实箱及空箱。根据《进出境集装箱检验检疫管理办法》(原国家出入境检验检疫局第17号令)规定,检验检疫机构依法对出入境集装箱实施检验检疫。

1. 对入境集装箱

1)对入境集装箱实施的检验检疫的范围

(1)对所有入境集装箱应实施卫生检疫。

(2)对来自动植物疫区的,装载动植物、动植物产品和其他检验检疫物的,以及箱内带有植物性包装物或铺垫材料的集装箱,应实施动植物检疫。

(3)法律、行政法规、国际条约规定或者贸易合同约定的其他应当实施检验检疫的集装箱,按照有关规定和约定实施检验检疫。

2)入境集装箱报检的时间、地点及应提供的单据

(1)集装箱入境前、入境时或过境时,承运人、货主或其代理人,必须向入境口岸检验检疫机构报检,未经检验检疫机构许可,集装箱不得提运或拆箱。

(2)入境集装箱报检时,报检人应根据不同的情况填写《入境货物报检单》或《出/入境集装箱报检单》;提供提货单、到货通知单等有关的单据,提供集装箱数量、规格、号码、到达或离开口岸的时间、装箱地点和目的地、货物的种类、数量和包装材料等情况。

3)装载法定检验检疫商品的入境集装箱的检验检疫

(1)报检人应填写《入境货物报检单》,在入境口岸结关的集装箱和货物一次性向入境口岸检验检疫机构报检。

(2)检验检疫机构受理报检后,集装箱结合货物一并实施检验检疫,检验检疫合格的准予放行,并统一出具《入境货物通关单》。经检验检疫不合格的,按规定处理。

(3)需要实施卫生处理的,签发《检验检疫处理通知书》,完成处理后应报检人要求出具《熏蒸/消毒证书》。

(4)装运经国家批准显示器的废物原料的集装箱,应当由入境口岸检验检疫机构实施检验检疫。经检验检疫符合国家环保标准的,签发检验检疫情况通知单;不符合环保标准的,出具环保安全证书,并移交当地海关、环保部门处理。

4)装载非法定检验检疫商品的入境集装箱和入境空箱的检验检疫

(1)在入境口岸的集装箱,报检人应填写《出/入境集装箱报检单》向入境口岸检验检疫机构报检。

(2)检验检疫机构受理报检后,根据集装箱箱体可能携带的有害生物和病媒生物种类以及其他有害物质情况实施检验检疫。

(3)实施检验检疫后,对不需要实施卫生除害处理的,应报检的人的要求出具《集装箱

检验检疫结关单》；对需要实施卫生除害处理的，签发《检验检疫处理通知书》，完成处理后应报检人的要求出具《熏/蒸消毒证书》。

5）入境转关分流的集装箱

指运地结关的集装箱，入境口岸检验检疫机构受理报检后，检查集装箱外表，必要时进行卫生除害处理，办理调离和签封手续，并通知指运地检验检疫机构，到指运地进行检验检疫。

2. 出境集装箱的检验检疫

1）对出境集装箱实施检验检疫的范围

(1) 对所有出境集装箱应实施卫生检疫。

(2) 对装载动植物、动植物产品和其他检验检疫物的集装箱应实施动植物检疫。

(3) 对装运出口易腐烂变质食品、冷冻品的集装箱应实施清洁、卫生、冷藏、密固等适载检验。

(4) 输入国要求实施检验检疫的集装箱，按要求实施检验检疫。

(5) 对法律、行政法规、国际条约规定或贸易合同约定的其他应当检验检疫的集装箱，按有关规定和约定实施检验检疫。

2）出境集装箱报检时限、地点及应当提供的单据

(1) 集装箱出境前或出境时，必须向出境口岸检验检疫机构报检。未经检验检疫机构许可，集装箱不准装运。

(2) 出境集装箱报检时，如集装箱与货物不能一起报检的，报检人应填写《出/入境集装箱报检单》，向检验检疫机构报检，并提供相关的资料。

3）出境集装箱的检验检疫的处理

(1) 检验检疫机构受理报检并实施检验检疫后，对不需要实施卫生除害处理的，应报检人的要求出具《集装箱检验检疫结果单》；对需要实施卫生除害处理的，签发《检验检疫处理通知书》，完成处理后应报检人的要求出具《熏蒸/消毒证书》。

(2) 出境口岸检验检疫机构凭启运口岸检验检疫机构出具的《集装箱检验检疫结果单》或《熏蒸/消毒证书》验证放行。

(3) 集装箱检验检疫有效期为 21 天，对超过有效期限的出境集装箱应重新检验检疫。

4）出境新造集装箱的检验检疫

新造的集装箱，指由专门的集装箱生产企业生产的未使用过的集装箱。

(1) 对不使用木地板的新造集装箱，仅作为商品空箱出口时，不实施检验检疫。

(2) 对使用木地板的新造集装箱，仅作为商品空箱出口时，按如下规定办理：所使用的木地板为进口木地板，且木地板进口时附有用澳大利亚检验检疫机构认可的标准作永久性免疫处理的证书，并经我国检验检疫机构检验合格，新造集装箱出口时可凭检验检疫合格证书放行，不实施出境检疫；所使用的木地板为国产木地板，且附有已用澳大利亚检验检疫机构认可的标准作永久性免疫处理证明的，新造集装箱出口时可凭该处理证明放行，不实施出境检疫；所使用的进口木地板没有进口检验检疫合格证书或使用的国产木地板没有用澳大利亚检验检疫机构认可的标准作永久性免疫处理，新造集装箱出口时应实施出境动植物检疫。

3. 出入境集装箱的卫生除害处理

出入境集装箱有下列情况之一的,应当作卫生除害处理：
(1)来自检疫传染病或监测传染病疫区的；
(2)被传染病污染的或可能传播检疫传染病的；
(3)携带有与人类健康有关的病媒昆虫或啮齿动物的；
(4)检疫发现有国家公布的一、二类动物传染病,寄生虫名录及植物危险性病、虫、杂草名录中所列虫害和对农、林、牧渔业有严重危害的其他的病虫害的；发现超过规定标准的一般性蚊虫害的；
(5)装载废旧物品或变质有碍公共卫生物品的；
(6)装载尸体、棺柩、骨灰等特殊物品的；
(7)输入国家或地区要求作卫生除害处理的；
(8)国家法律、行政法规和国际条约规定必须作卫生除害处理的。

项目三 出入境人员卫生检疫及流程

教学要点

了解出入境人员卫生检疫的内容和流程。

教学方法

可采用讲授、情境教学、案例教学和分组讨论等方法。

一、出入境人员检疫的目的

出入境检验检疫机构及其工作人员对出入境人员实施检疫查验,及时发现传染病患者和传染病染疫嫌疑人,并进行有效的隔离、观察、治疗、管理和控制,以消灭传染源,并可以采取科学有效的卫生处理措施,切断疾病的传播途径,在科学有效地控制传染病传播的同时,最大限度地保护贸易和人员的正常来往、交流。

二、出入境人员检疫要求

1. 入境人员的检疫要求
(1)申请来华定居,或任职、就业、学习,在华居留一年以上的外国人入境时应出示健康证明。
(2)在国外居住三个月以上的国内公民回国,以及回国定居或工作的华侨和港澳台同胞入境时应出示健康证明。
(3)来自黄热病疫区的人员应出示黄热病预防接种证书。
2. 出境人员的检疫要求
(1)出国劳务、留学、定居及其出境一年以上的中国籍公民出境时应出示国际旅行健康证明书。
(2)根据前往国家的要求,人员出境时应出示《疫苗接种或预防措施国际证书》。

三、查验内容和方法

1. 准备

配备专业人员,做好各项准备工作,包括各种检疫用品、药品、器械以及单证。

2. 单证查验

(1) 查验入境旅客的下列单证:健康证明;来自黄热病疫区的旅客的《疫苗接种或预防措施国际证书》。

(2) 查验入境交通员工的下列单证:船舶的航海健康申报书、飞机总申报单中的卫生部分;交通员工的健康证明;来自黄热病疫区的交通员工的黄热病预防接种证书。

(3) 查验出境旅客的下列单证:中国籍公民的国际旅行健康证明书;根据前往国家的要求的中国籍旅客《疫苗接种或预防措施国际证书》;

(4) 查验出境交通员工的下列单证:交通员工的健康证明;根据前往国家的要求的中国籍旅客《疫苗接种或预防措施国际证书》;中国籍交通工具上食品、饮用水从业人员的健康证明书。

3. 健康诊察和流行病学调查

(1) 健康诊察。

对入出境旅客及交通员工进行健康诊察。

(2) 流行病学调查。

对于来自疫区发现有发热、皮疹、黄疸、出血、淋巴腺肿、呕吐、腹泻等症状和体征的旅客,或在健康诊察中发现有异常情况的,应进行相应的医学检查和包括下列内容在内的流行病学调查:详细询问入境旅客的旅行史,尤其是近 4 周的旅行史和接触史;询问健康状况,若近期曾患病,应进一步询问既往病史,包括发病时间、地点、主要症状、诊断、治疗及预防接种情况。

(3) 发放"就诊方便卡"。

对来自检疫传染病、监测传染病疫区的人员,应根据流行病学情况和医学检查结果,发给"就诊方便卡"。

四、结 果 判 定

1. 检疫传染病染疫人的判定

根据《国境口岸黄热病检验规程》(SN/T 1243—2003)等判定。

2. 检疫传染病染疫嫌疑人的判定

来自检疫传染病疫区不超过潜伏期的人或与染疫人密切接触者,可判定为检疫传染病染疫嫌疑人。

3. 其他传染病染疫人的判定

正在患检疫传染病以外的某种传染病的,或者经初步诊断,认为已经感染某种传染病或者已经处于该传染病潜伏期的人,可判定为其他传染病染疫人。

4. 其他传染病染疫嫌疑人的判定

接触过某种传染病的感染环境,不超过其潜伏期的人或与该传染病染疫人密切接触者,可判定为其他传染病染疫嫌疑人。

五、处　　置

1. 隔离

下列人员应实施隔离：检疫传染病染疫人；国务院卫生行政部门和国家质检总局确定和公布应实施隔离的传染病患者。

2. 就地诊验或留验

下列情况之一者，应实施就地诊验或留验：判定为染疫嫌疑人，分别从离开感染环境之日算起。对鼠疫染疫嫌疑人实施不超过 6 天，霍乱染疫嫌疑人实施不超过 5 天，黄热病染疫嫌疑人实施不超过 6 天的就地诊验或留验；对于检疫传染病以外的其他病种染疫嫌疑人，可从该人员离开感染环境之日算起，实施不超过该传染病最长潜伏期的就地诊验或留验；对来自黄热病疫区，不能出示有效检疫的人员，从其离开感染环境之日算起，实施不超过 6 日的留验，或实施预防接种并留验到预防接种证书生效时为止。

3. 阻止入（出）境

下列人员应阻止入（出）境：发现患有我国阻止外国人入境疾病的外国人，应阻止其入境，并要求其随原交通工具或所在国交通工具离境。如果已经入境，在疾病监测中发现，应限期离境；判定为染疫人和染疫嫌疑人的，应阻止其出境，但是对来自国外并且在到达时接受就地诊验的人，本人要求出境的，可以准许出境，但要通知交通工具负责人采取预防措施。

4. 补办证明或证书

有下列情况的人员应补办证明或证书：不能出示有效健康证明的入境人员，准许其入境后，在规定的时间内到指定的国际旅行卫生保健中心接受体检；出境一年以上的中国籍公民，无有效国际旅行健康证明书者，劝其前往就近的国际旅行卫生保健中心补办后，准予出境；前往黄热病疫区的中国籍旅客，无有效的黄热病预防接种证书的，应建议其现场补种或前往就近的国际旅行卫生保健中心补种后，准予出境；根据前往国家的要求，需要接受某种预防接种而未办理者，应建议其补办后，准予出境。

5. 其他

其他需处置的情况有：发现入境旅客和交通员工携带特殊物品，遵照《入出境特殊物品卫生检疫查验规程》（SN/T 1335—2006）处理；对检疫传染病疫人、染疫嫌疑人的呕吐物、腹泻物及其可能污染环境的物品和密切接触者，应实施卫生处理和预防措施；发现携带受"炭疽杆菌"污染的可疑物品，遵照相关规定执行。

思考练习

一、简　答　题

1. 试述国际航线船舶进出境检验检疫的流程。
2. 集装箱进出境检验检疫的流程包括哪些步骤？

二、案例分析

4月4日上午,一艘经停日本川崎港的利比里亚籍船舶"彼得利"号入境万山口岸,在中燃油库桂山码头多点系泊点停靠。本着安全第一、高度负责的态度,万山边检站在第一时间与万山检验检疫局沟通,在了解该船的检疫情况正常后,顺利完成了"彼得利"号船舶的入境检查工作。

问题:

如何对船舶进行检验检疫?

任务十三 出入境检验检疫签证、通关与放行

内容简介

对进出口商品进行检验检疫和监督管理,有利于维护对外贸易有关各方面的合法权益,促进对外贸易的顺利发展,检验检疫程序包括对出入境货物、运输工具、集装箱、人员及其携带物,从报检申报、抽样、检验检疫、卫生除害处理、计收费到签证放行的全过程。

教学目标

1. 知识目标
(1)理解签证的含义及其操作步骤;
(2)掌握检验检疫的对象及其操作流程;
(3)掌握电子报检的步骤,熟悉转单与通关操作。
2. 技能目标
(1)熟悉进出境检验检疫操作;
(2)掌握报检程序;
(3)掌握转单与通关操作。

案例导入

某进出口企业出口货物10t,由检验检疫机构对货物进行了检验,检验合格,取得了证书。这时接到买方来函,声称市场上对该货物的需求很大,所以市场价格上涨,要求卖方追加2t货物一同运出。卖方考虑到所要追加的货物和原来的货物品质以及各项指标完全一致,无须报商检部门重新进行检查,遂自行对其证书进行了局部修改。

引导思路

1. 该企业的首批货物的报检手续是否合理合法?
2. 该企业的追加货物是否能免于报检,如果不能,应如何操作?

项目一 签 证

教学要点

1. 了解签证的含义及相关规定;
2. 掌握签证的步骤以及更改、补充或重发证单;
3. 掌握代签和汇总出证以及证稿的核签。

教学方法

可采用讲授、情境教学、案例教学和分组讨论等方法。

一、情境设置

根据对自己身边的进出口货物的检验检疫流程,模拟一宗进出境货物需要申报检验检疫,为其申请签证的过程。

二、技能训练目标

能够根据该票检验检疫货物,熟练办理申办签证的操作。

三、相关理论知识

为加强出入境检验检疫签证管理工作,保证检验检疫签证工作质量,根据《中华人民共和国进出口商品检验法》及其实施条例、《中华人民共和国进出境动植物检疫法》及其实施条例、《中华人民共和国国境卫生检疫法》及其实施细则、《中华人民共和国食品卫生法》等法律法规的有关规定,制定了《出入境检验检疫签证管理办法》(以下简称《办法》)。

《办法》规定:第一,出入境检验检疫签证工作由检务部门统一管理;第二,各地出入境检验检疫机构(以下简称检验检疫机构)检务部门集中办(受)理报检、计费、签证、放行等事项,不能集中办理的,由检务部门委托有关部门办理;第三,检验检疫签证流程为受理报检、计费、收费、施检部门出具结果和证稿、核签、检务审核证稿、制证单、校核、发证单、归档等全过程;第四,各级检务部门统一受理报检、签证、通关与放行、计费等事宜的查询。

出具检验检疫证单需要拟稿、复审、缮制、签发几个步骤。

1. 一般规定

(1)检验检疫机构出具的检验检疫证单(包括原产地证明书和普惠制原产地证明书)由检务部门统一对外签发。

(2)检验检疫证单编号必须与报检单编号相一致。同一批货物分批出证的,在原编号后加 -1、-2、-3…以示区别。

中英文签证印章适用于签发证书(含 C.O 证书)、中外文凭单以及国外关于签证的查询;检验检疫专用印章适用于签发中文凭章以及国内关于签证的查询。

带有"FORM A"字样的中英文签证印章适用于签发普惠制原产地证明书以及国内外关于普惠制原产地证明书的查询。

两页或两页以上的证书,用签证印章加盖骑缝。

(3)检验检疫证书一般由一正三副组成,其中一正二副对外签发;一份副本作为留存备案。

(4)国外对检验检疫证书有备案、注册要求的,由国家检验检疫局统一办理。

(5)检验检疫证单分别由官方兽医、检疫医师、医师、授权签字人签发。向国外官方机构备案的签字人,相关证书须由备案的签字人签发。证单实行手签制度。

2. 证书文字和文本

（1）检验检疫证书必须严格按照国家检验检疫局制定或批准的格式，分别使用英文、中文签发。如报检人有特殊要求需要使用其他语种签证的，也应予以办理。签发两个语种或多语种证书时，必须中外文合璧缮制。

索赔的证书使用中英文合璧签发，根据需要也可使用中文签发。

（2）证书一般只签发一份正本。报检人要求两份或两份以上正本的，经审批可以签发，但必须在证书备注栏内声明"本证书是×××号证书正本的重本"。

（3）证书的数量、质量栏目中数字的左右应加限制符号"-"；证书的证明内容编制结束后，应在下一行中间位置打上结束符号。

要求或需要加注证明内容以外的有关项目，应加注在证书结束符号以下的备注栏内。

（4）用于索赔、结算等的证书应在备注栏内加注检验检疫费用。

3. 证单日期和有效期

（1）检验检疫证单一般应以检讫日期作为签发日期。

（2）出境货物的出运期限及检验检疫证单的有效期。

①一般货物为60天；

②植物和植物产品为21天，北方冬季可适当延长至35天；

③鲜活类货物为14天；

④交通工具卫生证书用于船舶的有效期为12个月，用于飞机、列车的有效期为6个月；除鼠/免予除鼠证书为6个月；

⑤国际旅行健康证明书有效期为12个月，预防接种证书的有效时限参照有关标准执行；

⑥换证凭单以标明的检验检疫有效期为准。

（3）检务部门签发证单，应在出境2个工作日、入境5个工作日内完成，特殊情况除外。

4. 更改、补充或重发证单

（1）检验检疫证单发出后，报检人提出更改或补充内容的，应填写更改申请单，经检务部门审核批准后，予以办理。

更改、补充涉及检验检疫内容的，须经施检部门核准。品名、数（重）量、检验检疫结果、包装、发货人、收货人等重要项目更改后与合同、信用证不符的，或者更改后与输出、输入国法律法规规定不符的，均不能更改。

（2）申请重发证单的，应收回原证单，不能退回的，要求申请人书面说明理由，经法定代表人签字、加盖公章，并在指定的报纸上声明作废，经检务部门负责人审批后，可重新签发。

（3）更改、补充或重发的证单延用原证编号，更改证书（REVISION）在原证编号前加"R"，补充证书（SUPLICATE）在原证编号前加"S"，重发证书（DUPLICATE）在原证编号前加"D"；并根据情况在证书上加注"本证书/单系×××号证书的更正/补充"或"本证书/单系×××号证书的重本，原发×××号证书/单作废。"

5. 并批和分批证单的签发

（1）并批出境的货物，由施检部门核准并批后，在检务部门办理通关、出证手续。

（2）分批出境的货物，经施检部门核准分批，在"出境货物换证凭单"正本上核销本批出境货物的数量，并留下影印件备案，检务部门办理分批通关、出证手续。换证凭单正本由检务部门退回报检人，整批货物全部出境后收回换证凭单正本存档。

6. 代签和汇总出证

（1）应申请人要求口岸检验检疫机构经原签证机构书面委托，可对原证书的内容进行更改或补充。

（2）入境货物一批到货分拨数地的，由口岸检验检疫机构出证。因特殊情况不能在口岸进行整批检验检疫的，可办理易地检验检疫手续，由口岸检验检疫机构汇总有关检验检疫机构出具的检验检疫结果出证；口岸无到货的，由到货最多地的检验检疫机构汇总出证，如需口岸检验检疫机构出证的，应由该口岸检验检疫机构负责组织落实检验检疫和出证工作。

（3）入境货物发生品质、质量或残损等问题，应根据致损原因、责任的对象不同，分别出证。因多种原因造成综合损失的变质、短重或残损，可以汇总出证，但应具体列明不同的致损原因。

7. 证稿的核签

（1）检验检疫证稿应符合有关法律法规和国际贸易通行做法，用词准确，文字通顺，符合逻辑，并应按规定的证稿规范拟制。涉及品质检验的证稿应包括抽（采）样情况、检验检疫依据、检验检疫结果、评定意见四项基本内容。

（2）入境货物经检验检疫合格的，其证稿由施检人员签字，部门主管人员核签。

入境货物检验检疫不合格，对外索赔的检验检疫证书，其证稿必须由施检部门的负责人审核，几个部门检验检疫的，应进行会签。属于以下情况的，应由施检部门负责人召集相关人员进行讨论并报分管局长核定。

①案情复杂、索赔数额较大或损失较大的；

②其他机构检验或收用货单位自行验收，其结果与检验检疫机构检验检疫结果相差较大的；

③办理易地检验检疫汇总出证，汇总签证机构需要改变原评定意见的；

④外商投资财产价值鉴定核定价与报价相差较大的。

（3）出境货物检验检疫合格的，其证稿由施检人员拟制并签字，部门主管人员核签，经检验检疫不合格的，还需施检部门负责人核签。

（4）现场签证的，经检务部门批准，施检人员直接签发证单，但必须及时补办核签手续。

四、技能训练准备

（1）学生每5人自由结成一个小组，每个小组选一名组长。

（2）教师指导点评。

（3）学生自己安排时间调查，书写调查报告，教师统一点评。

五、技能训练步骤

（1）5人一组共同进行调查，撰写调查报告，报告署名按照贡献大小排列。

（2）调查报告的课堂表述分小组进行，每小组派代表陈述。

六、技能训练注意事项

(1) 一丝不苟,认真撰写调查报告。
(2) 调研内容要有依据、准确,并有针对性。

项目二 通关与放行

教学要点

1. 掌握一般进出境货物报检通关与放行;
2. 了解未列入《法检商品目录》出入境货物的放行;
3. 了解运输工具、集装箱的报检通关与放行;
4. 了解出入境人员的通关与放行。

教学方法

可采用讲授、情境教学、案例教学和分组讨论等方法。

一、情境设置

根据对自己身边的进出境货物、运输工具、人员的报检通关步骤的调查,模拟进出境报检通关的流程。

二、技能训练目标

能够熟悉并掌握进出境货物,运输工具,人员的报检通关流程。

三、相关理论知识

通关与放行是检验检疫机构对符合要求的法定检验检疫出入境货物、符合卫生检疫要求的出入境运输工具、集装箱等出具规定的证明文件,表示准予出入境并由海关监管验放的一种行政执法行为。

法定检验检疫的进出口货物,检验检疫机构签发"入境货物通关单"或"出境货物通关单"交由货主办理通关手续,并按有关规定实施通关单联网核查。

1. 入境货物的放行

入境货物由报关地检验检疫机构签发《入境货物通关单》。

(1) 由报关地检验检疫机构施检的,签发《入境货物通关单》(三联)。
(2) 需由目的地检验检疫机构施检的,签发《入境货物通关单》(四联),并将通关单相关电子信息及《入境货物调离通知单》(流向联,通关单的第2、3、4联)传递给目的地检验检疫机构。通关单备注栏内注明目的地收货单位的联系信息。

(3)需实施通关前查验的入境货物,经查验合格,或经查验不合格,但可进行有效处理的,签发《入境货物通关单》;经查验不合格又无有效处理方法,需作退货或销毁处理的,签发《检验检疫处理通知书》。

放行要求:

①放行时应审核检验检疫所需合同、发票、提单等单据是否齐全,申请放行的商品的品名、规格、数量、唛头是否与所附单据相符。

②申请品质检验的,还应审核是否有国外品质证书或质量保证书。

③放行入境废物、动植物及其产品,以及列入《中华人民共和国实施强制性产品认证的产品目录》内的商品,须审核相关证单是否符合规定要求。

2. 出境货物的放行

(1)一般报检的出境货物,分两种情况。

①产地检验合格,在产地报关的,由产地检验检疫机构签发《出境货物通关单》和有关证书。

放行要求:"证证相符"、"货证相符"。

②产地检验检疫合格、在异地口岸报关的,由产地检验检疫机构签发有关证书,并出具注明"一般报检"的《出境货物换证凭单》;实施电子转单的,不再出具纸质的换证凭单,提供"出境货物转单凭条"(报检单号、转单号及密码)。报关地检验检疫机构凭《出境货物换证凭单》正本或电子转单信息受理换证申请。

(2)换证报检货物的出境货物。

报关地检验检疫机构凭产地检验检疫机构出具的《出境货物换证凭单》正本或电子转单信息受理换证申请,并按规定的抽查比例对出口货物进行口岸查验,查验合格的出具《出境货物通关单》;查验不合格的,签发《出境货物不合格通知单》。

(3)预检的货物经检验检疫合格的,出具标明"预检"字样的《出境货物换证凭单》,该单须在原签发机构或其直属检验检疫局范围内授权的机构办理一般报检手续,后方可实施电子转单,换发通关单。

(4)对实施绿色通道、直通放行等通关便利措施的货物,按有关规定办理放行手续。

3. 未列入《法检商品目录》出入境货物的放行

未列入《法检商品目录》出入境货物的放行规定如下:

(1)进口可再利用的废物原料。海关凭检验检疫机构签发的《入境货物通关单》验放,检验检疫机构签发《入境货物通关单》时,在备注栏注明"上述货物经初步查验,未发现不符合环境保护要求的物质"。

(2)进口旧机电产品。海关凭检验检疫机构签发的《入境货物通关单》验放,检验检疫机构签发《入境货物通关单》时,在备注栏注明"旧机电产品进口备案"。

(3)进口发生短少、残损或其他质量问题,对外索赔的赔付货物。海关凭检验检疫机构签发用于索赔的检验证书副本验放。

(4)尸体、棺柩、骸骨出入境,由报关地检验检疫机构签发尸体/棺柩/骸骨出入放行证明。

(5)除上述情况外,其他未列入《法检商品目录》,但国家有关法律、法规明确由检验检疫机构负责检验检疫的特殊物品,海关一律凭检验检疫机构签发的《入境货物通关单》或《出境货物通关单》验放。

4. 运输工具、集装箱的放行

出境运输工具、集装箱申报后,符合检验检疫要求的,检验检疫机构按相关规定签发检验检疫证单予以放行。需检疫除害处理的,处理后签发检疫处理证书予以放行。

5. 出入境人员的放行

接受检疫查验和健康检查的,按卫生检疫的有关规定签发证明或证书予以放行。

四、技能训练准备

(1) 学生每5人自由结成一个小组,每个小组选一名组长。
(2) 教师指导点评。
(3) 学生自己安排时间调查,书写调查报告,教师统一点评。

五、技能训练步骤

(1) 5人一组共同进行调查,撰写调查报告,报告署名按照贡献大小排列。
(2) 调查报告的课堂表述分小组进行,每小组派代表陈述。

六、技能训练注意事项

(1) 一丝不苟,认真撰写调查报告。
(2) 调研内容要有依据、准确,并有针对性。

项目三 电子报检、转单与通关

教学要点

1. 了解电子报检的含义;
2. 掌握电子报检的程序;
3. 了解电子通关;
4. 掌握电子转单。

教学方法

可采用讲授、情境教学、案例教学和分组讨论等方法。

一、情 境 设 置

根据对自己身边的进出境货物、运输工具、人员的电子报检、通关以及转单等操作步骤的调查,模拟进出境电子报检、通关以及转单的流程。

二、技能训练目标

能够熟悉并掌握进出境货物、运输工具、人员的电子报检、通关以及转单的流程。

三、相关理论知识

1. 电子报检

报检人使用电子报检软件,通过检验检疫电子业务服务平台,将报检数据以电子方式传输给检验检疫机构,经检验检疫业务管理系统和工作人员处理后,将受理报检信息反馈给报检当事人。报检当事人在收到已受理报检信息后,打印出符合规范的纸质报检单,并在检验检疫机构规定的时间和地点提交出/入境货物报检单和随附单据的报检方式。

2. 报检程序

报检程序如图13-1所示。

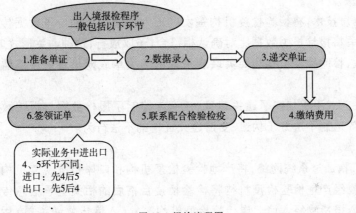

图13-1 报检流程图

(1)准备报检单证。

①报检时,应使用质检总局统一印制的报检单,报检单必须加盖报检单位印章或已向检验检疫机关备案的"报检专用章";

②无相应内容的栏目应填写"＊＊＊",不得留空;

③报检单位须做到三个符合,即单证符合,单货相符,单单相符;

④随附单证必须真实、有效。

(2)电子报检数据录入。

①使用经质检总局评测合格并认可的电子报检软件进行电子报检;

②须在规定的报检时限内将相关的报检数据发送至报检地检验检疫机构;

③对合同或信用证中涉及检验检疫特殊条款和要求的,应在电子报检中同时提出;

④对经审核不符合要求的电子报检数据,报检人员可按照检验检疫机构的有关要求对报检数据修改后,再次报检;

⑤报检人员收到受理报检的反馈信息后打印出符合规范的纸质报检单;

⑥需要对已发送的电子报检数据进行更改或撤销报检时,报检人员应发送更改或撤销

申请。

(3) 现场递交单证。

①电子报检受理后,报检人员应在检验检疫机构规定的地点和期限内,持本人《报检员证》到现场递交纸质报检单、随附单证等有关资料。

②对经检验检疫机构工作人员审核认为不符合规定的报检单证,或需要报检单位作出解释、说明,报检人员应及时修改、补充或更换报检单证,及时解释、说明情况。

(4) 缴纳检验检疫费。

报检人员应在检验检疫机构开具收费通知单之日起20日内足额缴纳检验检疫费用。

(5) 联系配合检验检疫。

报检人员应主动联系,配合检验检疫机构对出入境货物实施检验检疫。

(6) 签领证单。

报检人在领取检验检疫机构出具的有关检验检疫证单时应如实签署姓名和领证时间,并妥善保管。

3. 电子通关及出入境转单

(1) 电子通关。

采用网络信息技术,将检验检疫机构签发的出入境通关单的电子数据传输到海关计算机业务系统,海关将报检报关数据比对确认相符合,予以放行,这种通关形式叫电子通关。

①目前阶段,检验检疫机构和海关联合采取的通关单联网核查系统还需校验纸质的通关单据。

②这种通关方式不仅加快了通关速度,还有效控制了报检数据与报关数据不符问题的发生,同时能有效遏制不法分子伪造、变造通关证单的不法行为。

(2) 电子转单。

"电子转单"指通过系统网络,将产地检验检疫机构和口岸检验检疫机构的相关信息相互连通,出境货物经产地检验检疫机构将检验检疫合格后的相关电子信息传输到出境口岸检验检疫机构;入境货物经入境口岸检验检疫机构签发《入境货物通关单》后的相关电子信息传输到目的地检验检疫机构实施检验检疫的监管模式。

①出境电子转单。

a. 产地检验检疫机构检验检疫合格后,通过网络将相关信息传输到电子转单中心。出境货物电子转单传输内容包括报检信息、签证信息及其他相关信息。

b. 产地检验检疫机构以书面方式向出境货物的货主或其代理人报检单号、转单号及密码等。

c. 出境货物的货主或其代理人凭报检单号、转单号及密码等到出境口岸检验检疫机构申请《出境货物通关单》。

d. 出境口岸检验检疫机构应出境货物的货主或其代理人的申请,提取电子转单信息,签发《出境货物通关单》。

e. 按《口岸查验管理规定》需核查货证的,出境货物的货主或其代理人应配合出境口岸检验检疫机构完成检验检疫工作。

②入境电子转单。

a. 对经入境口岸办理通关手续,需到目的地实施检验检疫的货物,口岸检验检疫机构通过网络,将相关信息传输到电子转单中心。入境货物电子转单传输内容包括报检信息、签证信息及其他相关信息。

  b. 入境口岸检验检疫机构以书面形式向入境货物的货主或其代理人提供报检单号、转单号及密码等。

  c. 目的地检验检疫机构接收电子转单中心转发的相关电子信息，并反馈接收情况信息。

  d. 出境货物的货主或其代理人应凭报检单号、转单号及密码等，向目的地检验检疫机构申请实施检验检疫。

  e. 目的地检验检疫机构根据电子转单信息，对入境货物的货主或其代理人未在规定期限内办理报检的，将有关信息反馈给入境口岸检验检疫机构。入境口岸检验检疫机构接收电子转单中心转发的上述信息，采取相关处理措施。

  ③暂不实施电子转单的情况：

  a. 出境货物在产地预检的；

  b. 出境货物出境口岸不明确的；

  c. 出境货物需到口岸并批的；

  d. 出境货物按规定需在口岸检验检疫并出证的；

  e. 其他按有关规定不适用电子转单的。

  ④实施电子转单后的查验更改。

  a. 查验；

  b. 更改。

  产地检验检疫机构签发完"换证凭条"后需进行更改的，按《出入境检验检疫报检规定》的有关规定办理。根据下列情况对电子转单有关信息予以更改：对运输造成包装破损或短装等原因需要减少数量、质量的；需要在出境口岸更改运输工具名称、发货日期、集装箱规格及数量等有关内容的；申报总值按有关比重换算或变更申报总值幅度不超过10%的；经口岸检验检疫机构和产地检验检疫机构协商同意更改有关内容的。

思考练习

一、简答题

1. 简述我国进出境检验检疫的工作模式。
2. 简述运输工具检验检疫程序。
3. 简述检验检疫电子申报的基本方式。
4. 简述电子通关及出入境转单流程。

二、思考题

1. 简述我国检验检疫的一般程序。
2. 简述进出境货物的报检通关。
3. 简述进出境运输工具的报检通关。
4. 简述进出境人员的报检通关。

任务十四 报检单的填制

> **内容简介**

本任务介绍报检单填制的基本要求和栏目填报规范。

> **教学目标**

1. 知识目标

熟悉和掌握报关单的主要内容和填制规范。

2. 技能目标

培养学生在实际工作中能根据所给资料正确填制进出境货物报检单的能力。

> **案例导入**

深圳某进出口公司从泰国进口一批大米,作为报检员,如何缮制相关单证进行报检?

> **引导思路**

1. 查阅对大米的报检相关规定;
2. 根据报检单栏目逐一按规范填报。

项目一 出境货物报检单基本要求

> **教学要点**

(1) 出境货物报检单每个栏目的含义;
(2) 出境货物报检单的填制规范。

> **教学方法**

可采用讲授、情境教学、案例教学和分组讨论等方法。

一、出境货物报检基本要求

1. 出境货物报检范围
(1) 列入《种类表》内的出境货物;
(2) 其他法律、行政法规规定需经检验检疫机构检验出证的货物;
(3) 对外贸易合同约定由检验检疫机构检验的货物;
(4) 有关国际条约规定须经检验检疫机构检验检疫的货物;
(5) 装运出境易腐烂变质食品、冷冻品的船舱、集装箱等运载工具的适载检验;

(6)装载动植物、动植物产品和其他检疫物的装载容器、包装物的检疫;
(7)出境危险货物包装容器的性能检验和使用鉴定。

2. 报检时间、地点

(1)报检时间。

出境货物最迟应于报关或出境装运前7天向检验检疫机构申请报检;出境动物应在出境前60天预报,隔离前7天报检;出入境的运输工具应在出境前向口岸检验检疫机关申报。

(2)报检地点。

出境法检货物,除活动物需由口岸检验检疫机构实施检验检疫外,原则上实施产地检验检疫,并在产地办理报检。对由内地运往口岸分批、并批的货物,应在产地办理预检,合格后,方可运往口岸办理出境货物的查验换证手续。对由内地运往口岸后,由于改变国别或地区有不同检疫要求的、超过检验检疫有效期的、批次混乱货证不符的,或经口岸查验不合格的,须在口岸重新报检。

3. 出境货物报检的要求

(1)报检单位必须在检验检疫机构注册登记,报检时填写登记号;报检员在报检时应该出示报检员证。

(2)每份报检单限填一批货物,特殊情况下,对批量小的同一类货物,以同一运输工具,运往同一地点,同一收货、发货人,同一报关单的货物,可填写同一份报检单。

4. 出境报检时应提供的单证、资料

(1)出境货物报检时,应填制《出境货物报检单》,并提供外贸合同、信用证、发票、装箱单;生产经营部门出具的厂检结果单原件;检验检疫机构签发的《出境货物运输包装性能检验结果单》(正本)。

(2)经预验的货物,在向检验检疫机构办理换证放行手续时,应提供该检验检疫机构签发的《出境货物换证凭单》(正本)。

(3)产地与报关地不一致的出境货物,在向报关地检验检疫机构申请《出境货物通关单》时,应提交产地检验检疫机构签发的《出境货物换证凭单》(正本)或换证凭条。

(4)预验报检的,还应提供货物生产企业与出口企业签订的贸易合同。尚无合同的,需在报检单上注明检验检疫的项目和要求。

(5)实施卫生注册及质量许可证管理的货物,应提供出入境检验检疫机构签发的卫生注册/质量许可证副本,并在报检单上注明卫生注册证号或质量许可证号,同时提供厂检合格证。

(6)凭样成交的应提供成交样品。

(7)法定检验检疫的出境货物,报检时应提供外包装(如纸箱、木箱、麻袋、集装箱、塑编袋等)的《出境货物运输包装容器性能检验结果单》(正本)。

(8)出口危险货物时,必须提供《出境货物运输包装性能检验结果单》(正本),并办理《出境危险货物运输包装使用鉴定结果单》(正本)。

(9)按照检验检疫的要求,提供相关其他特殊证单。

如出境尸体、棺柩、骸骨的报检,报检人应向检验检疫机构提供:①死亡者护照或海员证及其身份证复印一份;②死亡者证明书一份;③死亡医学证明书一份;④当地政府出具的有关证明一份。

5. 出境货物报检的变更与撤销

已报检的货物有以下情况时,申请人应及时办理变更手续:
(1)国外开来信用证修改函,凡涉及与检验检疫有关条款的;
(2)由于生产、运输等原因造成数量、质量变化的;
(3)经检验检疫合格的货物,已签发检验检疫证书,需作改动的。

申请变更须提交与变更内容相关的单证,并退回原签发的证书、通关单等。经检验检疫机构审核同意后,方可变更。经审核不符合规定的,不准变更,可重新报检。

已向检验检疫机构报检的出境货物,由于生产、货源、运输、批文等方面不能出境的,应向检验检疫机构申请撤销报检,经审核同意后,方可办理撤销手续。对已完成检验检疫工作的货物,撤销报检时应按规定缴纳检验检疫费用。

二、出境货物报检单填制规范

报检单位(加盖公章):填写报检单位全称并加盖公章(已作报检专用章备案的企业可加盖报检专用章)。

报检单位登记号:填写报检单位在检验检疫机构注册登记的10位数代码。

联系人:填写报检单位联系人姓名。

电话:填写联系人电话。

报检日期:此栏不需填写,自动显示检验检疫机构电子平台系统日期。

编号:此栏不需填写,由系统自动生成15位数报检流水号。

发货人:填报对外签订并执行进出口贸易合同的中国境内企业或单位全称及注册号,包括出口货物在境内的生产单位或外贸代理单位(需要出具证书的,中英文名均为必录入项;只出具通关单的,只录入中文名。)

收货人:填写外贸合同中的买方,英文名需录入。

货物名称:录入HS编码条目名或货物的实际名称及规格(需与发票上所列货物的规格和名称一致),含检验检疫监管类别的品名须逐一列明,超过20个品名的需分单报检。

HS编码:填写货物对应的商品10位数编码。以当年海关公布的商品税则编码分类为准。

产地:填写货物的实际生产地(无生产地的应填报货源地);国外进境货物需再次出口的填写"境外"。

数/重量:按货物的第一计量单位如实录入对应的数值;也可根据需要同时输入数量和重量。

货物总值:填写本批货物的总值及币种,每报检批为单一商品时,应与发票上的货物总值一致(预报检货物可以人民币为币种)。

包装种类及数量:填写货物的运输包装种类及数量,填写"其他"的应注明实际包装种类。

运输工具名称及号码:填写运载货物出境的运输工具的名称及号码。选择船舶、飞机、汽车、火车等(不包括国内运输)。海运货物报检时录入运输工具号码,格式为:交通工具名称/航次。若报检时未能确定运输工具编号的,可只填写运输工具类别。

贸易方式:填报货物的实际贸易方式,应与报关单一致;如无对应的贸易方式,应填报"其他贸易性货物"或"其他非贸易性货物"。

货物存放地点:填写货物存放的具体地点、厂库。需与货物实施现场采样或监督查验时的地址一致。

合同号:填写外贸合同、订单编号的全部字头和号码。

用途:填写货物出境后的实际用途。

发货日期:填写运载出境货物的运输工具办结出境手续的日期,预报检可不填。

输往国家(地区):填报外贸合同买方国家和地区,或合同注明的最终输往国家和地区。对发生运输中转的货物,如中转地未发生任何商业性交易或再加工,则填写最终输往国家(地区)。如中转地发生商业性交易或再加工,则以中转地为输往国家(地区)进行填报。

许可证/审批号:对实施行政许可或行政审批的出境货物,在该单内必须录入有效期内的许可证号或审批号。

启运地:填报装运本批货物离境的交通工具的启运口岸/城市(地区)名称。

到达口岸:填报货物到达境外口岸的名称。

集装箱规格、数量及号码:以集装箱运输的货物,应填写集箱的规格、数量及号码。当单一报检批有两种或以上规格时,应按规格分别录入。装载易腐烂变质货物时,应录入集装箱号码。

合同、信用证订立的检验检疫条款或特殊要求:填写在外贸合同中特别订立的有关质量、卫生等条款或报检单位对本批货物检验检疫的特别要求。对于展览品回运出境,报检单位应在"特殊要求"栏内注明"展品(国内展会)"的字样。

标记及号码:标记唛码中除图形以外的文字、数字,应与合同、发票等外贸单据保持一致。若没有标记号码应录入"N/M",该栏内不得填报任何无关内容。

随附单据:在所提供报检资料对应的"□"上打"√",若该栏无随附资料选项,应勾选"其他"选项,并补录相关内容。

生产单位注册号:填写货物生产、加工企业在检验检疫机构注册登记号。

需要证单名称:在列表中选择,在需要检验检疫机构提供的单据对应的"□"上打"√"或补填,并注明所需单证的正副本数量。

检验检疫计费:由检验检疫工作人员填写实际的检验检疫费用。

报检人郑重声明:报检人员必须亲笔签名。

领取单证:报检人在领取证单时填写领证日期并签名。

表 14-1 为出境货物报检单。

出境货物报检单　　　　　　　　　　　　　　　表 14-1

报检单位(加盖公章):　　　　　　　　　　　　编号:
报检单位登记号:　　联系人:　　电话:　　报检日期:　　年　月　日

发货人		(中文)			
收货人		(外文)			
货物名称(中/外文)	H.S. 编码	产地	数/重量	货物总值	包装种类及数量
运输工具名称及号码		贸易方式		货物存放地点	
合同号		信用证号		用途	
发货日期		输往国家(地区)		许可证/审批号	

续上表

发货人		（中文）		
启运地		到达口岸		生产单位注册号
集装箱规格、数量及号码				
合同、信用证订立的检验检疫条款或特殊要求		标记及号码	随附单据（划"√"或补填）	
			□合同 □信用证 □发票 □换证凭单 □装箱单 □厂检单	□包装性能结果单 □许可/审批文件
需要证单名称（划"√"或补填）			检验检疫费	
□品质证书　　　　正　副 □重量证书　　　　正　副 □数量证书　　　　正　副 □兽医卫生证书　　正　副 □健康证书　　　　正　副 □卫生证书　　　　正　副 □动物卫生证　书　正　副		□植物检疫证书 　正　副 □熏蒸/消毒证书 　正　副 □出境货物换证凭单 　正　副 □出境货物通关单 　正　副	总金额 （人民币元） 计费人 收费人	
报检人郑重声明： 1. 本人被授权报检。 2. 上列填写内容正确属实，货物无伪或冒用他人的厂名、标志、论证标志，并承担货物质量责任。 　　　　　　　　　　　　　　　　签名：			领取证单	
			日期	
			签名	

案例：根据以下信息制作出境货物报检单。

1. 合同

SALES CONFIRMATION

S/C NO.：FFF04027

DATE：03 APR.,2009

THE SELLER：　　　　　　　　　　　　THE BUYER：

FFF TRADING CO.,LTD.　　　　　　　JAMES BROWN & SONS

3TH FLOOR KINGSTAR MANSION,　　　#304-310 JALAN STREET,

676 JINLIN RD.,SHANGHAI CHINA　　TORONTO,CANADA

ART. NO.	COMMODITY	QUANTITY	UNIT PRICE	AMOUNT
HX1115	CHINESE CERAMIC DINNERWARE	542SETS	CIFC5 TORONTO	USD12737.00
HX2012	35PCS DINNERWARE & TEA SET	800SETS	USD23.50/SET	USD16320.00
HX4405	20PCS DINNERWARE SET	443SETS	USD20.40/SET	USD10277.60
HX4510	47PCS DINNERWARE SET	254SETS	USD23.20/SET	USD7645.40
	95PCS DINNERWARE SET		USD30.10/SET	
	TOTAL	2039SETS		USD46980.00
TOTAL CONTRACT VALUE;SAY US DOLLARS FORTY SIX THOUSAND NINE HUNDRED EIGHTY ONLY.				

PACKING: HX2012 IN CARTONS OF 2 SETS EACH AND HX1115, HX4405 AND HX4510 TO BEPACKED IN CARTONS OF 1 SET EACH ONLY. TOTAL: 1639 CARTONS.

PORT OF LOADING & DESTINATION: FROM SHANGHAI TO TORONTO.

TIME OF SHIPMENT: TO BE EFFECTED BEFORE THE END OF APRIL 2004 WITH PARTIAL SHIPMENT NOT ALLOWED ANDTRANSSHIPMENT ALLOWED.

TERMS OF PAYMENT: THE BUYER SHALL OPEN THROUGH A BANK ACCEPTABLE TO THE SELLER AN IRREVOCABLE L/C AT 30 DAYS AFTER SIGHT TO REACH THE SELLER BEFORE APRIL 10, 2009 ALID FOR NEGOTIATION IN CHINA UNTIL THE 15TH DAY AFTER THE DATE OF SHIPMENT.

INSURANCE: THE SELLER SHALL COVER INSURANCE AGAINST ALL RISKS AND WAR RISKS FOR 110% OF THE TOTAL INVOICE VALUE AS PER THE RELEVANT OCEAN MARINE CARGO OF P.I.C.C. DATED 1/1/1981.

THE SELLER: THE BUYER:
FFF TRADING CO., LTD.   JAMES BROWN & SONS

2. 信用证

RECEIVED FROM: THE ROYAL BANK OF CANADA
BRITISH COLUMBIA INT'L CENTRE
1055 WEST GEORGIA STREET, VANCOUVER, B.C. CANADA

3. 出口货物内部联系明细单(表14-2)

出口货物明细单　　　　　　　　　　　　　　　　　　　　表14-2

出口货物 明细单		信用证号	04/0501 – FTC	填制单位编号	FFF040019
2009年4月12日		收汇方式	L/C AT 30 DAYS AFTER SIGHT	外运编号	
开证银行	THE ROYAL BANK OF CANADA BRITISH COLUMBIAINT'L CENTRE,1055WEST GEORGIA STREET, VANCOUVER,B.C. CANADA	合同号	FFF04027		
		核销单号		许可证号	
发票抬头人	JAMES BROWN & SONS #304-310 JALAN STREET, TORONTO,CANADA	贸易性质	一般贸易	贸易国别	CANADA
		佣金		运输方式	SEA
托运人	FFF TRADING CO.,LTD. 3TH FLOOR KINGSTAR MANSION, 676 JINLIN RD., SHANGHAI CHINA	出口口岸	Shanghai	目的港	TORON TO
		可否转运	Y	可否分批	N

续上表

出口货物明细单			信用证号	04/0501-FTC	填制单位编号	FFF040019
提单或承运收据	收货人	TO ORDER OF SHIPPER	装运期限	090430	有效期限	090515
	通知人	JAMES BROWN & SONS #304-310 JALAN STREET, TORONTO, CANADA	提单特别显示	CLEAN ON BOARD OCEAN BILLS OF LADING		
	运费	PREPAID 提单份数:3/3 +1N/N				

标记唛头	货名规格及货号	包装件数	数量或尺码	毛重	净重	价格(成交条件)	
						单价	总价
CIF TORONTO, CANADA							
J.B.S. FFF 040019 TORONTO C/NO. 1-1639	4 ITEMS OF CHINESE CERAMIC DINNER-WARE: HX1115: 35PCS DINNERWARE & TEA SET (6911.1010) HX2012: 20PCS DINNERWARE SET HX4405: 47PCS DINNERWARE SET HX4510: 95PCS DINNERWARE SET AS PER S/C NO.: FFF04027 PACKING: STANDARD EXPORT PACKING (6911.1010)	542CTNS 400CTNS 443CTNS 254CTNS	542SETS 800SETS 443SETS 254SETS	10840KGS 9200KGS 10632KGS 7112KGS	7588KGS 6400KGS 7974KGS 5207KGS	USD23.50/SET USD20.40/SET USD23.20/SET USD30.10/SET	USD12737.00 USD16320.00 USD10277.60 USD7645.00
TOTAL:			1639CTNS 2039SETS			37784KGS 27169KGS USD46980.00	
SAY TOTAL:			FORTY SIX THOUSAND NINE HUNDRED AND EIGHTY ONLY.				

外运外轮注意事项	SHIPPED IN 4×20' FCL.	总体积		99.937M3
		保险单	险别	ALL RISKS AND WAR RISK
			保额	按发票金额加:10%
			赔款地点	TORONTO IN CANADA
			业务员	+++

制作的出境货物报检单如表14-3所示。

 中华人民共和国出入境检验检疫出境货物报检单

表14-3

报检单位(加盖公章):		FFF贸易有限公司			编号	××××
单位地址	上海市金陵路676号金士达大厦3楼					
报检单位	4545784521 联系 ××× 电 ××××××× 报 2004年4月18日					
发货人	(中文)	FFF贸易有限公司				
	(外文)	FFF TRADING CO.,LTD.				
收货人	(中文)					
	(外文)	JAMES BROWN & SONS				
货物名称(中/外文)		H.S.	产数/重量	货	包装种类及数量	
4 ITEMS OF CHNESE CERAMIC DINNER-WARE 瓷餐具		6911.1010	江西	2039SETS	USD46980.00	1639纸箱
运输工具名称号码	海运		贸易方式	一般贸易	货物存放地点	军工路2222
合同号	FFF04027		信用证号	04/0501-FTC	用途	其他
发货日期	4月22日	输往国家(地区)	加拿大		许可证/审批号	
启运地	上海	到达口岸	多伦多		预计工作日期	2009年4月18日
合同、信用证订立的检验检疫条款或特殊要求		标记及记号		随附单据(划"√"或补填)		
		J.B.S. FFF040019 TORONTO C/NO.1-1639		(√)合同 (√)信用证 (√)发票 ( )换证凭单 ( )装箱单 (√)厂检单	( )包装性能结果单 ( )许可/审批文件 (√)出口货物报关单 ( ) ( )	
需要证单名称(划"√"或补填)				*检验检疫费		
( )品质证书 __正__副 ( )重量证书 __正__副 ( )数量证书 __正__副 ( )兽医卫生证书 __正__副 ( )健康证书 __正__副 ( )卫生证书 __正__副		( )植物检 __正__疫证书 副__ ( )熏蒸/__正__消毒证书 副__ ( )出境货 __正__物换证凭副 单		总金额(人民币元)		
				计费人		
				收费人		
报检人郑重声明: 1.本人被授权报检。 2.上列填写内容正确属实,货物无伪造或冒用他人的厂名、标志、认证标志,并承担货物质量责任。				领取证单		
				日期		
				签名		

注:有"*"号栏由出入境检验检疫机关填写。

项目二 入境货物报检单填制

教学要点

1. 入境货物报检单栏目的含义;
2. 入境货物报检单栏目的填制规范。

教学方法

可采用讲授、情境教学、案例教学和分组讨论等方法。

一、入境货物报检基本要求

1. 入境报检时限

(1)申请货物品质检验和鉴定的,一般应在索赔有效期前不少于 20 天内报检;

(2)输入微生物、人体组织、生物制品、血液及其制品或种畜、禽及其精液、胚胎、受精卵的,应当在入境前 30 天报检;

(3)输入其他动物的应当在进境前 15 天报检;

(4)输入植物、种子、种苗及其他繁殖材料的,应当在进境前 7 天报检;

(5)动植物性包装物、铺垫材料进境时应当及时报检;

(6)运输动植物、动植物产品和其他检疫物过境的,应当在进境时报检;

(7)入境的集装箱、货物、废旧物品在到达口岸时,必须向检验检疫机构报检并接受检疫,经检疫或实施消毒、除鼠、除虫或其他必要的卫生处理合格的,方准入境。

2. 入境报检地点

(1)法律法规规定必须经检验检疫机构实施检验检疫的进口商品,其收货人或代理人应当向报关地检验检疫机构报检;审批、许可证等有关政府批文中规定检验检疫地点的,在规定的地点报检;

(2)大宗散装进口货物的合同规定凭卸货口岸检验检疫机构的品质、质量证书作为计算价格、结算货款的货物,应向口岸或到达地检验检疫机构报检;

(3)大宗散装商品、易腐烂变质商品、废旧物品及在卸货时发现包装破损、数量短缺的商品,必须在卸货口岸检验检疫机构报检;

(4)进口粮食、原糖、化肥、硫磺、矿砂等散装货物,按照国际贸易惯例,必须在目的口岸承载货物的船舱内或在卸货过程中,按有关规定抽取代表性样品进行检验,故应在口岸报检;

(5)进口化工原料和化工产品,分拨调运后,不易按原发货批号抽取代表性样品,应在口岸报检;

(6)在国内转运过程中,容易造成水分挥发、散失或货物易腐易变的,应在口岸报检;

(7)需要结合安装调试进行检验的成套设备、机电仪器产品,以及在口岸开箱检验难以恢复包装的货物,可以向收、用货人所在地检验检疫机构报检;

（8）输入动植物、动植物产品和其他检疫物的,应向进境口岸检验检疫机构报检,并由口岸检验检疫机构实施检疫;

（9）进境后需办理转关手续的检疫物,除活动物和来自动植物疫情流行国家或地区的检疫物需由进境口岸检疫外,其他均到指定检验检疫机构报检,并实施检疫;

（10）运输工具,须在口岸报检。

3. 入境报检应提供的单证

受理入境货物报检时,要求报检人提供外贸合同、发票、提单、装箱单以及入境货物通知单等单证;实施安全质量许可、卫生检疫注册和强制性认证的应提交有关证明复印件,并在报检单上注名文号。

（1）报检入境货物品质检验的,还应提供国外品质证书或质量保证书、产品使用说明及有关标准和技术资料;凭样成交的,须提交成交样品。

（2）申请残损鉴定的,还应提供理货残损单、铁路商务记录、空运事故记录或海事报告等证明货损情况的有关单证。

（3）申请质（数）量鉴定的还应提供质量明细单,理货清单等。

（4）入境货物经收、用货部门验收或其他单位检验的,应随附有关验收记录、质量明细单或检验结果报告单等。

（5）入境废旧物品,应提供国家环保部门签发的《进口废物批准证书》、企业废物利用风险报告书、经国家质检总局认可的检验机构签发的装运前检验合格证书等。

（6）入境旧机电产品,对列入规定目录的,应提供国家机电产品进出口办公室、外经贸部签发并注明为旧品的《配额产品证明》、《机电产品进口证明》、《机电产品进口登记表》、《进口许可证》;对规定目录外的,应提供各地区、各部门机电办签发的并注明为旧品的《机电产品登记表》。

（7）入境化妆品、预包装食品,需提供由国家质检总局颁发的《标签审核证书》。

（8）入境的保健食品,应提供卫生主管部门（卫生部）核发的进口保健食品批准证书。

（9）入境动植物及其产品,应加输出国或地区的官方检疫证书、产地证书;须办理进口审批手续的,还必须提供必要的检疫审批单、接种证明等。

（10）美、日、韩等国入境货物的木质包装,使用针叶树木质包装的,须提供该国《植物检疫证书》;使用非针叶树木质包装的,须提供由出口商出具的"使用非针叶树木质包装声明";未使用木质包装的,提供由出口商出具的"无木质包装声明"。

（11）入境尸体、棺柩、骸骨的报检,报检人应向检验检疫机构提供:①死亡者护照或海员证及其身份证复印件一份;②死亡者证明书一份;③死亡医学证明书一份;④当地政府出具的有关证明一份。

（12）入境特殊物品的报检。

特殊物品包括微生物、人体组织、器官、血液及其制品、生物制品和国务院卫生行政部门指定的其他须特别审批的物品。对入境特殊物品的报检,报检人应根据不同货物种类向检验检疫机构提供相应资料、证明或证书。

①微生物:菌、毒株的学名、株名、来源、特性、用途、批号、数量及国家级鉴定书。

②人体组织、器官:凡用于人体移植的,须出示有关捐献者的健康状况和无传染病（包括艾滋病检验阴性）的证明。

③血液及其制品:提供用途及实验室检验证书。
④生物制品:应提供该制品的成分、生产工艺、使用说明、批号、有效期及检验证明。

4. 入境报检时应注意事项

(1)列入《实施质量许可制度的进口商品目录》内的货物,必须取得国家检验检疫部门颁发的质量许可证并加贴"安全标志",方可申请报检。《强制性认证商品目录》内的货物,应取得证书并加贴 CCC 标志。

(2)下列入境货物须经国家检验检疫机关审批后方可报检:
①来自疫区的动植物、动植物产品和其他检疫物;
②国家禁止进境的特许审批的检疫物;
③进境后不在入境口岸检验检疫机构管辖范围内进行加工、使用、销售的,或者仅由入境口岸动植物检疫机构进行现场检疫和外包装消毒后,再运往目的地口岸检验检疫机构进行进一步检疫监管的动物、动物产品;
④进境猪的产品等。

(3)已实施装运前检验的入境货物到达口岸后,仍然要按有关规定进行检验,以口岸检验检疫机构的检验结果为最终结果。对经检验检疫不合格的货物,按规定办理对外索赔。

二、入境货物报检单填制规范

报检单位(加盖公章)栏:填写报检单位全称并加盖公章(已作报检专用章备案的企业可加盖报检专用章)。

报检单位登记号:填写报检单位在检验检疫机构注册登记的 10 位数代码。

联系人:填写报检单位联系人姓名。

电话:填写联系人电话。

报检日期:此栏不需填写,自动显示检验检疫机构电子平台系统日期。

编号:此栏不需填写,由系统自动生成 15 位数报检流水号。

收货人:填报对外签订并执行进出口贸易合同的中国境内企业或单位全称及注册号,包括自行从境外进口货物的单位或外贸代理单位。对于未经注册登记的特殊单位,应向检验检疫机构申请特殊号办理。

企业性质:根据收货人的企业性质,在对应的"□"打"√"。

发货人:填写外贸合同中的发货人,英文名应录入。

货物名称:录入 HS 编码条目名或报检货物的实际名称及规格(需与发票上所列货物的规格和名称一致)。

货物名称应具体列明,不得填写笼统的商品类别,如玩具应如实填报塑料玩具或电动玩具等。

废旧物品应在品名后标注"废"或"旧"等字样。

货物品名应按"含检验检疫类别的货物、无检验检疫类别的废旧货物、无检验检疫类别的普通货物"的顺序列明(法检商品一份报检单最多只能申报 20 个品名,多于 20 个品名的需分单申报)。

HS 编码:填报货物对应的商品 10 位数编码。以当年海关公布的商品税则编码分类为准。

原产国(地区):填报进口货物的生产、开采或加工制造的国家(地区),相同品名的进口货物原产国不同,应分别填报原产国(地区)。

数/质量:根据HS编码对应的法定第一计量单位(即HS标准量)填写数量或质量,依实际情况也可同时输入数量和质量(法定计量单位应以《中华人民共和国海关统计商品目录》中的计量单位为准)。根据HS归类规则,货物零部件按整机归类的,法定计量单位是非同质量的,其对应的法定数量按0.1申报。

货物总值:填报本报检批货物的总值及币种,应与发票上的货物总值及币种一致。同一批次多品名货物应分别列明各自的货值及币种(如申报货物总值和国际、国内市场价格有较大差异,检验检疫机构保留核价的权利。)

包装种类及数量:填写货物运输的包装种类及数量,并注明包装材质。填写"其他"的注明实际包装种类,并在"辅助包装"栏内注明"有木"或"无木"。

运输工具名称号码:填写货物进境的运输工具的名称及号码。选择船舶、飞机、汽车、火车等(不包括国内运输)。海运货物报检时,录入运输工具号码,格式为:交通工具名称/航次。若报检时未能确定运输工具编号的,可只填写运输工具类别。

贸易方式:填写货物进口的贸易方式,如一般贸易、来料加工、进料加工、展览品等,贸易方式应与报关单相符(如系统中无对应的贸易方式,应根据实际贸易情况填写"其他贸易性货物"或"其他非贸易性货物")。

贸易国别(地区):填报合同关系人所在国别。以合同提示为准,需与报关单一致。

提运单号:进口货物提单或运单的编号,一份报检单只允许填报一个提运单号。江海运输的,填报进口提货单号;铁路运输的,填报运单号;空运的,应在该栏内填报总运单号,分运单号应填报在"运输工具名称号码"栏运输工具之后(无分运单的可不填);汽车陆路运输的,填报运输车辆的国内行驶车牌号;邮政运输的,填报邮政包裹单号。

启运国家(地区):填报进口货物起始发出的国家(地区),对发生运输中转的货物,如中转地未发生任何商业性交易,则启运国家(地区)不变。如中转地发生商业性交易,则以中转地为启运国家(地区)填报。

许可证/审批号:该栏涉及许可证/审批号类型,包括进口动植物及产品的检疫审批、进口电池产品备案书、装运前检验证书、进口旧电产品备案书、进口旧机电免装运前检验证明书、CCC证书或CCC免办证明等。对于须凭许可证、审批号等报检的货物应在该栏内填报相应的凭证编号。如进口旧机电,申报时须在该栏勾选"进口旧机电产品备案书"项并录入相应的备案书编号;再如实施国家强制性认证制的产品,申报时须在该栏勾选"CCC证书或CCC免办证明"项并录入相应的证书号或免办号(认证监管→CCC入境验证→CCC入境验证商品报检指南)。对于无对应类别选项的,勾选"进口其他证书",并录入证书编号。

到货日期:填报货物到达国境口岸的日期。

卸毕日期:填写货物全部卸离运载工具的实际日期。

合同号:填写外贸合同、订单的全部字头和号码。

启运口岸:填写装运货物的交通工具直运至我国的启运口岸。

入境口岸:填写装运货物的交通工具进境时首次停靠的口岸。

索赔期:填写外贸合同中的规定日期。

经停口岸:填写货物启运后到达目的地前中途曾经停靠或发生装卸货的口岸名称。

目的地:填写货物的境内使用、销售地或最终运抵地。

集装箱规格、数量及号码:若以集装箱运输,应填写集装箱的规格、数量及号码。当一个报检批有两种或以上规格时,应按不同规格分别录入。

合同订立特殊条款以及其他要求:填写在外贸合同中特别订立的有关质量、卫生等条款或报检单位对本批货物检验检疫的特别要求。

货物存放地点:填写货物实施现场采样或监督查验时的实际存放地点。

用途:填写货物用途,动植物及其产品报检时应按实际用途录入,如种用、食用、奶用、观赏或演艺、伴侣、试验、药用、饲用、加工等。

随附单据:根据所附报检资料在列表中选择,并在所提供单据对应的"□"上打"√",若选项中没有相应单据应自行补填。

标记及号码:标记唛码中除图形以外的文字、数字,应与合同、发票等外贸单据保持一致。若没有标记号码,应录入"N/M",该栏内不得填报任何无关内容。

外商投资财产:由检验检疫工作人员填写。

检验检疫计费:由检验检疫工作人员填写。

报检人郑重声明:报检人员必须亲笔签名。

领取单证:报检人在领取证单时填写领证日期并签名。

表 14-4 为中华人民共和国出入境检验检疫入境货物报检单。

中华人民共和国出入境检验检疫入境货物报检单　　　　表 14-4

报检单位(加盖公章):　　　　　　　　　　　　　　　　　　　　编号

报检单位登记号:　　　联系人:　　　电话:　　　报检日期:　　年　月　日

发货人	(中文)	企业性质(划"√")	□合资　□合作　□外资
	(外文)		
收货人	(中文)		
	(外文)		

货物名称(中/外文)	H.S.编码	原产国(地区)	数/质量	货物总值	包装种类及数量

运输工具名称号码		合同号	
贸易方式		贸易国别(地区)		提单/运单号	
到货日期		启运国家(地区)		许可证/审批号	
卸毕日期		启运口岸		入境口岸	
索赔有效期至		经停口岸		目的地	
集装箱规格、数量及号码			

续上表

发货人	(中文)		企业性质(划"√")		□合资 □合作 □外资
	(外文)				

合同订立的特殊条款 以及其他要求		货物存放地点	
		用 途	

随附单据(划"√"或补填)		标记及号码	*外商投资财产(划"√")	□是 □否
□合同 □发票 □提/运单	□到货通知 □装箱单		*检验检疫费	
			总金额(人民币元)	
			计费人	
□兽医卫生证书 □植物检疫证书 □动物检疫证书 □卫生证书 □原产地证 □许可/审批文件	□质保书 □理货清单 □磅码单 □验收报告 □ □ □		收费人	

报检人郑重声明: 1. 本人被授权报检。 2. 上列填写内容正确属实。 签名:	领 取 证 单	
	日 期	
	签 名	

注:有"*"号栏由出入境检验检疫机关填写。

思考练习

一、简 述 题

1. 简述入境货物报检单的填制规范。
2. 简述出境货物报检单的填制规范。

二、案 例 分 析

国内某食品进出口公司出口一批食品,请根据资料(表14-5)填制出境货物报检单(14-6)。

INVOICE

表 14-5

CONSIGNOR: SHANXI FOODSTUFFS IMP/EXP CO., LTD NO. 345 ZHONGSHAN ROAD, TAIYUAN, CHINA		NO: ZW780321		DATE: JAN 25, 2005
CONSIGNEE: VICTOR CO., LTD LONG BEACH, USA		L/C NO: LC7584076584 BANK OF CHINA SHANGHAI BRANCH		DATE: JAN 20, 2005
PORT OF LOADING: DALIAN CHINA	YESSEL: STAR RIVER V. 092			
PORT OF DISCHARGE: LONG BEACH		CONTRACT NO: CHRU2908		
MARK & NO	DESCRIPTION OF GOODS	QUANTITY/UNIT	UNIT PRICE	AMOUNT
$\dfrac{\text{GHRU2908}}{\text{SHANXI CHINA}}$	SHANXI GREEN BEANS PACKING: IN BAG 300BAGS/50KGS EACH PACKAGE ORICIN: SHANXI CHINA CONTRACT NO: CHRU2908			400.00/TON 6000.00
				SHANXI FOODSTUFFS IMP/EXP CO., LTD SIGNED BY……

中华人民共和国出入境检验检疫出境货物报检单

表 14-6

报检单位（加盖公章）： 　　　　　　　　　　　编号＿＿＿＿＿＿

报检单位登记号： 　联系人： 　电话： 　报检日期： 　年 月 日

发货人	（中文）				
	（外文）				
收货人	（中文）				
	（外文）				
货物名称(中/外文)		H.S. 编码	产地	数/重量	货物总值	包装种类及数量
运输工具名称号码			贸易方式		货物存放地点	
合同号			信用证号		用途	
发货日期			输往国家(地区)		许可证/审批号	
起运地			到达口岸		生产单位注册号	
集装箱规格、数量及号码						

续上表

发货人	(中文)		
	(外文)		
合同、信用证订立的检验检疫条款或特殊要求		标记及号码	随附单据（划"√"或补填） □合同　　　□包装性能检验结果单 □信用证　　□许可/审批文件 □发票　　　□ □换证凭单　□ □装箱单　　□ □厂检单　　□
需要证单名称（划"√"或补填）			*检验检疫费
□品质证书 正___副 □重量证书 正___副 □数量证书 正___副 □兽医卫生证书 正___副 □健康证书 正___副 □卫生证书 正___副 □动物卫生证书 正___副	□植物检疫证书 正___副 □熏蒸/消毒证书 正___副 □出境货物换证凭单 □ □ □ □		总金额 （人民币元）
			计费人
			收费人
报检人郑重声明： 1. 本人被授权报检。 2. 上列填写内容正确属实，货物无伪造或冒用他人的厂名、标志、认证标志，并承担货物质量责任。 　　　　　　　　　　　　签名：_____			领取证单
			日期
			签名

注：有"*"号栏由出入境检验检疫机关填写。

参 考 文 献

[1] 刘源海,吴勇. 报关与报检实务[M]. 北京:高等教育出版社,2009.

[2] 张援越,包立军. 报关原理与实务[M]. 天津:天津大学出版社,2008.

[3] 罗兴武,文妮佳. 通关实务[M]. 北京:机械工业出版社,2009.

[4] 曲如晓. 报关实务[M]. 北京:机械工业出版社,2010.

[5] 谢国娥. 海关报关实务[M]. 上海:华东理工大学出版社,2011.

[6] 张兵. 进出口报关实务[M]. 北京:清华大学出版社,2010.

[7] 顾晓滨. 进出口报关业务基础与实务[M]. 上海:复旦大学出版社,2010.

[8] 武晋军. 报关实务[M]. 北京:电子工业出版社,2011.

[9] 余根深. 报关实务教程[M]. 上海:上海交通大学出版社,2011.

[10] 徐沫扬. 海关报关实务[M]. 西安:西安交通大学出版社,2011.

[11] 罗兴武. 报关实务[M]. 北京:机械工业出版社,2011.

[12] 海关总署报关员资格考试教材编写委员会. 报关员资格全国统一考试教材[M]. 北京:中国海关出版社,2011.

[13] 张援越,包立军. 报关原理与实务[M]. 天津:天津大学出版社,2008.

[14] 白雪燕. 2011年报关员资格全国统一考试教材[M]. 北京:中国海关出版社,2011.

[15] 刘北林,周雅璠. 报关实务[M]. 北京:科学出版社 2009.